두렵지 않은
코딩
교육

초등교사를 위한 코딩교육 길라잡이

두렵지 않은
코딩교육

펴낸날 2019년 11월 10일 1판 1쇄

지은이 Heidi Williams
옮긴이 곽소아 · 장윤재
펴낸이 김영선
교정 · 교열 이교숙
경영지원 최은정
디자인 현애정
마케팅 신용천

펴낸곳 (주)다빈치하우스-미디어숲
주소 경기도 고양시 일산서구 고양대로632번길 60, 207호
전화 (02) 323-7234
팩스 (02) 323-0253
홈페이지 www.mfbook.co.kr
이메일 dhhard@naver.com (원고투고)
출판등록번호 제 2-2767호

값 18,800원
ISBN 979-11-5874-060-3

이 도서의 국립중앙도서관 출판예정도서목록(CIP)은 서지정보유통지원시스템 홈페이지(http://seoji.nl.go.kr)와
국가자료공동목록시스템(http://www.nl.go.kr/kolisnet)에서 이용하실 수 있습니다.(CIP제어번호: CIP2019037538)

초등교사를 위한
코딩교육 길라잡이

두렵지 않은

코딩
교육

Heidi Williams 지음
곽소아·장윤재 옮김

미디어숲

차례

NO FEAR CODING

〈훌륭한 리더들은 우리에게 어떻게 영감을 주는가How Great Leaders Inspire Action〉[1] 지난 2009년, 리더십 전문가인 사이먼 시넥Simon Sinek은 이 주제로 테드 강연을 했습니다.

'왜(Why)?' 하고 질문을 던지는 것으로 시작하는 강력한 리더십 모델은 다른 사람들에게 영감을 주고, 성공을 위한 긍정적인 행동으로 이끈다고 합니다.

사이먼에 따르면, 사람들은 대체로 자신이 속한 조직과 회사에서 구성원들이 일하고 행동하는 방식은 잘 알고 있는 반면, 정작 자신이 일을 하고 있는 이유에 대해서는 명확히 알고 있지 않다고 합니다. 그는 훌륭한 리더와 조직이 생각하고, 행동하고, 소통하는 방식에서 일종의 패턴을 발견하고 이를 '골든 서클Golden Circle' 모델로 발전시켰습니다 [그림 0.1]. 골든 서클이 제시하는 성공한 조직은 모든 일에 앞서서 '왜(Why) : 무언가를 행하고자 하는 목적이나 신념, 혹은 무언가를 해야 하는 이유'에 대해 진정으로 고민하고 답을 합니다.

[그림 0.1] 사이먼 시넥이 제시한 골든 서클

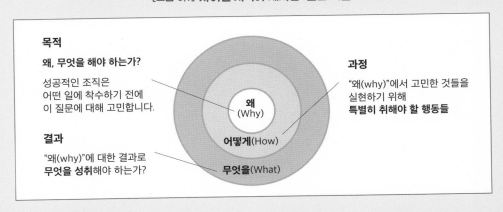

---

1) 사이먼 시넥의 강연 영상
https://www.ted.com/talks/simon_sinek_how_great_leaders_inspire_action#t-339781

우리가 원하는 것을 성공적으로 이루고자 하는 과정들을 생각할 때 '왜(Why)'를 탐구하는 것은 많은 도움이 됩니다. 교사 여러분 역시 교육 분야에서 경력과 전문성을 쌓는 이유에 대해 스스로에게 묻기도 합니다. 이 질문에 대한 여러분의 답은 매우 다양할 것입니다.

'학생들이 건강한 삶을 살고, 직업을 성공적으로 선택하는 데 도움을 주기 위해서', '우리가 사는 이 세상을 더욱 살기 좋은 세상으로 만들기 위해서'와 비슷한 답을 했을지도 모릅니다.

교육현장에서 '왜(Why)'를 염두에 둔다면 교육 목표를 달성하는 방법뿐 아니라 효과적이고 실제적인 학습활동의 면모를 안쪽에서부터 바깥쪽으로 두루 고민할 수 있습니다.

이 책은 주요 독자인 교사들이 '왜(Why)' 코딩을 가르쳐야 하는지, '어떻게(How)' 하면 기존의 교육과정과 일상적인 교육활동에 코딩과 컴퓨팅 사고Computational Thinking 기술을 통합할 수 있을지, 그리고 실제로 '무엇(What)'을 할 수 있을지에 대해 소개합니다.

지금의 교육 모델은 변해야 합니다!

100년 전 처음으로 발명되었던 전화기의 모습을 떠올려 보세요. 두 달 전, 제 딸아이가 할아버지의 지하창고에서 낡고 오래된 로터리 전화기 하나를 찾아냈습니다. 그러고는 전화기 사용하는 방법을 제게 물었습니다. 딸아이는 숫자들이 적혀 있는 동그란 구멍 여기저기에 손가락을 넣어보았습니다. 다이얼 구멍 안에 손가락을 넣어 천천히 돌렸지요. 잠시 뒤에 애써 돌렸던 다이얼 구멍이 다시 제자리로 돌아오는 모습을 보고는 아이가 몹시 놀라워하더군요.

"이 전화기로 전화를 걸려면 다이얼을 일곱 번이나 돌려야 해요? 옛날에는 전화 거는 시간이 무척이나 오래 걸렸겠어요!"

지금 우리의 교육제도는 어떠한가요? 오늘날 빠르게 발전해 온 전화와 통신기술과는 달리, 100년 전과 크게 다르지 않습니다. 힙합 가수이자 무대예술가, 시인, 제작자로 잘 알려진 프린스 에아Prince EA는 〈학교 제도를 고발합니다 Just Sued the School System〉[2]에서 이러한 문제를 지적하고 있습니다. 아이들의 창의력과 개성을 무시하는 오늘날의 '학교'가 근본적으로 변화할 것을 강력히 주장하고 있지요.

이 영상은 100년 전에 사용하던 전화기와 자동차의 모습을 현재의 모습과 함께 비교하며 시작됩니다. 바로 뒤이어 100년 전 교실 사진과 오늘날의 교실 사진을 비교하여 보여주자 법정에 있던 배심원들이 웅성거리기 시작합니다. 지난 100년 동안 교실의 모습은 사실

---

2) 프린스 에아의 강연 영상 http://bit.ly/I-Just-Sued-the-School-System

상 달라진 것이 거의 없기 때문입니다.

교육이 변화하기 위해서는 먼저 '교사'에 대한 정의를 새롭게 해야 합니다.

프린스 에아는 영상을 통해 새롭게 변화한 세상에서는 '창의적이고 혁신적이며 비판적이고 독립적으로 행동할 수 있는, 그리고 다른 누군가와 연대하고 소통할 수 있는 인재'가 필요하다고 말합니다. 또한 교사는 미래의 지도자를 양성하는 중요한 역할을 하기 때문에 소위 전문직 의사 수준의 보수를 받아야 한다고 주장합니다. 의사가 환자의 치료를 위해 환자를 진찰하고 필요한 처방을 하듯이, 교사 역시 학생들의 개인차를 반영하여 이들이 정보를 처리하고 사용하는 능력을 향상시킬 수 있도록 이끌어 주어야 합니다. 반면 학생들은 21세기에 반드시 필요한 역량을 기르기 위해서는 코드^{Code}를 배우고, 계산적으로 생각^{think computationally}하는 방법을 배워야 합니다.

가르치는 것에서 '학습하는 것'으로 변화하는 교육

불과 20년 전까지만 해도 교사가 되기 위해서는 교과 지식과 교수 방법을 모두 배워야 했습니다. 사람들은 교사를 지식의 소유자로 생각했으며, 심지어는 교사 혹은 예비교사들 스스로도 자신들이 지식을 전유하고 있다고 생각했습니다. 그러나 지금은 인터넷이 발달하면서 학생들이 학교에서 수업을 듣지 않고도 인터넷을 통해 교과 지식을 배울 수 있게 되었습니다. 어떤 학생들은 구글에서 관련 자료를 검색하거나 유튜브 동영상을 찾아보는 등 다양한 방법으로 자신의 관심 분야를 열정적으로 학습합니다. 어쩌면 오늘날의 교실에서는 학생들이 교사보다 수업 주제에 대해 더 많이 알고 있을 수도 있습니다.

기술의 발전과 더불어 인터넷과 모바일 장치를 기반으로 상호 연결된 환경에서는 더 이상 학생들이 같은 시간, 같은 교실에 앉아 모두가 똑같은 것을 배우지 않아도 됩니다. 학생들은 칸 아카데미(http://khanacademy.org), 런질리언(http://learnzillion.com), 드림박스(http://www.dreambox.com), IXL(http://ixl.com)와 같은 온라인 교육 플랫폼에서 자신이 원하는 주제에 대해 더욱 깊이 탐구하고 학습할 수 있기 때문입니다.

예전에는 6월에 여름방학이 시작되면 개학을 하는 9월까지 학생들이 학습을 잠시 중단해야만 했습니다. 그러나 이제는 학생들이 개학날까지 기다리지 않아도 됩니다. 여름방학 중에도 여러 가지를 배울 수 있을 뿐만 아니라 무언가를 더욱 열정적으로 탐구할 수 있으며, 이전에 배우지 않았던 새로운 기술이나 지식들을 얼마든지 배울 수 있습니다.

이제 우리는 교육 모델을 변화시키기 위해서 '가르치는 것'에서 '학습하는 것'으로 교사들의 관점을 전환해야 합니다.

"나는 무엇을 가르쳐야 하는가?"
"학생들이 배운 것들을 어떻게 활용하면 좋을까?"

전자는 가르치는 관점에서, 후자는 학습하는 관점에서 떠올릴 수 있는 질문입니다. 두 질문 모두 교육활동 전반에서 매우 중요하며, 골든 서클의 요소들을 중심으로 생각해 볼 수 있습니다.

골든 서클에서 '어떻게(How)'는 학습하는 과정 혹은 지식이나 학습경험을 전달하는 방법이고, '무엇(What)'은 학생들이 습득해야 할 개념 혹은 지식이라 할 수 있습니다. 학습 동기는 교육과정에서 '왜(Why)'를 설명해 주므로 학습에서 가장 중요한 요소입니다.

코딩Coding[3] 역시 학습에서 중요한 요소입니다. 코딩은 학생들이 학습 콘텐츠를 단순히 소비하는 것을 넘어 직접 학습 콘텐츠를 만들 수 있도록 도와줍니다. 만약 어떤 학생이 전기에 대해 호기심을 갖고 다른 친구들보다 훨씬 앞서서 열정적으로 학습을 하고 있다면, 다른 학생들과 함께 교실에 앉아 선생님의 강의를 듣거나 이미 학습한 내용을 반복하여 학습하

---

3) 이 책에서는 코딩과 프로그래밍을 혼용해서 사용합니다. 코딩 또는 프로그래밍을 '코드를 작성하여 프로그램을 개발하는 것'을 통칭하는 용어로 이해하면 됩니다.

는 것은 의미가 없습니다. 이러한 학생에게는 코딩이 효과적인 학습방법이 될 수 있습니다.

모든 학생이 성공적으로 학습하도록 돕기 위해서는 교사가 차별화 수업differentiate instruction을 실천해야 합니다. 코딩은 학생들의 개인차를 반영한 차별화 수업을 돕는 21세기의 새로운 기술입니다.

예들 들어, 학생들이 스크린화면 위에서 캐릭터가 움직이도록 코딩하는 방법은 적어도 다섯 가지, 혹은 그 이상이 될 수도 있습니다. 이러한 여러 방법이 모두 다른 것은 아니지만, 학생들은 그중에서도 더욱 효율적이고 좋은 코드가 무엇인지 자연스레 알게 될 것입니다.

이 책의 사용법

이 책은 코딩 및 컴퓨팅 사고를 가르쳐야 하는 이유를 설명합니다. 그리고 코딩과 컴퓨팅 사고를 가르치기 위한 방법을 다양한 도구들과 같이 소개합니다. 아울러 기존의 교육과정 및 교수 활동에 코딩과 컴퓨팅 사고를 통합하는 방법들을 소개합니다. 구성은 여러 개의 섹션들로 되어 있으며, 각 섹션에서 여러분이 직접 교육과정에 코딩을 통합하는 데 사용할 수 있는 도구들을 함께 소개합니다. 모든 섹션들은 다음과 같이 세 가지 핵심 아이디어를 중심으로 기술하고 있습니다.

- **왜(Why)** : 학습자에게 왜 유용한 자료인지를 설명합니다.
- **어떻게(How)** : 자료를 활용할 수 있는 방법을 설명합니다.
- **무엇을(What)** : 사례 연구 및 실제 교실 수업에 적용했던 자료들을 토대로 독자 여러분이 실천할 수 있는 내용들을 소개합니다.

이 책은 주제별 코딩 활동을 소개하는 다른 책들과는 달리, 교사가 담당하고 있는 교과에 컴퓨터 과학 관련 기술skills들을 통합하는 방법들을 중점적으로 소개합니다. 학습자가 문제를 분해하고 새롭게 생각하며 문제를 해결하도록 이끌어주는 과정에서 교사 역시 계산적으로 사고하는 방법을 터득하게 될 것입니다.

두려워 마세요!

이 책에서 소개하는 활동들을 직접 실천해 보시기 바랍니다. [Activity]와 예시 활동에서는 여러분이 활용할 수 있는 다양한 학습자료들을 소개하고, [Try It!]은 학생들이 좀 더 깊게 이해할 수 있도록 돕는 심화 활동을 소개합니다. 이 책의 자료들은 다음과 같이 활용할 수 있습니다.

- 이 책이 제시하는 활동들을 과감히 도전해 보세요.
- 비봇Bee-Bots을 활용하여 문자 혹은 숫자를 다루는 활동을 해보세요.
- 코드닷오알지Code.org의 콘텐츠를 활용하여 어린 학생들이 위, 아래, 오른쪽, 왼쪽 등 여러 가지 방향들을 탐색하도록 해보세요.
- 스크래치Scratch를 사용하여 '전기의 원리'를 설명하는 비디오게임을 만들어보세요.
- 스크래치Scratch를 사용하여 무언가를 추론하는 활동을 해보세요.
- 아리스ARIS 응용프로그램을 사용하여 여러분이 속한 지역사회를 둘러보세요.
- 수학 교과 시간에 코딩 활동을 통합해 보세요.

[표 0.1]은 이 책에서 소개하는 코딩 도구들의 종류와 특징을 정리한 것입니다.

『No Fear Coding』의 웹 사이트(http://Nofearcoding.org)에 방문하시면 실제 수업에서 활용할 수 있는 다양한 활동지와 평가 루브릭을 무료로 다운받을 수 있습니다.

[표 0.1] 코딩 도구의 종류와 특징

도구	도구 설명	예시 모습
비봇 (http://bee-bot.us)	비봇Bee-Bot은 바닥을 기어 다니는 로봇으로, 어린아이들도 쉽게 프로그래밍할 수 있도록 개발되었습니다. 아이들이 좋아하는 꿀벌 모양과 직관적인 인터페이스 덕분에 코딩을 처음 접하는 어린아이들에게 제어에 대한 개념, 방향을 제어하는 언어, 프로그래밍 언어를 가르치기 좋습니다.	
코드닷오알지 (http://code.org)	코드닷오알지Code.org는 모든 학생이 컴퓨터 프로그래밍을 배우도록 독려하는 비영리단체입니다. 최근에는 여성 및 소수민족의 참여를 더욱 높이기 위해 노력하고 있습니다. 누구나 코딩을 배울 수 있도록 온라인 강의와 영상, 다양한 학습자료들을 무료로 제공하고 있습니다.	
스크래치 (http://scratch.mit.edu)	스크래치Scratch는 모든 연령의 학습자들이 사용할 수 있는 비주얼 프로그래밍 언어입니다. 주로 인터랙티브 스토리나 게임, 애니메이션 등을 창작하기 위해 사용합니다. 스크래치는 어린아이들이 창의적·논리적·체계적으로 생각하고 다른 사람들과 협력하는 등 디지털 시대를 살아가는 데 반드시 필요한 기술들을 배울 수 있도록 도와줍니다.	
아리스 (http://arisgames.org)	아리스ARIS는 모바일 게임이나 여행 콘텐츠, 인터랙티브 스토리 등을 만들 수 있는 사용자 친화적인 오픈소스 플랫폼입니다. 아리스에서 GPS나 QR코드를 활용하면 다른 공간에 있는 사물들과도 실감나게 상호작용할 수 있습니다.	

NO FEAR
CODING

코딩과
컴퓨팅 사고

기술Technology은 우리가 살아가는 방식을 변화시키고 있습니다.
글을 읽고 쓰는 방법, 다른 사람들과 소통하는 방법,
정보를 처리하는 방법 등 우리의 삶을 변화시킵니다.
특히 컴퓨팅 기술은 일상의 문제들을 해결하기도 하지만,
우리의 삶을 혁신적으로 개선시켜 줍니다.

이 섹션에서는 "왜Why" 우리가 코딩을 가르쳐야 하는지를 설명합니다.
그리고 컴퓨팅 사고의 기본적인 내용과 함께 기존 교육과정에
코딩을 통합하기 위한 방법들을 소개합니다.

- K-5(유치원부터 초등학교 5학년) 학생들에게 코딩을 가르쳐야 하는 다섯 가지 이유
- 컴퓨팅 사고는 무엇인가
- 코딩과 컴퓨팅 사고를 범교과적으로 가르치는 방법

유치원과 초등학교에서 코딩을 반드시 가르쳐야 하는 이유

"모든 사람이 컴퓨터 프로그래밍을 배워야 합니다.
프로그래밍은 생각하는 방법을 가르쳐주기 때문입니다."

- 스티브 잡스(Steve Jobs) -

지난 2013년 코드닷오알지에서 제작한 영상 〈대부분의 학교에서 가르치지 않는 것What Most School Don't Teach〉[4]은 위에 소개한 스티브 잡스의 문구로 시작됩니다. 이 영상에 등장하는 마이크로 소프트 설립자인 빌게이츠Bill Gates, 페이스북 창업자 마크 저커버그Mark Zuckerberg, 팝 가수인 블랙 아이드 피스Black-Eyed Peas는 우리 모두가 코딩을 배워야 한다

---

4) 코드닷오알지의 영상 http://bit.ly/What-Most-School-Don't-Teach

고 말합니다.

학교에서 코딩을 가르치기 위해서는 무엇보다도 코딩이 우리 모두를 위한 것임을 잘 알고 있어야 합니다. 코딩을 가르쳐야 하는 이유는 매우 다양합니다.

- 코딩은 인내심을 배우게 합니다.
- 코딩은 생각하고 추론하는 방법인 컴퓨팅 사고computational thinking를 길러줍니다.
- 코딩은 창의력과 표현력을 길러줍니다.
- 코딩은 자신이 알고 있는 내용 지식을 다른 사람들에게 전달할 수 있는 새로운 표현방식입니다. (지금껏 우리는 파워포인트나 디스플레이 보드를 사용하여 지식을 전달했습니다.)
- 코딩은 수학을 이론적으로만 접근하지 않고 수학적 개념과 지식을 실제적으로 학습하도록 도와줍니다.

🖋️ 이제는 모든 부모가 코딩을 배워야 한다!

코드닷오알지Code.org는 모든 학생이 컴퓨터 프로그래밍을 배우도록 독려하는 비영리 단체입니다. 지난 2016년 코드닷오알지가 발표한 〈누구나 배울 수 있다Anybody Can Learn〉 자료에 따르면 미국 내 새로운 임금賃金 중에서 약 16%가 컴퓨터 과학 분야의 임금이었습니다.

미국 노동 통계청의 자료를 살펴보면, 2016년 기준으로 미국 내 평균 연봉은 $48,320(한화 약 5천 400만 원)인 반면 컴퓨팅 관련 직종의 연봉은 $86,170(한화 약 9천 600만 원)입니다. 미국 노동 통계청은 컴퓨터 과학 분야의 직종이 다른 직종들에 비해 상대적으로 빠르게 성장하고 있으며, 향후 대폭 상승세를 보일 것이라 예측했습니다.

한편, 코드닷오알지의 2016 연구보고서에 따르면 온라인 광고 역시 다른 카테고리의 평균 수요율(전체 온라인 광고 수량을 현재 개시되고 있는 수로 나눈 값)이 3.8%인 반면 컴퓨팅 카테고리의 평균 수요율은 14.8%를 웃도는 것으로 나타났습니다. 그럼에도 불구하고 지난 2014년 미국 내 학사 학위 수여자 중에서 전체의 약 2.5%(42,969명)만이 컴퓨터 과학 분야를 전공했습니다. 왜 더 많은 학생들이 컴퓨터 과학을 전공하지 않았을까요? 이러한 원인 중 하나는 미국 K-12(우리나라 유치원부터 고등학교 3학년까지) 교육과정에서 컴퓨터 과학을 가르치지 않았기 때문입니다. 일찍이 학생들을 컴퓨터 과학에 노출시키는 것이 장차 대학에서 컴퓨터 과학을 전공하는 것과도 높은 상관관계가 있다는 연구자료가 있음에도 말입니다.

코드닷오알지는 더 많은 학생들이 대학에서 컴퓨터 과학을 전공하도록 독려하는 방안으로 K-12 학생들에게 컴퓨터 과학을 가르치는 것을 제안했습니다. 관련 설문에 참여한 학부모들 역시 전체의 약 90%가 이에 동의하는 것으로 나타났습니다.

🖊️ 어린 학생들이 반드시 코딩을 배워야 하는 이유

1. 자신의 생각을 가시화할 수 있습니다.

어린 학생들은 어떠한 대상을 구체적으로 생각하고, 단계별 지시를 따라 생각합니다. 첫 번째 지시를 수행한 다음 두 번째 지시를 수행하고, 이어서 여러 지시를 순차적으로 따르는 것은 기본적인 알고리즘적 사고Algorithmic Thinking라 할 수 있습니다.

아주 어린아이들은 추상적 개념을 이해하지 못할 수도 있습니다. 하지만 컴퓨터 과학을 통해 아이들이 자신의 생각을 시각화하고 추상적인 개념을 더 잘 이해하도록 도울 수 있습니다. 지금 읽고 있는 내용을 마음속으로 그려보는 것은 독서를 하는 데 도움이 되는 좋은 습관입니다.

이와 반대로 글을 쓸 때에는 마음속의 생각을 글로 표현할 수 있어야 합니다. 그러나 많은 학생이 자신의 생각을 들여다보는 것을 어려워하고 글을 쓰는 것 역시 두려워합니다. 만약 이러한 학생들이 코드 작성하는 방법을 배운다면 자신의 생각을 구체화하고, 생각을 잘 정리할 수 있으며, 앞서 생각한 것들을 실제 행동으로 옮길 수 있습니다.

2. 창의력을 꾸준히 발휘하고 발전시킬 수 있습니다.

영국 교육학자인 켄 로빈슨Ken Robinson은 〈학교가 창의력을 죽이고 있지 않나요?Do Schools

Kill Creativity?[5])를 주제로 한 테드 강연에서 글을 읽고 쓰는 능력인 리터러시 만큼이나 창의력이 중요하다고 강조합니다. 그에 따르면 어린아이들은 다양한 기회가 주어지기 때문에 실수나 실패를 두려워하지 않습니다. 그런데 나이가 들어 성인이 된 이후에는 실수나 실패할 것이 두려워 창의력을 잃어버리게 됩니다.

때문에 코딩을 하면 잘못될 것을 염려하지 않고 얼마든지 창의적인 활동을 할 수 있습니다. 만약 코딩의 결과물이 예상대로 잘 작동하지 않으면 무엇이 잘못되었는지, 왜 작동하지 않는지를 분석하고 이를 해결하기 위한 방법들을 찾아 실제로 어떤 방법을 적용할 것인지 선택해야 합니다. 본래 코딩은 수많은 실수와 실패를 경험하고, 이들을 통해 새로이 배우며 해결해가는 과정이기 때문입니다.

3. 컴퓨팅 사고를 기를 수 있습니다.

여러분은 학생들이 수학 시간에 연산 문제는 잘 푸는 반면, 실생활과 관련된 서술형 문제는 종종 어려워하는 모습을 본 적이 있을 것입니다. 코드를 읽고 쓰는 방법을 가르치면 학생들의 계산적computationally으로 생각하는 능력이 향상됩니다. 학생들이 서술형 문제를 더욱 잘 해결하도록 돕기 위해서는 학생 스스로 자신의 두뇌가 어떻게 작동하는지를 이해하도록 해야 합니다.

인간의 두뇌는 마치 복잡한 컴퓨터와 비슷합니다. 주어진 문제를 작은 단위로 분해하고, 문제를 해결하기 위한 절차와 방법을 고안하여 직접 실행해 보고, 그 결과를 분석하여 최종 결과로 받아들일 것인지를 판단합니다. 즉, 우리는 문제를 해결하기까지 분해Decomposition, 알고리즘과 절차Algorithms & Procedures, 데이터 수집Data Collection, 데이터 분석Data Analysis, 그리고 데이터 표현 및 추상화Data Representation & Abstraction 과정들을 거칩니다.

우리는 기술을 활용하여 세상을 변화시킬 수 있는 시대를 살아가고 있습니다. 그리고 우리 주변에는 기술을 활용하여 해결할 수 있는 문제들이 끊임없이 만들어지고 있습니다.

컴퓨터 과학자이자 현 마이크로소프트연구소의 부사장인 지넷 윙Jeanette Wing은 지

---

5) 켄 로빈슨의 강연 영상 https://www.ted.com/talks/ken_robinson_says_schools_kill_creativity

난 2006년 연구에서 "컴퓨팅 사고computational thinking란 문제를 공식화하고 문제해결 방법을 고안하는 사고 과정이며, 문제해결을 위한 솔루션은 정보 처리 기관에 의해 효율적으로 수행될 수 있는 형태로 표현된다."고 설명했습니다.

여러분의 두뇌가 곧 정보를 처리하는 에이전트임을 기억하시기 바랍니다.

4. 미래 역량을 길러줍니다.

21세기 학습을 연구하는 비영리 단체 P21Partnership for 21st Century Learning은 "21세기의 삶과 직장에서 성공하기 위해 반드시 준비해야 할 역량과 지식, 전문지식Skills, Knowledge and Expertise Students Should Master to Succeed in Work and Life in The 21st Century" 프레임워크[6]를 개발했습니다. 이 프레임워크는 점점 더 복잡해지는 삶과 미래의 직업환경에 대비하기 위해 학생들이 습득해야 할 것으로 "학습과 혁신 역량Learning and Innovation Skills"을 제시하고 있습니다. 학습과 혁신 역량의 하위 요소는 비판적 사고Critical thinking, 의사소통Communication, 협업Collaboration, 창의력Creativity이며 이들을 4C's로 표현하기도 합니다.

최근 기술이 급격히 발전하면서 협업 능력과 의사소통 능력 역시 더욱 중요해지고 있습니다. 다른 주State, 다른 나라에 있는 사람들, 심지어 전 세계의 여러 사람과 함께 실시간으로 소통하며 협업하기 때문입니다. 특히 컴퓨터 프로그래밍 기술이 발전하면서 프로젝트를 수행하거나 즉각적인 피드백을 받아야 하는 경우에는 컴퓨팅 사고를 할 수 있는 인재가 필요합니다. 창의력과 비판적 사고 역시 코딩에서 아주 중요한 요소이며, 이것은 모든 연령의 사람들에게 해당됩니다.

코딩을 하면 콘텐츠를 소비하는 것을 넘어 새로운 콘텐츠를 직접 만드는 경험을 할 수 있습니다. 우리가 콘텐츠를 소비할 때에 '무엇'과 '어떻게'를 배울 수 있다면 콘텐츠를 직접 만

---

6) P21 21세기 미래핵심역량(P21 21st Century Skills) : Partnership for 21st Century Skills(P21)은 미국의 정부기관, 교육부, 학교, 교육 관련 기관 및 사회단체 등으로 구성된 국가적 컨소시엄입니다. P21은 지난 2004년부터 21세기 학습자들이 갖추어야 할 역량을 '학습과 혁신 역량', '삶과 직업 역량', '정보·미디어·테크놀로지 역량'으로 제안하고 있으며, 교육과정의 핵심 교과목과의 연계를 통해 통합적으로 연구하고 있습니다.
21세기 학습을 위한 프레임워크(P21's Frameworks for 21st Century Learning)의 자세한 내용은 http://www.battelleforkids.org/networks/p21/frameworks-resources 에서 확인할 수 있습니다.

드는 과정에서는 '왜'의 관점을 배울 수 있습니다.

5. 실제 행동으로 실천하도록 이끌어 줍니다.

코딩은 문제를 해결하는 데 필요한 기술skills을 적용하고 창의력을 발휘하는 것입니다.

일례로 지난 2011년 겨울, 젊은 코더 그룹이 보스턴 공립학교의 새 홈페이지를 개발하기 위해 보스턴에 도착했습니다. 그런데 도착한 지 얼마 되지 않아 거친 눈보라가 불어 숙소에 고립되고 말았습니다. 하지만 젊은 코더들은 자신이 고립된 최악의 상황에도 불구하고 비상 출동하는 소방대원들이 눈에 파묻힌 소화전을 쉽게 찾을 수 있도록 〈Adopt a Hydrant(http://adoptahydrant.org)〉 웹 사이트를 만들었습니다. 지역 주민이 웹 사이트에 방문하여 근처의 소화전을 선택하고 겨우내 소화전에 쌓인 눈을 치우도록 한 것입니다.

학생들이 친숙한 실생활 문제를 해결할 때에도 코딩을 할 수 있습니다. 학교와 실생활 사이의 경계를 허물 때 비로소 학생들이 자율적으로 문제를 조사하고, 탐구하고, 해결할 수 있습니다.

행동이란 어떤 동작이나 일을 하는 것으로 쉽게 정의되곤 합니다. 그러나 다시 골든 서클의 관점으로 논하자면, 우리의 행동은 무언가를 하고자 하는 이유에 기인한 것으로 쉽게 정의할 수 없습니다.

아이들이 세상을 변화시키도록 이끌어주고자 한다면, 교사나 부모가 아이들에게 어떠한 행동을 강요하는 것이 아니라 아이들의 평생을 좌우하는 사고방식을 발전시킬 수 있도록 도와주어야 합니다. 이를 위해서는 학생들에게 명확한 학습 기법이나 행동 모델, 점진적으로 책임감을 부여하는 활동이 포함된 스캐폴딩scaffolding[7]을 제공해 주어야 합니다.

다음은 교사들을 위한 자기성찰 질문입니다. 여러분이 코딩 활동의 내용과 절차를 구상하는 데 도움이 될 것입니다.

---

7) 스캐폴딩 : 비고츠키(Vygotsky)는 아이들의 실제 발달 수준과 잠재적 발달 수준 사이의 영역을 근접 발달 영역(Zone of Proximal Development, ZPD)이라 정의했습니다. ZPD는 아동이 혼자서는 해결할 수 없지만, 또래 친구들이나 멘토 또는 교사의 도움을 받아 해결할 수 있는 과제의 범위를 의미합니다. 이때 아동에게 적절한 도움을 주는 것을 '스캐폴딩' 또는 '비계(scaffold) 설정'이라고 합니다.

- 탐구하는 것과 실제로 행동하는 것 사이에는 어떠한 관계가 있나요?
- 컴퓨팅 사고는 실제 행동으로 옮기는 데 필요한 기술skills들을 어떻게 촉진시킬까요?
- 기술technology을 사용하여 기록하고, 평가하고, 발표하려면 어떻게 해야 할까요?
- 코딩 기술coding skills이 실제 행동으로 이어지도록 하려면 어떻게 해야 할까요?

🏅 왜 아직도 코딩을 가르치지 않나요?

코딩을 교육과정에 통합해야 하는 수많은 이유가 있음에도 불구하고, 이에 못지않게 반대와 우려의 목소리도 팽배합니다. 코딩을 기존 교육과정에 통합하기 위해서는 이러한 반대의 목소리에도 귀를 기울이고 무엇이 코딩교육을 어렵게 하는지를 정확히 알아야 합니다.

장애요인 1 : 베타의 삶에 친숙하지 않은 것

이미 미국 내 대부분의 학교에서는 컴퓨터 과학 동아리나 코딩 클럽을 운영하고 있습니다. 따라서 많은 학생이 컴퓨터 과학과 코딩에 노출되고 있지만, 모든 학생이 진정으로 컴퓨팅 사고를 경험하고 발전시키는 코딩을 하고 있지는 않습니다.

지금껏 컴퓨터 과학에 열정을 가진 교사들을 중심으로 컴퓨터 과학 동아리 또는 코딩 클럽을 운영해 오고 있었지만, 이제는 유치원부터 초등학교 5학년을 담당하는 모든 교사들이 코딩에 익숙해져야 합니다.

그렇다면 모든 선생님이 코딩을 가르치려면 어떻게 해야 할까요?

우리는 베타의 삶에 익숙해져야 합니다. 지난 2013년, 디지털 시대의 학습 전문가이자 구글의 공식 강사인 몰리 슈레더Molly Schroeder는 〈베타의 삶을 살다(Living in Beta)〉[8]를 주제로 테드 강연을 했습니다. 슈레더는 이 영상에서 베타beta를 "A와 B 사이의 공간으로, 학습

---

8) 몰리 슈레더의 〈Living in Beta〉 테드 강연은 https://www.youtube.com/watch?v=0nnYI3ePrY8 에서, 인터뷰 영상은 https://www.youtube.com/watch?v=OuY6AQrzCqo 에서 확인할 수 있습니다.

이 이루어지는 곳"이라 정의했습니다[9]. 또한 교사가 학생들이 베타의 공간에서 문제를 해결할 수 있도록 돕기 위해서는 끊임없이 변화하는 테크놀로지의 본질적인 속성을 잘 이해하고 베타 학습의 장에 적극 참여하여 학습을 도울 것을 당부했습니다.

최근 발표되고 있는 신경과학 연구 및 인간의 뇌 작동원리 연구 결과들은 교사와 학습자의 상호작용 방식을 새롭게 변화시키고 있습니다. 슈레더는 코딩이 디지털 시대의 새로운 리터러시가 되었다고 말합니다.

"파도가 잠잠하기까지를 기다린다면 우리는 결국 배를 놓치게 될 것입니다.
지금 이 시기를 놓친다면
우리가 나아가야 할 길을 알지 못하게 될 뿐 아니라
미래를 이끄는 변화를 놓치고 말 것입니다."
- 몰리 슈레더 -

장애요인 2 : 실패에 대한 두려움

"코딩교육이 필요하다는 것에는 동의하지만,
코딩교육 교육과정과 자료가 전문적으로 개발되지 않는 이상
제가 직접 가르치기는 어려울 것 같아요."

어쩌면 이 책을 읽고 있는 유치원 교사 또는 초등학교 교사들이 위와 같이 생각할지도 모릅니다. 코딩에 대해 잘 모르는 교사들은 그저 막연함에 두려움을 느낄 수 있습니다. 또 코드 작성법을 아직 충분히 이해하지 못했거나 여러 가지 이유로 코딩하는 방법을 배울 시간

---

9) 일반적으로 소프트웨어나 하드웨어 제품이 출시되기 전에, 일반인에게 무료로 배포하여 제품을 테스트하고 오류를 수정하기 위해 사용하는 제품을 베타버전이라 합니다. 슈레더는 학습자가 불완전한 상태에서 여러 가지를 시도하고, 다른 사람들로부터 피드백을 받아 오류를 수정하고 개선하는 과정을 겪으며 배우는 것을 디지털 시대의 베타 학습으로 소개합니다.

이 부족한 교사들도 있을 겁니다. 그러나 무엇보다도 우리 교육의 현실은 실패할 것에 대해 몹시 두려워하고, 이 때문에 위험을 무릅쓰고 기꺼이 새로운 것을 시도하는 것조차 주저하고 있습니다. 바로 이것이 우리 앞을 가로막고 있는 가장 큰 장애물입니다!

스스로 위험을 감수하고 무언가를 시도해 보고, 실패를 경험하고, 실패를 통해 효과적인 학습방법을 배우는 것. 이것이 바로 코딩의 핵심입니다. 그렇다면 우리는 이 커다란 장애물에서 벗어날 수 있을까요? 만약 그렇다면 어떻게 해야 할까요?

여러분, 잠시 시간을 내어 유튜브 동영상 〈에스컬레이터에 갇히다-행동 취하기Stuck on An Escalator-Take Action[10]〉를 시청해 보시기 바랍니다. 이미 제목에서 예측할 수 있듯이 이 영상에서는 고장 난 에스컬레이터 위에 그대로 서 있는 두 사람이 등장합니다. 예전에 이 영상을 교사들에게 보여준 적이 있습니다. 영상에 등장하는 여성은 타고 있던 에스컬레이터가 고장이 나서 멈추자 앞에 서 있던 남성에게 휴대전화가 있는지 물어봅니다. 휴대전화가 없었던 남성은 "저기요, 거기 누구 없나요? 에스컬레이터가 고장 났어요. 도와주세요! 누가 좀 도와주세요!" 하고 큰 소리로 주변에 도움을 요청하지요. 영상을 보던 대부분의 교사들은 이 장면에서 큰 소리로 웃었답니다.

다시 영상 속 이야기로 돌아가면, 두 사람 모두 고장 난 에스컬레이터 한복판에서 오도 가도 못한 채 수리공이 도착하기만을 기다립니다. 이 영상의 마지막에서는 에스컬레이터에서 내릴 때 비로소 우리가 직면하는 문제들을 쉽게 해결할 수 있다고 전합니다.

고장 난 에스컬레이터에서 벗어나는 것처럼, 교사들이 코딩에 대한 두려움을 극복하기 위해서는 개혁의 확산 법칙Law of Diffusion of Innovation이 무엇이고, 이 법칙이 유치원과 초등학교 학생들을 위한 코딩과 어떠한 관계가 있는지 살펴볼 필요가 있습니다.

뉴멕시코대학교의 커뮤니케이션 저널리즘학과 석좌교수인 에버렛 로저스Everett Rogers는 그의 저서인 『개혁의 확산Diffusion of Innovations』을 출간하여 개혁의 확산 법칙을 널리 알렸습니다.

이 책은 시간의 흐름에 따라 달라지는 '조직 내에서 개혁을 받아들이는 양상'을 설명하

---

10) 유튜브 동영상 https://www.youtube.com/watch?v=VrSUe_m19FY&feature=youtu.be

고 있습니다. 로저스 교수는 조직에서 개혁을 받아들이는 유형을 다음과 같이 다섯 가지로 구분했습니다.

- **혁신가**Innovators : 결과적으로는 실패할 수도 있는 혁신을 받아들이기 위해 기꺼이 위험을 감수하고, 재정 지원을 하며, 과학적 자료를 뒷받침하거나 다른 혁신가들과 함께 상호작용합니다.
- **얼리어답터**Early Adopters : 고등교육을 받을 사람으로 여론을 주도하며, 혁신가보다는 조금 더 신중하게 혁신을 받아들입니다.
- **초기 다수자**Early Majority : 성공적인 혁신 사례를 보고 난 이후에 비로소 혁신을 받아들이는 사람들로, 대체로 평균 이상의 사회적 지위를 가지고 있지만 얼리어답터만큼 여론을 주도하지는 못합니다.
- **후기 다수자**Late Majority : 혁신에 대해 다소 회의적인 태도를 보입니다.
- **지체자**Laggards : 마지막으로 혁신을 받아들이는 집단으로, 변화하는 것을 극도로 꺼려하는 사람들입니다.

초기 프로그래밍 언어를 개발하고 보급한 시모어 페퍼트Seymour Papert와 미첼 레즈닉Michel Resnick, 그리고 프레드 마틴Fred Martin은 유치원과 초등학생들을 위한 코딩을 이끌었던 혁신가라 할 수 있습니다.

시모어 페퍼트는 1970년대에 어린이들이 스크린화면에서 간단한 명령어를 작성하여 도형을 그리고, 기하학 모형을 디자인하거나 패턴을 만들 수 있도록 로고Logo 프로그래밍 언어를 개발했습니다. 이후 시모어 페퍼트의 제자인 미첼 레즈닉이 어린이들을 위한 블록형 프로그래밍 언어인 스크래치Scratch를 개발하여 2004년에 처음 선보였습니다. 프레드 마틴 역시 페퍼트의 제자로, 아이들을 위한 로봇공학 디자인 환경을 개발하고 MIT 로봇 디자인 대회를 창립했습니다.

코딩 플랫폼에 얼리어답터가 등장한 이후 21세기 초반부터는 코딩이 대중적인 인기를 얻기 시작했습니다.

지난 2004년에는 미국 컴퓨터교사협회인 CSTAComputer Science Teachers Association가 설립되고 컴퓨터 과학에 대한 표준Computer Science Standards을 마련했습니다.

2012년부터는 협업이 가능한 소셜 플랫폼이 등장했습니다. 덕분에 코딩의 인기가 더욱 높아졌습니다. 스크래치 프로그램에도 협업 도구가 새로 추가되었습니다.

2013년에는 하디 파르토비Hadi Partovi가 코드닷오알지Code.org를 창립했습니다. 2016년에 발표된 코드닷오알지의 연례보고서에 따르면 코드닷오알지는 매년 '아워 오브 코드Hour of Code'[11] 행사를 진행하고 있으며, 2016년 기준으로는 약 3억 5천만 명 이상의 학생들이 참여한 것으로 집계되었습니다. 즉, 전 세계 어린이 열 명 중에서 한 명이 이 행사에 참여한 것입니다.

[그림 1.1]은 코드닷오알지가 개발한 코딩 학습자료들을 기반으로 이루고자 하는 티핑 포인트Tipping Point[12]를 나타냅니다.

[그림 1.1] K-5(유치원-초등학교 5학년) 학생들의 코딩을 받아들이는 개혁의 확산 곡선

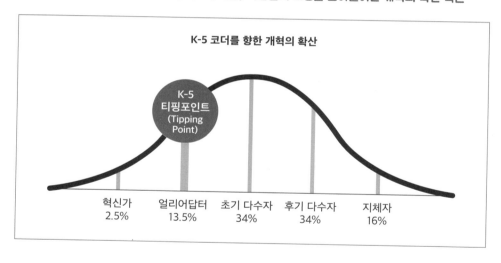

_____

11) 아워 오브 코드(Hour of Code) : 전 세계 학생들이 한 시간 동안 컴퓨터 과학에 대해 배워보자는 교육 캠페인입니다. 2019년 3월을 기준으로 전 세계의 180개국 이상, 7억 5천만 명이 넘는 어린이와 청소년들이 한 시간 코드에 참여했습니다. 아워 오브 코드의 공식 홈페이지(https://hourofcode.com/kr)에 방문하면 자세한 내용을 확인할 수 있습니다.

12) 티핑 포인트(Tipping Point) : '갑자기 뒤집히는 점'이란 뜻으로 어떠한 현상이 서서히 진행되다가 작은 요인으로 한순간 폭발하는 지점을 뜻합니다.

이 책이 소개하는 활동을 여러분이 직접 하나라도 시도한다면 여러분은 곧 코딩교육의 혁신을 이끄는 얼리어답터가 될 것입니다. 코딩을 여러분이 담당하는 교과목에 통합해 보세요. 그리고 학생들에게 코딩을 21세기의 새로운 리터러시로 소개하고 함께 참여해 보세요.

장애요인 3) 시간

유치원과 초등학교 교사들이 자신의 교과활동에 코딩과 컴퓨팅 사고를 통합하고 싶어도, 이미 기존 교과의 전체 일정이 짜여 있는 경우에는 이러한 통합활동을 계획하거나 실천하기가 어려울 수 있습니다. 하지만 유·초등 교사는 읽기, 쓰기는 물론이고 과학, 사회 등의 교과지식, 학생들의 건강 및 사고방식과 관련된 유의미한 학습경험을 새로 구성할 수 있어야 합니다.

그렇다면 기존의 교과 계획에 코딩을 어떻게 통합할 수 있을까요?

대부분의 교사들은 이미 컴퓨팅 사고의 기초 요소들을 가르치고 있습니다. 다만, 교사들이 이 사실을 인지하고 있지 못할 뿐입니다. 교사가 학생들에게 이야기를 읽어주고 이야기에 등장한 사건들을 순서대로 배열하도록 과제를 주는 것 역시 문제 분해하기, 데이터 분석하기, 데이터 표현하기 등 프로그래머가 경험하는 문제해결 과정과 비슷한 과정을 학생들이 경험하도록 하게 하는 것입니다.

예들 들어, 컴퓨터 프로그래머가 복잡한 문제를 해결하기 위해서는 우선 문제를 작고 간단한 단위로 나누어야 합니다. 그런 다음 각 단위 문제들을 분석하고 알맞은 순서로 나열합니다. 마지막으로, 사용자가 쉽게 이해할 수 있는 방법으로 데이터를 나타냅니다.

교사가 어린 학생들에게 이야기를 읽어주고 이야기 흐름에 맞춰 상황 카드를 순서대로 나열하도록 지시한 경우에도 학생들은 위와 같은 과정으로 과제를 해결합니다. 이러한 경우에는 코딩을 가르치기 위한 별도의 시간이 필요하지 않습니다. 학생들이 순서에 맞춰 상황카드를 연결할 수 있도록 곁에서 도와주면 되는 것이지요.

미국 공통핵심기준(Common Core State Standards, CCSS)[13]에서 요구하는 기술들skills, 특히 수학 교과의 기준을 성취하도록 하기 위해서 코딩을 학습도구로 사용할 수 있습니다. 많은 교사들이 수학 공통핵심기준의 여덟 가지 수학적 실천Mathematical Practice[14]내용을 실천하고자 고군분투하고 있습니다.

이 책의 뒤편에 수록된 「부록 B」는 컴퓨팅 사고와 수학적 실천이 함께 공유하고 있는 부분을 소개하고, 수학 교과에 코딩을 접목시키는 전략들을 소개합니다.

여러분, 기존 교과에 코딩을 접목하기 위해서 별도의 시간을 추가하거나 할애하지 않아도 됩니다. 코딩은 학생들이 수학적 개념을 구체적으로 이해하는 데 도움을 주는 21세기 학습도구이며, 얼마든지 다양한 방법으로 접근할 수 있습니다.

---

13) 미국 공통핵심기준(Common Core State Standards, CCSS) : 2010년 발표된 미국 공통핵심기준은 K-12(유치원부터 고등학교 3학년까지) 학생들이 도달해야 할 수행기대로, 미국주지사협의회(National Governors Association, NGA)와 전국교육감협의회(Council of Chief State School Officers)를 비롯한 수많은 연구자, 교사, 정책 입안자들이 공동으로 개발했습니다.
공통핵심기준의 목표는 K-12 학생들이 대학과 직장, 인생을 성공적으로 준비하고 21세기 인재로서 경쟁력을 갖도록 필요한 지식과 기술을 갖춘 상태에서 고등학교를 졸업하게 하는 것으로, 유치원부터 12학년까지 학교에서 가르쳐야 하는 영어(English Language Arts : 우리나라 국어에 해당됨)와 수학(Mathematics)의 핵심적인 내용을 교과, 영역, 학년별로 세분화하여 제시하고 있습니다.
• 영어 공통핵심기준 다운로드 : http://www.corestandards.org/wp-content/uploads/ELA_Standards1.pdf
• 수학 공통핵심기준 다운로드 : http://www.corestandards.org/wp-content/uploads/Math_Standards1.pdf

14) 수학 공통핵심기준(Common Core State Standards for Mathematics)은 학생들이 배워야 할 내용인 '수학적 내용 기준(Standards for Mathematical Contents)'과 수학에 뛰어난 학생이 갖는 습관을 서술한 '수학적 실천 기준(Standards for Mathematical Practice)'으로 구성되어 있습니다.

코딩 = 컴퓨팅 사고?

코딩이 곧 컴퓨팅 사고Computational Thinking일까요? 컴퓨팅 사고는 컴퓨터처럼 사고하는 데 관여하는 모든 사고과정을 의미합니다. 따라서 코딩활동은 계산적으로 생각하고, 자신의 사고과정으로부터 즉각적인 피드백을 받을 수 있도록 도와줍니다.

이 때문에 코딩은 휴먼 에러human error[15] 없이 구현되는 컴퓨팅 사고라 할 수 있습니다. 예를 들어 두 명의 학생들이 짝을 지어 활동하는 경우를 생각해 봅시다.

A학생이 종이에 정사각형을 그리는 절차와 방법을 적고, B학생은 그 종이에 적힌 내용을 보고 도형을 그리는 경우에는 수많은 에러가 발생할 수 있습니다. A학생이 정사각형 그

---

15) 휴먼 에러(Human error) : 시스템의 성능, 안전 또는 효율을 저하시키거나 감소시킬 잠재력을 갖고 있는 부적절하거나 원치 않는 인간의 결정이나 행동을 의미합니다. 시스템의 신뢰성 및 안전성을 제고하는 것이 가장 효과적인 예방책이 될 수 있습니다.

리는 과정을 정확히 표현하지 못했을 수도 있고, B학생이 도형 그리는 과정을 잘못 해석할 수도 있기 때문입니다. 하지만 학생들이 스크래치와 같은 프로그래밍 언어를 사용하여 컴퓨팅 사고를 표현한다면 자신의 생각이 올바른지 즉각 확인할 수 있습니다. 프로그램이 제대로 실행될 경우, 자신의 생각이 올바른 것임을 검증할 수 있기 때문입니다. 만약 프로그램이 제대로 실행되지 않은 경우에는 자신의 생각에 오류가 있음을 확인할 수 있습니다.

학습에서 '이해'는 이전에 습득했던 지식들을 기반으로 이루어집니다. 학습자는 새로운 학습 경험에 노출되고(입력), 이후 사고과정을 수정하고 더욱 명확히 하면서 더욱 의미 있는 과정을 만들어갑니다(프로세스). 그 다음에는 학습자 스스로 새로운 학습을 성취하고(출력), 최종적으로 기대했던 학습 결과에 대한 정보를 받습니다(피드백).

컴퓨팅 사고의 정의

ISTE(International Society for Technology in Education, 이하 ISTE)는 CSTA(Computer Science Teachers Association, 이하 CSTA)와 협력하여 K-12 학생들을 위한 컴퓨팅 사고를 정의했습니다. 이 작업의 목적은 대부분의 교육자들이 공감할 수 있는 프레임워크와 용어들을 제공하는 것이었습니다.

ISTE와 CSTA는 컴퓨터 과학 교사, 관련 분야의 연구자들을 비롯하여 컴퓨팅 사고의 의미를 정의하는 데 열정적인 관심과 참여를 보이는 약 700여 명의 전문가로부터 피드백을 수집했습니다.

이를 기반으로 지난 2011년에 컴퓨팅 사고는 다음과 같은 특성을 포함하는 문제해결 프로세스로 정의되었습니다. (단, 컴퓨팅 사고가 아래 특성들에 국한되는 것은 아닙니다.)

- 컴퓨터 혹은 다른 도구들을 사용하여 문제를 해결할 수 있도록 문제를 형식화formulating합니다.
- 데이터를 논리적으로 구성하고 분석합니다.

- 모델 및 시뮬레이션과 같은 추상화된 방법으로 데이터를 표현합니다.
- 알고리즘적 사고algorithmic thinking(문제해결 과정을 일련의 정렬된 단계로 정의함)를 통해 문제해결 방식을 자동화합니다.
- 가장 효율적이고 효과적으로 문제를 해결하기 위해 문제해결 절차와 필요한 자원들을 종합적으로 고려합니다. 그리고 이들을 식별하고, 분석하여 실제로 구현합니다.
- 문제해결 방법을 일반화하고, 새롭고 다양한 문제들에 적용합니다.

더 중요한 것은, 이러한 컴퓨팅 사고 기술skills들은 다음과 같이 학습자의 기질과 태도로 이어집니다.

- 복잡성에 대한 자신감
- 어려운 문제를 끈기 있게 다루는 능력
- 모호성에 대한 관용
- 개방형open-ended 문제를 처리할 수 있는 능력
- 공동의 목표를 달성하거나 공동의 문제를 해결하기 위해 다른 사람들과 소통하고 협업하는 능력

컴퓨팅 사고의 구성요소

여러 웹 사이트에서 컴퓨팅 사고 개념을 세분화하여 소개하고 있습니다. [표 2.1]에서는 ISTE와 CSTA가 정의한 컴퓨팅 사고에 대한 용어를 사용하여 컴퓨팅 사고의 개념과 정의를 소개합니다.

[표 2.1] 컴퓨팅 사고^{CT} 개념 및 정의

컴퓨팅 사고 개념	정의
데이터 수집 (Data Collection)	문제해결에 필요한 데이터를 수집하기
데이터 분석 (Data Analysis)	데이터를 이해하기, 데이터 속에서 일련의 규칙과 패턴을 찾기, 데이터 분석에 대한 결론을 도출하기
데이터 표현 (Data Representation)	그래프, 차트, 글 또는 이미지 등 적절한 방법으로 데이터를 표현하기
문제 분해 (Problem ecomposition)	문제를 해결 가능한 수준의 작은 문제로 나누기
추상화 (Abstraction)	핵심 아이디어를 파악하기 위해 복잡성을 줄이고 단순화하기
알고리즘 및 절차 (Algorithms & Procedures)	문제를 해결하거나 어떤 목표를 달성하기 위해 수행하는 일련의 단계
자동화 (Automation)	반복적이거나 지루한 작업을 컴퓨터 혹은 기계를 사용하여 효율적으로 처리하기
시뮬레이션 (Simulation)	표현Representation 혹은 프로세스 모델 문제해결을 위해 만든 모델을 실행시키는 것도 시뮬레이션에 해당됨
병렬처리 (Parallelization)	공동의 목표를 달성하기 위해 여러 가지 작업을 동시에 수행하도록 자원을 구성하기

🛡 컴퓨팅 사고, 프로젝트 기반 학습, 탐구 기반 학습

컴퓨팅 사고의 요소들을 개별적으로 보는 것보다 프로젝트 기반 학습 혹은 탐구 기반 학습과 같이 살펴보면 더욱 쉽게 이해할 수 있습니다.

최근 프로젝트 기반 학습Project Based Learning.PBL에 대한 관심이 높아지면서 많은 학교에서 PBL 학습 모델을 적용하기 시작했습니다. [그림 2.1]은 PBL과 컴퓨팅 사고, 탐구 기반 학습 사이의 관계를 보여줍니다. 이 그림은 가장 일반적으로 사용되는 프로젝트 기반 학습 및 탐구 기반 학습Inquiry Based Learning 개념과 용어로 표현했습니다.

[그림 2.1] 컴퓨팅 사고가 프로젝트 기반 학습과 탐구 기반 학습에 어떻게 반영되는지 보여준다.

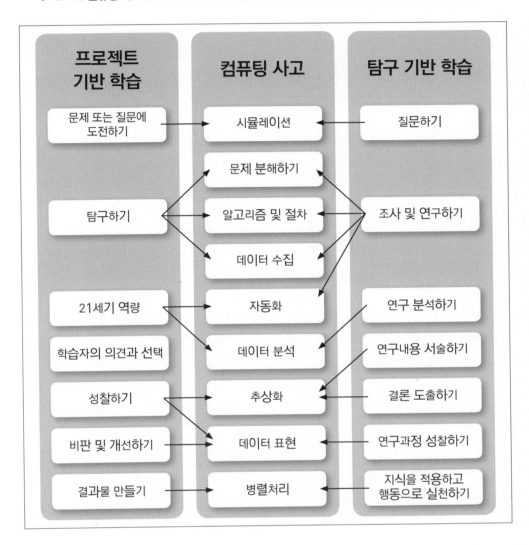

[그림 2.1]에서 컴퓨팅 사고와 프로젝트 기반 학습, 그리고 탐구 기반 학습을 비교하여 살펴보면 학습자가 탐구하고, 조사하고 연구하는 과정이 몹시 복잡하다는 것을 알 수 있습니다. 수많은 유치원, 초등학교 교사들이 이러한 학습 기술들을 가르치는 데 어려움을 겪고 있습니다. 이 때문에 바로 컴퓨팅 사고가 필요한 것입니다.

탐구하는 과정을 작은 단위로 나누어 일련의 단계로 구성하는 것으로 문제의 복잡성을 줄이고, 필요한 정보를 수집 및 분석하고, 결론을 도출하고, 그래프나 차트, 단어, 그림 등 적절한 방법으로 데이터를 표현하는 것 모두가 컴퓨팅 사고가 적용된 활동들입니다.

유치원과 초등학교 교실에서 학생들이 복잡한 문제를 단순한 작업으로 분해하고 서로 협력하여 해결하는 과정을 배우는 모습을 상상해 보세요. 코딩은 21세기 역량을 요구하는 대학과 직장에서 필요로 하며, 심지어는 아직 현존하지 않는 직업을 준비하는 모든 학생이 배워야 하는 것입니다.

교사는 학생들이 탐구나 조사, 또는 연구를 하는 과정에서 필요한 컴퓨팅 사고의 개념을 어떻게 구분하고, 어떠한 방법으로 가르쳐야 하는지를 잘 알고 있어야 합니다. 컴퓨팅 사고에 대한 충분한 숙지와 이해가 선행되어야만 미국 공통핵심 기준이 다루고 있는 연구활동에 관한 성취기준을 보다 더 잘 이해할 수 있습니다.

예를 들어 영어 공통핵심기준[16] CCSS.ELA-Literacy는 '지식을 구성하고 발표하는 연구활동'에 대해 다음과 같이 학년별 수행 기대를 제시하고 있습니다.

※ **공통핵심기준 표식해석 방법** : 표준명-과목-영역-학년-표준번호
예시) CCSS.ELA-Literacy.RL.3.3 : 공통핵심기준-영어-문학 읽기-3학년-3번 기준

CCSS.ELA-Literacy.W.K.7 : 여러 명이 공동으로 참여하는 연구 및 작문 프로젝트 수행하기(예시: 좋아하는 작가가 쓴 책을 여러 권 읽고 자신의 생각과 의견 표현하기)

CCSS.ELA-Literacy.W.1.7 : 여러 명이 공동으로 참여하는 연구 및 작문 프로젝트 수행하기(예시: 주어진 주제에 대해 '사용하는 방법'을 여러 권의 책을 통해 탐색한 후 직접 사용 지침서 작성하기)

CCSS.ELA-Literacy.W.2.7 : 여러 명이 공동으로 참여하는 연구 및 작문 프로젝트 수행하기(예시: 하나의 주제에 대해 여러 권의 책을 읽고 리포트 작성하기; 과학 현상을 관찰하고 기록하기)

---

16) 영어 공통핵심 기준의 정식 명칭은 '영어교과 및 역사/사회, 과학, 기술 교과의 문해 능력을 위한 공통핵심기준(Common Core State Standards for English Language Arts & Literacy in History/Social Studies, Science, and Technical Subjects)'입니다.
우리나라의 국어과에 해당하는 이 기준은 전통적으로 영어교과에서 다루었던 읽기, 쓰기, 말하기/듣기, 언어능력 외에도 역사 및 사회, 과학, 기술교과 등 타 교과에서 요구되는 학문적 문해 능력을 함께 다루고 있습니다.

CCSS.ELA-Literacy.W.3.7 : 연구 주제와 관련된 지식을 배울 수 있는 단기 연구 프로젝트 수행하기

ELA-Literacy.W.4.7 : 연구 주제를 다양한 관점으로 탐구할 수 있는 단기 연구 프로젝트 수행하기

ELA-Literacy.W.5.7 : 연구 주제와 관련된 다양한 자료들을 활용하고, 다양한 관점으로 탐구할 수 있는 단기 연구 프로젝트를 수행하기

컴퓨팅 사고를 위한 학습자료

구글은 〈교육자를 위한 컴퓨팅 사고Computational Thinking for Educators〉 무료 교육과정을 제공하고 있습니다. 또한 교사들이 실제 수업에서 사용할 수 있는 다양한 예제들도 함께 제시하고 있습니다.

이 교육과정의 목표는 교사와 교육자들을 컴퓨팅 사고에 노출시키고, 이들이 컴퓨팅 사고와 컴퓨터 과학의 차이를 이해하도록 돕는 것입니다. 어떤 교사들은 컴퓨팅 사고와 컴퓨터 과학이 같다고 생각합니다. 그러나 이 둘은 분명 다릅니다.

구글이 제공하는 〈교육자를 위한 컴퓨팅 사고〉 교육과정은 사용자들에게 매우 친숙하게 다가가고 있습니다. '알고리즘 탐험' 단원에서는 스무고개 게임을 통해 다양한 알고리즘을 소개합니다. 따라서 초등학교 교사들은 아이들이 좋아하는 게임을 수업에서 얼마든지 활용할 수 있고, 다양한 학습주제 및 콘텐츠들과도 통합할 수 있습니다. 구글의 이러한 노력은 유치원 교사와 초등학교 교사들이 컴퓨팅 사고를 온전히 이해하는 데 도움이 됩니다.

〈교육자를 위한 컴퓨팅 사고〉 교육과정은 다음과 같이 다섯 개의 단원으로 구성되어 있습니다.

1. 컴퓨팅 사고를 소개합니다 : 컴퓨팅 사고란 무엇인가? 컴퓨팅 사고는 어디서 발생되는가? 왜 우리는 컴퓨팅 사고를 염두에 둬야 하는가? 컴퓨팅 사고는 어떻게 적용되는가?

2. **알고리즘 탐색** : 여러분이 관심 갖고 있는 주제와 관련된 알고리즘을 찾아보세요. 알고리즘은 당신이 할 수 있는 일들을 더욱 향상시킬 수 있는 강력한 도구이며, 기술^{technology}을 통해 알고리즘을 구현하고 자동화할 수 있다는 것을 직접 확인하세요.

3. **패턴 찾기** : 주제별 다양한 패턴들을 탐색하고, 패턴 인식을 활용한 문제 접근 방식을 직접 개발합니다.

4. **알고리즘 개발** : 주어진 문제를 해결하기 위해 계산적 절차를 적용하는 것에 자신감을 높이고, 일련의 절차와 규칙을 명확한 알고리즘으로 표현합니다.

5. **최종 프로젝트 – 컴퓨팅 사고 적용하기** : 관심 있는 주제에 컴퓨팅 사고가 어떻게 적용될 수 있는지를 설명하고, 이를 토대로 교사업무 및 교실활동에 컴퓨팅 사고를 통합하기 위한 계획을 세워봅니다.

http://bit.ly/CT-for-Educators-with-Google 에 접속하여 구글의 〈교육자를 위한 컴퓨팅 사고(Computational Thinking for Educators)〉 교육과정을 이수하고, https://nofearcoding.org 에 여러분의 최종 프로젝트를 공유해 보세요.

기존 교육과정에
코딩을 통합하는 방법

지난 2013년, CSTA는 〈버그 인더 시스템Bugs in the System〉 보고서를 발간했습니다. 이 보고서는 미국 내 교육구school districts들이 기존 교육과정에 코딩을 통합하는 데 필요한 내용을 단계적으로 설명하고 있습니다.

미국에서는 주 단위, 지역구 단위, 심지어는 단위학교에서도 표준Standards[17]을 개발할 수 있기 때문에 교육 시스템에 대한 의사결정권이 대체적으로 고르게 분권화되어 있습니다. 영국, 핀란드와 같이 국가 수준에서 교육정책을 만들고 시행하는 나라에서는 컴퓨터 과학 기술을 보다 간결하게 다루고 있습니다.

---

17) 표준은 학습자가 성취해야 하는 '성취기준' 또는 '수행기대'를 의미합니다. 즉, 학생이 무엇을 알아야 하고 할 수 있어야 하는가를 평가할 수 있는 진술문입니다. 이 책에서는 표준과 동일한 의미로 (성취)기준, 기대성과(Performance Expectations)를 혼용하여 사용했습니다.

미국은 수학과 리터러시와 같은 '핵심교과'를 위한 표준을 공식화하려는 노력을 국가차원으로 하고 있는 반면, 지금껏 컴퓨터 과학은 해당되지 않고 있습니다.

🛡 기존 교육과정에 코딩 통합하기

컴퓨터 과학을 기술적technical 주제가 아닌 시간이 흐를수록 더욱 진화하는 언어로서 바라보는 것이 컴퓨터 과학을 이해하는 데 도움이 될 것입니다. 메사추세츠 공과대학 미디어랩MIT Media Lab의 미첼 레즈닉 교수는 코딩이 어린 학습자들에게 또 다른 언어가 된다고 말했습니다.

"코딩은 새로운 문해 능력입니다.
어린 학생들이 미래 사회에서 성공적으로 살아가기 위해서는
디지털 기술을 사용하여 무언가를 설계하고, 창작하고,
자신의 생각을 표현하는 방법을 배워야 합니다."
- 미첼 레즈닉, 2014-

[그림 3.1] CSTA가 제시한 학년별 컴퓨터 과학 표준 구조(2011 개정)

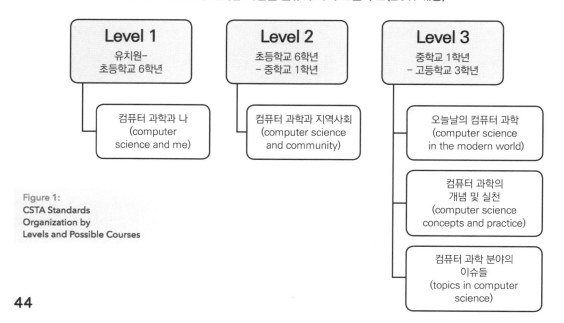

Figure 1:
CSTA Standards
Organization by
Levels and Possible Courses

[그림 3.1]은 지난 2013년 미국 컴퓨터 과학교사협회인 CSTA가 발간한 '버그 인 더 시스템 Bugs in the System'에도 포함되어 있습니다.

여성들이 기술을 이해하고 새로운 아이디어를 개발할 수 있도록 도구와 커뮤니티를 제공하는 레일 걸즈Rails Girls[18]를 창립한 린다 리우카스Linda Liukas는 다음과 같이 말했습니다.

> "저는 모든 사람이 코더가 될 것이라고 생각하지 않습니다.
> 하지만 컴퓨터가 이해하는 방식으로 자신의 생각을 말하고 구성하는 능력은
> 당신이 어떤 분야에 속해 있든
> 미래 사회가 요구하는 핵심 역량 중 하나가 될 것입니다."
>
> - 린다 리우카스, 2014 -

CSTA 컴퓨터 과학 표준

CSTA는 사회적·교육적 요구에 부합하기 위해 유·초·중등 전 학년에 걸친 컴퓨터 과학 표준을 만들고 지속적으로 업데이트하고 있습니다.

지난 2011년, CSTA는 K-12 학생들을 위한 컴퓨터 과학 교육의 프레임워크인 'CSTA K-12 컴퓨터 과학 표준(CSTA K-12 Computer Science Standards, 2011)'을 발간했습니다. 이 프레임워크는 K-12 학생들에게 학년별 적절한 수행 기대를 제시하는 것으로 컴퓨터 과학을 가르치고자 하는 곳에서 참고할 수 있습니다.

2011에 발표된 CSTA K-12 컴퓨터 과학 표준은 기본 개념들에 중점을 두고 다음과 같은 일반적인 목표를 가지고 있습니다.

---

18) 레일 걸즈 : 어린 소녀들과 여성들이 기술을 더욱 친숙하게 접하고 기술 분야에 더욱 적극적으로 참여하도록 장려하는 프로그래밍 교육 운동으로, 린다 리우카스와 카리 사리넨(Karri Saarinen)이 공동으로 만든 비영리 활동입니다. 지난 2010년 처음 시작된 레일 걸즈는 지금까지 중국 상해, 싱가포르, 에스토니아의 탈린, 독일의 베를린 등 전 세계로 확장되고 있습니다.
레일 걸즈의 공식 홈페이지(http://railsgirls.com)에는 프로그래밍을 배울 수 있는 학습자료뿐 아니라 누구나 참여할 수 있는 워크숍 및 커뮤니티가 공유되어 있습니다.

1. 학습자가 컴퓨터 과학의 본질을 이해하고, 현대 사회에서 컴퓨터 과학의 역할과 위치를 이해할 수 있도록 교육과정을 준비해야 합니다.

2. 학습자는 컴퓨터 과학의 원리뿐 아니라 관련 기술과 통찰력, 관점을 두루 이해할 수 있어야 합니다.

3. 학습자는 다른 교과의 문제해결 활동에서 컴퓨터 과학의 개념(특히 알고리즘적 사고와 컴퓨팅 사고)을 사용할 수 있어야 합니다. (예시: 영어교과에서 문장의 의미를 이해하기 위해 논리적으로 접근하는 것)

4. 현재 학교현장에서 시행되고 있는 정보기술교육 및 AP 컴퓨터 과학 과정[19]을 보완해야 합니다.

이 책은 2011 표준문서의 K-6(유치원부터 초등학교 6학년) 학생들을 위한 「LEVEL 1 : 컴퓨터 과학과 나」에 대한 내용을 중점적으로 다룹니다. 이 단계에서는 학생들이 기본적인 기술technology들을 간단한 컴퓨팅 사고와 통합하면서 컴퓨터 과학의 기초 개념들을 학습합니다[20].

컴퓨터 과학 표준을 기반으로 구성된 학습경험은 학생들이 자신의 삶에 컴퓨팅이 중요한 요소임을 인식하도록 합니다. 컴퓨터 과학 학습경험은 능동적인 학습과 창의력, 탐구에 중점을 두고 설계되어야 하며, 때로는 사회교과나 국어, 수학, 과학 등 타 교과의 내용과도 통합될 수 있습니다.

---

19) AP 컴퓨터 과학 과정 : 미국의 고등학생에게 대학 수준의 컴퓨터 과학 교육을 제공하고 대학입학 후 학점을 인정함으로써 고등학교와 대학 간의 연계성을 제고하는 교육과정입니다. 이와 유사한 제도로 우리나라는 고교-대학 연계 심화과정인 UP(University-Level Program), 유럽은 IB(International Baccalaureate)가 있습니다.

20) 지난 2016년, CSTA를 비롯한 미국 컴퓨터 과학교육연합회가 '컴퓨터 과학 프레임워크(K-12 Computer Science Framework)'를 발표했습니다. 이 문서에는 컴퓨터 과학의 '핵심개념(Know : 학생들이 알고 이해해야 하는 것)'과 '활동(Do : 학생들이 수행할 수 있어야 하는 것)'을 규정하는 새롭고 높은 수준의 비전이 담겨 있습니다.
이를 기반으로 CSTA가 실제 교육활동에 활용할 수 있는 '2017 CSTA 컴퓨터 과학 표준(CSTA K-12 Computer Science Standards, 2017)'을 새로이 발표했습니다. 이로써 미국의 각 주(State)의 교육부서 및 교육청은 컴퓨터 과학 표준을 참고하여 K-12를 위한 컴퓨터 과학 교육과정을 새로이 재구성할 수 있게 되었습니다.
※ 2016 컴퓨터 과학 프레임워크 : http://bit.ly/K-12-CS-Framework-2016
※ 2017 CSTA 컴퓨터 과학 표준 : http://bit.ly/Revised-2017-CSTA-K-12-CS-Standards

이전의 산업화된 교육 모델에서는 학생들이 실제로 수행하는 것보다 지식을 이해하는 것을 더욱 우선시했습니다. 그러나 오늘날에는 학생들이 지식을 이해하는 것은 물론이고, 실제로 지식을 실천하는 것 모두를 중요하게 생각합니다. 이 때문에 최근에 많은 교육자와 연구자들은 학습자가 반드시 보여주어야 하는 기대성과Performance Expectations를 연구하고 있습니다.

객관식 문항 혹은 학생들이 작성한 짧은 에세이만으로는 학생들의 기대성과를 정확히 평가할 수 없습니다. 반면, 수행평가는 학습자의 이해력과 사고력을 문서화하고 증명하는 데 도움이 됩니다.

ISTE 학생 표준

ISTE는 지난 1998년부터 ISTE 표준ISTE Standards[21]을 개발해 왔습니다. 초창기에는 과학기술을 이해하고 사용하는 방법에 관한 내용을 다루었으나, 약 10년 뒤인 2007년부터는 과학기술을 사용하여 '학습'하는 것으로 발전시켰습니다.

가장 최근에 발표된 2016 ISTE 학생 표준2016 ISTE Standards for Students[22]은 교사 및 교육자들이 과학기술을 사용하는 학습을 적극 도입할 것을 장려하고 있습니다.

2016 ISTE 학생 표준 5번 : 컴퓨팅 사고가Computational Thinker : 문제를 이해하고 해결하기 위해 문제해결 전략을 개발하고 적용합니다. 문제해결 솔루션을 개발하고 테스트를 하는 과정에서 기술technology 의 힘을 빌려 기술의 장점을 적극 활용합니다.

5a. 데이터 분석, 추상화 모델, 알고리즘적 사고 등 기술을 적절히 활용할 수 있는 문제

---

21) 가장 최근에 발표된 2016 ISTE 표준은 교육과 기술을 통합하여 교육의 질을 제고하고 혁신적인 학습환경을 조성하기 위해 개발한 프레임워크입니다. 학생과 교사, 교육 관리자, 코치, 컴퓨터 과학 교육자를 위한 표준이 각각 개발되어 있으며 https://www.iste.org/standards 에서 확인할 수 있습니다.
2019년 4월 기준으로 미국 내 대부분의 주에서 ISTE 표준을 채택하고 있으며, 특히 위스콘신 주, 미시간 주, 미시시피 주, 텍사스 주 등 12개의 주에서 가장 최근 자료인 2016 ISTE 표준을 채택했습니다.

22) 〈부록 A〉참고

를 찾아 정의하기, 문제를 공식화하여 문제해결 방법 탐구하기

5b. 문제해결 및 의사결정을 하기 위해 데이터를 수집하거나 관련 데이터 세트 식별하기 디지털 도구를 사용하여 수집한 데이터 분석하기, 다양한 방법으로 데이터 표현하기

5c. 복잡한 시스템을 이해하고 효과적으로 문제를 해결하기 위해 문제를 세부 구성 요소들로 분해하기, 문제해결에 필요한 핵심 정보 추출하기, 문제를 구성하는 요인들 사이의 관계를 설명하는 기술 모델descriptive models 개발하기

5d. 작업을 자동화시키는 방법 이해하기, 알고리즘적 사고를 통해 자동화된 솔루션을 만들고 테스트하는 절차 개발하기

※ 2016 ISTE 학생 표준 전체 내용은 이 책의 〈부록 A〉를 참고바랍니다.

유치원과 초등학교 학생들은 문제를 해결하고, 다른 사람들과 의사소통하고, 개별적으로 혹은 다른 사람들과 협력하여 정보에 접근하고 정보를 구성하는 데 있어서 컴퓨팅 도구가 어떠한 도움을 주는지를 배워야 합니다. 끊임없이 변화하는 디지털 세상에서 책임감 있는 시민이 되는 법도 배워야 합니다.

무엇보다도 교사가 수업 방식을 온전히 재정의하기 위해서는 학생들을 ISTE 학생 표준에 가급적 일찍 노출시키는 것이 중요합니다.

컴퓨팅 사고와 관련된 표준

[표 3.1]은 미취학 아동(Pre-Kindergarten, PK)부터 초등 2학년 학생들을 위한 컴퓨팅 사고에 대해 정의한 것입니다. 기존 교육과정에서도 컴퓨팅 사고를 가르칠 수 있는 방법을 제시하기 위해 미국 공통핵심기준과 ISTE 학생 표준, 차세대 과학교육 표준Next Generation Science Standards, NGSS23을 기반으로 작성했습니다.

[표 3.1] 초등학교 2학년 학생들을 위한 컴퓨팅 사고

ISTE/CSTA의 컴퓨팅 사고 개념	PK-초등학교 2학년	관련 표준 내용
데이터 수집 (Data Collection)	• 장난감 자동차가 경사면을 지나도록 실험해 보고 어떤 자동차가 가장 빨리 도착지점을 통과하는지 찾기 • 자동차가 결승선을 통과하는 순서 기록하기	차세대과학표준 NGSS.K-2-ETS1-1 NGSS.K-2-ETS1-2 NGSS.K-2-ETS1-3
데이터 분석 (Data Analysis)	• 장난감 자동차의 특성(특히 자동차의 무게)을 토대로 실험결과 일반화하기 • 자동차가 도착지점을 통과하는 순서를 바꾸기 위해 자동차의 무게를 더 증가시키기	영어 공통핵심기준 CCSS.ELA-Literacy.W.2.6 CCSS.ELA-Literacy.W.2.8
데이터 표현 (Data Representation)	• 장난감 자동차의 무게를 변화시켰을 때 자동차의 속도가 어떻게 변하는지를 보여주는 선 차트 그리기	수학 공통핵심기준 CCSS.Math.Content.2.MD.D.10
문제 분해 (Problem Decomposition)	• 학교를 찾아가는 경로를 더 작은 지리적 영역으로 나누기 • 작게 나눈 각각의 영역들을 전체 경로로 결합하기	수학 공통핵심기준 CCSS.Math.Content.2.MD.D.10
추상화 (Abstraction)	• 다양한 크기와 색상을 띤 도형 중에서 세 개의 직선형 면이 있는 도형을 '삼각형'으로 추상화하기	수학 공통핵심기준 CCSS.Math.Content.1.G.A.1

---

23) 차세대 과학교육 표준 : 지난 2011년 7월, 미국과학회(National Academy of Sciences)와 미국공학회(National Academy of Engineering)의 운영기구인 미국연구평의회(National Research Council)는 '유·초·중등 과학교육 체계(A Framework for K-12 Science Education)'를 발표했습니다. 이 체계는 과학적 증거에 근거한 과학교육의 새로운 비전을 서술하며 모든 학생이 유치원부터 고등학교를 마칠 때까지 배워야 할 지식과 기술의 개요를 제시한 것입니다.
이후 2013년에는 어치브사(Achieve, InC)의 주관으로 26개 주정부 연합체가 유·초·중등 과학교육 체계에 근거하여 그 체계에 일관된 표준인 '차세대 과학교육 표준(Next Generation Science Standards, NGSS)'을 개발했습니다.
차세대 과학교육 표준의 목적은 모든 학생이 과학·공학적 주요 내용(Idea)을 배우고 실천(Practices)함으로써 과학적 지식을 적용, 확장하여 더 깊이 이해할 수 있도록 유도하는 것입니다.
차세대 과학교육 표준은 공식 홈페이지(https://www.nextgenscience.org/search-standards)에서 자세히 확인할 수 있습니다.

알고리즘 및 절차 (Algorithms & Procedures)	• 학교에서부터 근처에 있는 명소까지 찾아가는 길 설명하기	영어 공통핵심기준 CCSS.ELA-Literacy.W.1.2 CCSS.ELA-Literacy.W.2.2
자동화 (Automation)	• 다른 주State 혹은 다른 나라의 친구들과 소통하고 서로의 문화에 대해 배우기. 단, 이때 손 편지를 쓰는 것 대신 인터넷 기반 도구 활용하기	2016 ISTE 학생표준 6
시뮬레이션 (Simulation)	• 완성한 길 찾기 경로가 올바른지 단계별로 확인하기	영어 공통핵심기준 CCSS.ELA-Literacy.SL.2.4
병렬처리 (Parallelization)	• 교사는 특정한 기준에 따라 학생들을 두 그룹으로 나눕니다. 한 그룹이 큰소리로 글을 읽는 동안 다른 그룹은 배경 노래를 부르도록 합니다. 여기서는 두 그룹이 각각 주어진 미션을 성공하는 것보다 두 그룹이 동시에 함께 전체 미션을 성공하는 것이 더 중요합니다.	영어 공통핵심기준 CCSS.ELA-Literacy.SL.2.1

※ 이 책에서 다루는 표준 내용은 〈부록 A〉, 〈부록 B〉, 〈부록 C〉를 참고바랍니다.

[표 3.2]는 초등 3학년부터 5학년 학생들을 위한 컴퓨팅 사고 활동 예시입니다. 역시 기존의 교육과정에서도 컴퓨팅 사고를 가르칠 수 있는 방법을 제시하기 위해 미국 공통핵심기준과 ISTE 학생표준, 차세대 과학표준을 기준으로 작성했습니다.

[표 3.2] 초등학교 3-5학년 학생들을 위한 컴퓨팅 사고

ISTE/CSTA의 컴퓨팅 사고 개념	초등학교 3-5학년	관련 표준 내용
데이터 수집 (Data Collection)	• 다양한 예시글을 리뷰하여 에세이를 작성하는 전략 파악하기	영어 공통핵심기준 CCSS.ELA-Literacy.W.3.1 CCSS.ELA-Literacy.W.3.2 CCSS.ELA-Literacy.W.3.3
데이터 분석 (Data Analysis)	• 카테고리별로 잘 쓰인 글과 그렇지 않은 글을 분류하고, 에세이 평가 루브릭 개발하기	영어 공통핵심기준 CCSS.ELA-Literacy.W.3 전체 CCSS.ELA-Literacy.L.5 전체

데이터 표현 (Data Representation)	• 평가 루브릭에 각각의 예시글을 매칭시켜 보고, 각 카테고리별로 가장 적합한 예시글을 보여주는 차트 만들기	영어 공통핵심기준 CCSS.ELA-Literacy.W.4.4 CCSS.ELA-Literacy.W.5.4
문제 분해 (Problem Decomposition)	• '친환경 학교'를 만들기 위한 계획 세우기 • 종이와 캔 재활용하기, 전기 사용 줄이기, 음식 쓰레기를 퇴비로 활용하기 등 구체적인 전략 만들기	차세대 과학표준 NGSS.4-ESS3-1
추상화 (Abstraction)	• 이야기를 듣고 주제를 파악하여 적절한 제목 만들기	영어 공통핵심기준 CCSS.ELA-Literacy.RL.5.2
알고리즘 및 절차 (Algorithms & Procedures)	• 보드게임을 설계하고 게임 방법을 안내하는 설명서 작성하기 • 친구들이 게임 설명서를 보고 게임한 후 게임 방법이 올바르게 작성되었는지 테스트하기 • 친구들의 의견을 반영하여 게임설명서를 수정 및 보완하기	영어 공통핵심기준 CCSS.ELA-Literacy.W.3.2 CCSS.ELA-Literacy.W.4.2 CCSS.ELA-Literacy.W.5.2 CCSS.ELA-Literacy.W.3.5 CCSS.ELA-Literacy.W.4.5 CCSS.ELA-Literacy.W.5.5
자동화 (Automation)	• 바코드, 현금 자동 입출금기, 도서관 바코드 등 실생활 사례를 통해 자동화가 무엇인지 탐구하기	2016 ISTE 학생표준 5d
시뮬레이션 (Simulation)	• 프로세스에 대해 이해하고, 나만의 애니메이션 만들기	차세대 과학표준 NGSS.3-5 ETS1-1 NGSS.3-5 ETS1-2 NGSS.3-5 ETS1-3
병렬처리 (Parallelization)	• 교사는 학생들이 팀 프로젝트 일정과 역할, 과제를 계획하고 학습자가 프로젝트를 원활히 수행하도록 독려합니다. • 학생들이 '작업을 어떻게 세분화할 것인가', '어떤 작업을 순차적으로 혹은 동시에 수행해야 하는가', '현재 작업은 어느 정도 진행되었는가', '마감 기한을 맞출 수 있는가' 등을 고민할 수 있도록 도와줍니다.	P21 21세기 미래핵심역량 의사소통 및 협력

※ 이 책에서 다루는 표준 내용은 〈부록 A〉, 〈부록 B〉, 〈부록 C〉를 참고바랍니다.

🖉 범교과적 컴퓨팅 사고 교육과정

지난 2009년, ISTE와 CSTA는 컴퓨팅 사고 개념 및 컴퓨팅 사고 역량을 정의하기 위해 '범교과적 컴퓨팅 사고 교육과정Computational Thinking Across the Curriculum'을 발표했습니다. 이 문서는 다양한 콘텐츠 영역에 걸친 활동 예시를 담고 있으며, 여러분이 가르치고자 하는 과목에 컴퓨팅 사고가 어떻게 통합될 수 있는지를 잘 보여줍니다.

[표 3.3]은 다양한 교과에 컴퓨팅 사고가 반영된 활동들이며, 모두 개별 프로젝트로 진행할 수 있습니다.

[표 3.3] 범교과적 컴퓨팅 사고 개념 및 컴퓨팅 사고 역량

컴퓨팅 사고 개념	컴퓨터 과학	수학	과학	영어-언어	사회
데이터 수집 (Data Collection)	문제 영역과 관련된 자료 찾기	문제 영역과 관련된 자료 찾기 (동전 뒤집기, 주사위 던지기)	실험을 통해 데이터 수집하기	승률 통계 혹은 인구 통계 배우기	문장을 구성하는 언어 분석하기
데이터 분석 (Data Analysis)	데이터 세트를 활용하여 통계 값을 계산하는 프로그램 만들기	동전 뒤집기 또는 주사위 던지기 결과 분석하기	실험을 통해 데이터 분석하기	통계 값을 보고 데이터 추세 확인하기	문장에 따라 서로 다른 패턴 식별하기
데이터 표현 (Data Representation)	배열, 연결 리스트 linked list, 스택 등과 같은 다양한 데이터 구조 사용하기	1) 히스토그램, 원형 차트, 막대 차트 등을 사용하여 데이터 표현하기 2) 집합, 리스트, 그래프 등에 데이터 저장하기	실험을 통해 데이터 요약하기	데이터 추세를 요약하고 적절한 방법으로 표현하기	다양한 문장들의 패턴 표현하기

문제 분해 (Problem Decomposition)	1) 객체와 메소드 정의하기 2) 메인함수와 일반함수 정의하기	수식에서 연산의 우선순위 적용하기	종별로 분류하기		개요 작성하기
추상화 (Abstraction)	특정 기능을 수행하기 위해 빈번히 사용되는 명령어들을 조합하여 절차를 구성하고 적절히 사용하기	1) 변수 사용하기 2) 서술형 문제에서 중요한 단서 확인하기; 3) 서술형 문제를 해결할 때에 반복하는 전략 사용하기	물리적 속성을 띠는 모델 만들기	1)사실 요약하기 2) 사실로부터 결론 도출하기	1) 직유와 은유법 사용하기 2) 다양한 갈래로 글쓰기
알고리즘 및 절차 (Algorithms & Procedures)	문제 영역에 관련된 알고리즘을 연구하고 구현하기	1) 수식이 긴 나눗셈, 인수분해 풀기 2) 덧셈과 뺄셈하기	실험을 절차적으로 수행하기		설명문 또는 지침서 작성하기
자동화 (Automation)		기하학 스케치 패드[24] 5353와 비슷한 도구 사용하기	프로브웨어[25] 도구	엑셀 프로그램 사용하기	편집도구에서 맞춤법 검토기능 사용하기
시뮬레이션 (Simulation)	알고리즘 또는 애니메이션 사용하기	함수를 그래프로 나타내고 변수 값 변경하기	태양계 움직임을 시뮬레이션 하기	서부의 개척자[26] 게임하기	이야기 재연再演, Reenactment하기

24) 기하학 스케치 패드(Geometer's Sketchpad) : 수학적 원리를 시각적으로 탐구할 수 있는 소프트웨어로, 초등학생부터 대학생까지 모든 수준의 학습자가 사용할 수 있습니다. 교사는 수학적 아이디어를 효과적으로 설명하기 위해 사용하기도 합니다.

25) 프로브웨어(Probeware) : 센서를 물체와 컴퓨터에 연결하여 실시간으로 데이터를 수집하고 확인할 수 있는 학습도구입니다.

26) 서부의 개척자(The Oregon Trail) 게임 : 1985년 처음 개발된 비디오 게임으로, 19세기 미국 개척자의 삶과 현실을 학생들에게 가르치기 위해 만들어졌습니다. 이후 여러 가지 버전으로 출시되었습니다.

병렬처리 (Parallelization)	여러 개의 데이터 또는 작업을 동시에 처리하도록 자원 나누기	1) 선형 시스템 해결하기 2) 행렬곱셈하기	동시에 여러 개의 매개 변수를 사용하여 실험하기		

수많은 자료들이 컴퓨팅 사고를 가르치는 방법에 대한 아이디어를 다루고 있지만, 이 책은 컴퓨팅 사고를 조금 다른 시각으로 바라보고 있습니다. 이 책은 유치원부터 초등학교 5학년 학생들을 가르치는 교사들이 이미 자신이 담당하는 교육과정에서 컴퓨팅 사고의 개념과 기술skills들을 가르치고 있지만, 아울러 컴퓨팅 사고를 전체적으로 바라볼 수 있어야 한다는 점을 강조합니다.

어떻게 코딩을
가르칠 것인가

이미 우리 주변에는 코딩과 컴퓨팅 사고를 가르치기 위한 수많은 자료들이 공유되고 있습니다. 그러나 방대한 학습자료는 오히려 교사들에게 부담이 될 수 있습니다. 운 좋게도 학교에 컴퓨터 과학 교과를 전담하는 교사가 있다면 이러한 학습자료들을 수업에서 적극적으로 활용할 수 있을 것입니다.

그러나 현재 미국 내 대부분의 유치원과 초등학교에서는 컴퓨터 과학 교과만을 전담하는 교사가 별도로 없습니다. 따라서 컴퓨터 과학을 전공하지 않거나 컴퓨터 과학을 경험하지 않는 교사들이 수업에서 코딩을 가르쳐야 합니다.

일반적인 교사들은 파이썬Python 코드로 '현재 분사'를 만드는 구글의 강의자료를 보고 재빨리 웹 사이트를 닫아버릴 수도 있습니다 [그림 4.1]. 코딩에 익숙하지 않은 교사들은 파이썬과 같은 실제 코드와 프로그래밍 언어를 두렵게 느낄 수 있기 때문이지요. 하지만 구글이 제시하는 컴퓨팅 사고 개념과 강의자료들은 교육현장에서 아주 좋은 학습자료가 될 수 있다는 것을 꼭 기억하시기 바랍니다.

[그림 4.1] 파이썬Python 코드로 '현재 분사'를 만드는 구글의 강의자료

파이썬 코드 작성을 완료하면 다음 내용이 수행되어야 합니다.

• 동시에 맨 마지막 문자가 알파벳 'e'인지 확인합니다.
• 만약 그렇다면 마지막 문자인 'e'를 삭제한 후 끝에 'ing'를 덧붙입니다.
• 만약 마지막 문자가 알파벳 'e'가 아니라면 별도의 문자 삭제 없이 끝에 'ing'를 덧붙입니다.

<실제 파이썬 코드 작성 예시>

```
my_verb = raw_input('Please enter a verb: ')
def drop_e(verb):
 if verb[-1] == 'e':
  pres_part = _____ + 'ing'
  print 'The last letter is "e".'
  print 'Drop the ending "e" before adding "ing".'
  print 'present participle:', pres_part
 else:
  pres_part = _____ + 'ing'
  print 'The last letter is not "e".'
  print 'Add "ing".'
  print 'present participle:', pres_part
drop_e(my_verb)
```

만약 유치원과 초등학교 교사들이 '고장 난 에스컬레이터로부터 벗어나기(기존 교육의 한계를 벗어나 새로운 변화를 시도하고 변화하기)'를 희망한다면 다양한 학습자료들을 수업에서 손쉽게 적용할 수 있도록 만들면 됩니다. 유치원 교사와 초등학교 교사들은 특히 읽기와 쓰기, 수학 시간에 많은 시간을 할애해야 합니다. 기존 교육과정에 코딩을 통합하기에 앞서 교사들이 코딩을 두려워하지 않도록 하려면 어떻게 해야 할까요? 이 책은 유치원부터 초등 5학년까지의 코딩 교육과정을 단순화하고, 교사들이 친숙하게 접근할 수 있도록 안내합니다.

[그림 4.2]는 이 책의 웹 사이트(https://nofearcoding.org)에 공유되어 있는 자료로, 앞서 소개한 구글의 강의자료처럼 '현재분사'를 만드는 알고리즘입니다. [그림 4.1]과 [그림 4.2]를 함께 비교해 보세요. [그림 4.2]는 비주얼 블록 프로그래밍 언어[27]로 표현되어 있기 때문에 파이썬 코드나 다른 프로그래밍 언어를 알지 못해도 알고리즘을 단계적으로 '읽고 이해하기'

가 쉽습니다.

맨 위에서부터 블록 코드를 읽으면 다음과 같습니다.

1. 녹색 깃발을 클릭하면 프로그램이 실행됩니다.

2. 프로그램은 "동사가 알파벳 'e'로 끝나요?"를 묻고 당신의 답변을 기다립니다.

3. 만약 대답이 '그렇다'라면 컴퓨터가 '그렇다면⋯ 동사의 맨 마지막 문자인 'e'를 삭제합니다.'라고 생각합니다.

4. 프로그램이 "동사에서 마지막 문자인 'e'를 삭제한 단어는 무엇입니까?" 하고 묻고 당신의 대답을 기다립니다.

5. 프로그램이 대답을 받아 'ing'와 결합합니다. 만약 당신이 'make' 동사를 입력한 경우에는 맨 마지막 'e'를 삭제한 'mak'에 'ing'를 덧붙여 'making'을 완성합니다.

6. 첫 번째 질문(동사가 알파벳 'e'로 끝나요?)에 대한 대답이 '아니오'라면 프로그램은 '아니면'에 해당하는 내용으로 건너뜁니다. 프로그램이 "동사는 무엇입니까?" 하고 묻고 대답을 받아 'ing'와 결합합니다. 만약 사용자가 'sing'을 입력한 경우에는 동사의 맨 마지막에 'ing'를 덧붙여 'singing'을 만듭니다.

---

27) 비주얼 프로그래밍 언어(Visual Programming Language, VPL) : 텍스트를 입력하여 프로그래밍하는 것이 아니라 그래픽적 요소들을 이용해서 프로그래밍하기 때문에 초보자나 비전공자도 쉽게 배울 수 있습니다. 대표적인 블록형 프로그래밍 언어로는 MIT 미디어랩이 개발한 스크래치(Scratch, https://scratch.mit.edu), 네이버가 개발한 엔트리(Entry, https://playentry.org), Google이 개발한 블로키(Blockly, https://playentry.org), MIT 인공지능 연구소가 개발한 로고(Logo, https://turtleart.org) 등이 있습니다.

[그림 4.2] 스크래치^{Scratch}로 '현재분사'를 만드는 알고리즘
(No Fear Coding 강의자료 : http://bit.ly/NoFearCoding_PresentParticiple)

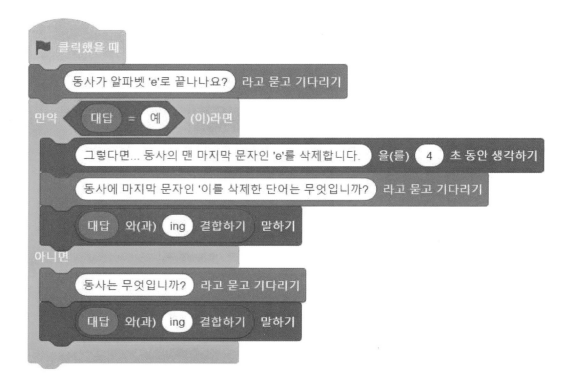

『No Fear Coding』의 모든 교수학습자료는 교사가 목적에 맞게 활용할 수 있도록 세 가지 버전으로 구성되었습니다. 프로젝트 이름 앞에 별표(*)가 표시된 것은 영어를 제 2외국어로 사용하는 학생(English as a Second Language, ESL) 혹은 학습에 어려움을 겪는 학생들을 위한 것이고, 프로젝트 이름 뒤에 별표(*)가 표시된 것은 상위 학생들을 위한 것입니다.

위의 『No Fear Coding』 자료에서는 스크래치^{Scratch} 프로그래밍 언어를 사용하지만, 여러분은 다른 종류의 비주얼 블록 프로그래밍 언어를 사용해도 좋습니다.

코딩으로 배우는 '현재분사' 수업 활동은 미국 공통핵심기준(Common Core State Standards, CCSS) 중에서 영어^{English Language Arts} 교과에서 적용할 수 있습니다. 그 중에서도 특히 초등학교 1학년 언어 영역의 'CCSS.ELA-Literacy.L.1.2.D : 일반적인 철자법과 자주 쓰이는 불규칙한 철자법 사용하기' 표준에 부합됩니다.

대부분의 초등 1학년 학생들은 이 성취기준을 완벽히 성취하지 못하지만, 영재성을 보이는 학생들에게는 적절한 성취 기준이 될 수 있습니다.

초등 2학년 수업에서도 1학년 영어교과 내용을 다시 다룰 때 L.1.2.D 기준을 적용할 수 있으며, 이때 컴퓨팅 사고의 '알고리즘 및 절차'와 '데이터 분석' 영역 지식과 함께 다룰 수 있습니다.

🖊 행동으로 이끄는 컴퓨팅 사고

컴퓨팅 사고 기술을 적용하는 방법을 더욱 쉽게 이해하기 위해 지금부터는 유치원에서 진행했던 〈동화 작가 연구하기author study〉 과정을 단계적으로 분석해 보겠습니다(수업 시뮬레이션).

우선, 교사가 학생들에게 유명한 동화 작가를 소개하고 학생들이 읽을 책들을 안내해줍니다. 연구의 목적을 설정하기 위해 학생들에게 "여러분은 에릭 칼Eric Carle[28] 작가의 책을 어떻게 생각하나요?" 하고 질문합니다. 그리고 이와 같은 본질적인 질문을 따라 연구할 것을 설명해 줍니다.

다음과 같은 몇 가지 추가 질문을 함으로써 본질적인 질문을 더 작은 단위로 나눕니다(문제 분해).

- 우리의 의견을 어떻게 기록할 것인가?
- 어떠한 의견을 수집할 것인가?
- 얼마나 많은 의견을 수집할 것인가?
- 왜 의견을 수집해야 하는가?
- 우리의 의견을 통해 무엇을 할 것인가?

---

28) 에릭 칼(Eric Carle) : 동화작가이자 일러스트 디자이너입니다. 밝고 즐거운 색채로 아동의 순수한 호기심을 표현하는 것이 특징이며, 1969년 처음 출간한 「배고픈 애벌레(The Very Hungry Caterpillar)」는 전 세계 65개국에서 번역 출간되어 4600만 권 이상이 판매되었습니다.

문제 분해는 학생들이 모델링을 하는 과정에서 매우 중요한 단계입니다. 또 교사가 학생들이 연구하는 방법을 이해하기 위해서 반드시 알아야 할 단계이기도 합니다. 문제 분해 단계에서 질문을 통해 얻은 답들은 시뮬레이션을 하기 위한 알고리즘과 절차가 됩니다.

예를 들어, '동화책 속의 삽화가 책의 내용을 눈으로 확인하는 데 얼마나 도움이 되는가'에 대한 의견을 나누는 활동을 생각해 봅시다. 만약 각 동화책마다 스무 명이 넘는 모든 학생에게 질문을 하고 의견을 수집해야 한다면 학생들이 분석해야 할 의견들이 너무 많아집니다. 따라서 학생들을 그룹으로 나누어 각 동화책별로 네 가지 의견만을 수집하기로 결정합니다.

그리고 학습자들은 "동화책 한 권에 삽화가 몇 개 들어 있으면 좋을까?"와 같은 질문을 합니다. 그러고는 책 한 권 당 네 개의 삽화가 적절하다고 결론을 짓습니다.

만약 한 반에 24명의 학생들이 있다면, 네 명씩 총 여섯 개 모둠으로 활동을 할 수 있습니다. 학생들은 모둠별로 앉아 에릭 칼의 동화책을 읽고 연구할 것입니다.

교사는 다음의 학생들에게 문장 프레임을 나누어 주고 빈 칸을 완성하도록 합니다. (자동화의 한 형태)

나는 삽화가 이야기를 시각화하는 데 도움이 (   ) 생각한다.
왜냐하면 (   ) 때문이다.

학생들은 첫 번째 빈칸에 'does(된다고)'와 'does not(되지 않는다고)' 둘 중에서 하나를 선택해서 쓰고, 두 번 째 빈 칸에는 왜 그렇게 생각하는지에 대한 의견을 작성합니다. 교사는 필요에 따라 학생들이 문장 완성하는 것을 돕습니다. 그리고 학생들이 자신의 의견을 토대로 무엇을 할 것인지를 결정합니다.

이러한 수업은 학생들로부터 동화책 작가에 대한 아이디어를 다양하게 이끌어냅니다. 여기서 얻은 아이디어들은 에릭 칼 작가에게도 도움이 될 수 있습니다. 마치 교사가 보다 더 좋은 수업을 할 수 있도록 학생들이 피드백을 주는 것과 비슷합니다.

학생들은 자신의 의견을 발표하고, 블로그에 게시하여 부모님 혹은 에릭 칼과 작가에게

도 공유합니다. 혹 자신의 생각을 글로 다 표현하지 못하는 학생이 있다면 교사가 글을 검토하고 완성할 수 있도록 도와줍니다. 학생들이 수업시간에 동화 작가 연구 단계를 꼼꼼히 기록하는 것 역시 데이터 수집 활동이라 할 수 있습니다.

〈동화 작가 연구하기author study〉 수업을 단계적으로 다시 정리해 보면, 다음과 같습니다.

1 단계 : 교사가 학생들에게 동화책을 읽어줍니다.

2 단계 : 학생들은 동화책을 읽고, 책 속의 삽화가 이야기를 시각화하는 데 얼마나 도움이 되는지를 판단합니다.

3 단계 : 학생들은 문장 프레임에 자신의 의견을 작성하고, 왜 그렇게 생각하는지 이유를 설명합니다.

4 단계 : 학생들은 자신이 작성한 내용을 읽고 전체적으로 검토합니다. 교사는 학생들이 작성한 문장 프레임 활동지를 걷어서 사용 빈도가 높은 단어와 아이디어들을 확인하여(데이터 분석) 단어 카드에 적습니다. 작성한 단어카드는 교실 벽에 붙여서(자동화) 학습자가 맞춤법을 참고할 수 있도록 하고, 그래픽 오거나이저Graphic Organizer[29]를 사용하여 주요 아이디어를 그림이나 도표로 만듭니다(추상화).

5 단계 : 학생들은 자신의 의견을 발표합니다(데이터 표현).

6 단계 : 학생들은 자신의 의견을 블로그에 게시하여 학부모 및 에릭 칼 작가에게 공유합니다(병렬 처리).

이처럼 교사가 컴퓨팅 사고 관점으로 프로젝트 활동을 구상하면 학생들에게 21세기 역량들을 길러줄 수 있습니다. 위와 같은 프로젝트 활동은 다양한 교과와 주제 영역에 적용될 수 있습니다. 이 책은 다양한 예제 활동들을 소개하고 있습니다.

---

29) 그래픽 오거나이저 : 지식, 개념, 생각 또는 아이디어와 그들의 관계를 도형이나 화살표 등 시각적인 기호로 표현하는 교육용 도구입니다. 지식 지도 또는 스토리 맵으로 불리기도 합니다.

✏️ 수업 사례 : 초등학교의 가드닝 프로그램

카렌 노스Karen North 선생님은 지난 30여 년 동안 휴스턴 독립 학군Houston Independent School District에서 기술 교과를 가르쳤습니다. 얼마 전 교직에서 은퇴한 노스 선생님은 현재 컴퓨터 과학 교육 컨설턴트로 활동하고 있습니다. 뿐만 아니라 파이니 초등학교Piney Point Elementary School의 컴퓨터 과학 스템 그린 클럽Computer Science STEM Green Club에서 환경교육과 코딩이 통합된 강의를 하고 있습니다. 이 클럽의 모토는 '지구를 돌보는 일에 우리의 지성을 기여하는 것!'이며 초등학교 2학년 차세대 과학표준 'NGSS.2-LS2-1 : 식물의 성장에 태양빛과 물이 필요한가를 결정하기 위해 탐구조사를 계획하고 수행하기'에 중점을 둔 것입니다.

그는 컴퓨터 과학 스템 그린 클럽의 첫 수업에서 초등 2학년 학생 약 50명에게 『윌 앨런 농부 아저씨와 자라나는 테이블Farmer Will Allen and the Growing Table』 책을 읽어주었습니다. 그런 다음 학생들에게 어떤 식물의 씨앗을 심고 싶은지를 물었습니다. 학생들은 금잔화 씨앗을 심기로 결정했고, 이후 알고리즘에 대해서 배웠습니다. 학생들은 코드닷오알지(Code.org)의 코스 1 영상 〈실생활 알고리즘 : 씨앗 심기"(https://studio.code.org/s/course1/stage/6/puzzle/1)〉를 시청하며 알고리즘이 어떻게 우리의 일상생활에서 도움을 주는지에 대해 생각해 보았습니다. 20분 내외의 코드닷오알지 활동으로도 학생들이 알고리즘 사고를 충분히 경험하도록 할 수 있습니다. 특히 학생들은 알고리즘을 자신의 일상생활과도 관련지어 생각해 볼 수 있습니다. 위 수업에서는 씨앗 심기 과정을 통해 알고리즘을 가르쳤지만, 얼마든지 다양한 활동이나 이벤트를 예로 들어 학생들의 이해를 도울 수 있습니다.

노스 선생님은 수업시간에 코드닷오알지의 언플러그드unplugged[30]활동지를 사용했습니다. 활동지에는 씨앗을 심는 과정뿐 아니라 학생들이 반드시 식별해내야 하는 불필요한 단계들이 함께 그려져 있습니다. 학생들은 각 그림들을 가위로 오려낸 후에 씨앗 심는 그림을 올바른 순서로 배열해야 합니다.

---

30) 언플러그드 : 컴퓨터가 없는 환경에서 컴퓨터 과학 원리나 개념을 쉽게 이해하고 학습할 수 있도록 놀이나 퍼즐을 이용하여 배우는 컴퓨터 과학 분야의 교수 학습 방법입니다. 팀벨(Tim Bell) 교수의 언플러그드 공식 홈페이지(https://csunplugged.org/en/)와 코드닷오알지의 언플러그드 활동 자료실(https://code.org/curriculum/unplugged)에서 다양한 언플러그드 자료를 확인할 수 있습니다.

[그림 4.3] 씨앗 심기 언플러그드 활동지(Code.org)
https://code.org/curriculum/course1/6/Activity6-RealLifeAlgorithms.pdf

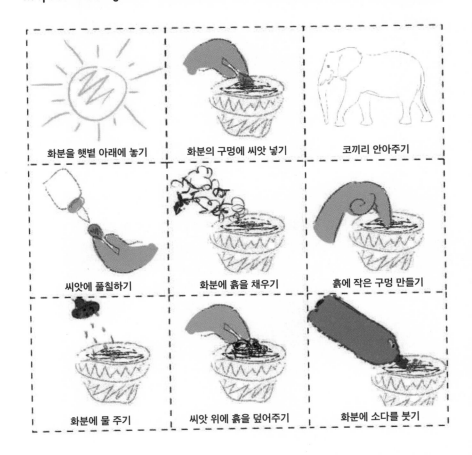

학생들은 모둠별로 앉아 올바른 씨앗심기 절차(문제해결 절차)에 대해 서로의 생각을 나누고 협동하면서 비판적으로 생각하는 연습을 했습니다. 본인이 생각해낸 문제해결 과정이 옳은지 테스트하기 위해서는 모든 과정을 처음부터 끝까지 실행해 보면서 어디서 무엇이 잘못되었는지 검토했습니다(컴퓨팅 프로세스). 학생들은 씨앗 심기 알고리즘을 모두 완성한 다음, 직접 만든 알고리즘 단계를 따라 실제로 금잔화 씨앗을 심었습니다.

학생들은 금잔화 씨앗이 싹을 틔우고 자라나는 동안 초등학교 2학년 수학 공통핵심 기준 'CCSS.Math.Content.2.GA.1 : 주어진 각 또는 면의 개수로 도형을 추론하고 그리기'를 탐구했습니다. 이 수학 공통핵심기준을 실천practice하는 데는 여러 가지 방법이 있습니다. 여기서는 겨울왕국 애니메이션의 안나와 엘사와 함께 코드닷오알지의 도형 만들기 (https://studio.code.org/s/frozen/stage/1/puzzle/1)를 연습했습니다. 학생들은 디지털 눈꽃을 만들어 완성된 프로젝트를 가족들에게도 공유했습니다.

유치원부터 초등학교 5학년 학생들을 위한 코드닷오알지의 교육과정(Computer Science Fundamentals for Courses 1-4)은 각 코스에서 다루는 표준 내용들을 상세히 기술하고 있습니다. K-5를 위한 코드닷오알지 교육과정은 https://code.org/curriculum/docs/k-5/complete.pdf 에서 확인할 수 있습니다.

〈실생활 알고리즘 – 씨앗 심기〉 수업에 관련된 표준내용은 [표 4.1]에 정리되어 있습니다.

[표 4.1] 〈실생활 알고리즘 – 씨앗 심기〉 수업에 관련된 표준

실생활 알고리즘 – 씨앗 심기(언플러그드 활동)	
2014 ISTE 학생표준	1.a : 새로운 아이디어, 산출물, 절차를 만들어내기 위해 기존의 지식 적용하기 4.b : 문제를 해결하기 위한 솔루션을 개발하거나 프로젝트를 완료하기 위한 활동을 계획하고 관리하기
차세대 과학표준	NGSS.2-LS2-1 : 식물의 성장에 태양빛과 물이 필요한가를 결정하기 위해 탐구조사 계획 수립 및 수행하기
수학 공통핵심기준	Math.Content.2.GA.1 : 주어진 각 또는 면의 개수로 도형을 추론하고 그리기 Mathematical Practice 3 : 자신의 주장을 논리 있게 구성하고, 다른 사람들의 추론 비판하기
영어 공통핵심기준	ELA-Literacy.SL.2.1 : 또래 및 성인과 함께, 소규모 및 대규모 그룹으로, 2학년의 주제 및 텍스트에 관한 다양한 협력적인 대화에 참여하기 ELA-Literacy.SL2.2 : 큰 소리로 읽은 텍스트, 구두로 표현된 정보, 다른 매체를 통해 제시된 정보의 주요 아이디어나 세부사항을 설명하기

※ 이 책에서 다루는 표준 내용은 〈부록 A〉, 〈부록 B〉, 〈부록 C〉를 참고바랍니다.

📖 수업 사례 : 바이너리 팔찌

지난 2011년 10월 10일, 휴스턴 지역에 있는 파이니 포인트 초등학교의 1학년 학생들은 아주 특별한 컴퓨팅 사고를 경험했습니다. 학생들은 코드닷오알지의 학습자료를 사용하여 바이너리 팔찌를 완성하고, 이진수로 작성된 메시지를 해독하는 능력을 기준으로 평가 점수를 받았습니다 [그림 4.4].

"처음에는 여기 빈 칸에 알파벳 'L'을 넣었는데…

틀렸다는 생각이 들어서 다시 'J'를 넣었어요.

그런데 'J'도 아니라는 생각이 들었어요.

빈 칸에 어떤 글자를 넣어야 할지를 곰곰이 생각했어요.

어떤 알파벳을 넣어야 할지 잘 몰랐죠.

그러다가 알파벳 'C'와 'E', 그리고 'U'의 바이너리 표현을 보고는

'Coding is fun.'을 생각해내었죠.

제가 정답을 맞췄다고요!

저는 컴퓨터 과학자가 될 거예요."

- 파이니 포인트 초등학교 1학년 학생 인터뷰 중-

[그림 4.4] 바이너리 팔찌 활동지(Code.org)
https://code.org/curriculum/course2/14/Activity14-BinaryBracelets.pdf

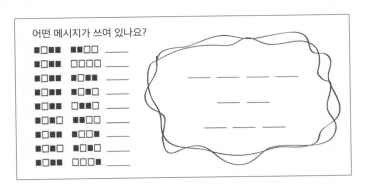

※ 〈바이너리 팔찌〉 활동의 전체 교수학습자료는 https://code.org/curriculum/course2/14/Teacher 에서 확인할 수 있으며, 파이니 포인트 초등학교 학생들의 활동 영상은 http://codemathteks.edublogs.org/numbers/binary 에서 확인할 수 있습니다. 코드닷오알지(https://code.org/curriculum/unplugged)에서 다양한 언플러그드 교수학습자료를 확인할 수 있습니다.

[표 4.2]는 〈바이너리 팔찌〉 수업에서 다루는 표준을 정리한 것입니다

[표 4.2] 〈바이너리 팔찌〉 수업에 관련된 표준

바이너리 팔찌(언플러그드 활동)	
2014 ISTE 학생표준	1.c : 복잡한 시스템 혹은 복잡한 이슈들을 탐구하기 위해 모델과 시뮬레이션 사용하기 1.c : 테크놀로지 시스템을 이해하고 활용하기
차세대 과학표준	K-PS3-2 : 주어진 도구와 재료를 사용하여 문제를 해결하는 장치 혹은 문제해결 솔루션을 설계 및 제작하기 K-2-ETS1-1 : 사람들이 변화시키고자 하는 상황에 관해 질문하고, 관찰하고, 정보를 수집하여 단순한 문제(물체나 도구를 새로이 개발하거나 이전의 것을 개선함으로써 해결 가능한 문제) 정의하기
수학 공통핵심기준	Mathematical Practice 7 : 구조를 찾고 이용하기

※ 이 책에서 다루는 표준 내용은 〈부록 A〉, 〈부록 B〉, 〈부록 C〉를 참고바랍니다.

컴퓨팅 사고를 위한 수업 계획하기

구글의 컴퓨팅 사고 수업

구글은 수학과 영어-리터러시를 위한 공통핵심기준(Common Core State Standards, CCSS)과 차세대 과학교육표준(Next Generation Science Standards, NGSS), ISTE 표준, CSTA 표준에 부합되는 다양한 수업을 구성했습니다.

문장 암호화하기(권장 연령: 8~12세) : 암호를 직접 개발하고 문장을 인코딩해 봄으로써 인코딩 및 디코딩 알고리즘을 개발할 수 있습니다.

일상의 사물 표현하기(권장 연령: 8~15세) : 특정 사물이나 객체의 이름을 명시하지 않고도 자세히 묘사합니다. 어린 학생들은 이 과정을 어려워하지만, 추상화, 데이터 표현, 패턴인식 등의 컴퓨팅 사고 개념들을 배울 수 있습니다.

환경 탐구하기(권장 연령: 8~12세) : 특정 장소 혹은 환경에 관한 데이터를 수집하고, 수집된 데이터를 테이블로 정리하여 패턴(규칙성)을 찾아봅니다. 여기서는 컴퓨팅 사고 개념 중 데이터 수집, 데이터 표현, 데이터 분석, 문제 분해를 다룹니다.

데이터로 추측하는 게임 만들기(권장 연령: 8~12세) : 데이터를 기반으로 추측하는 두 가지 게임을 만들어 봅니다. 여기서는 컴퓨팅 사고 개념의 데이터 수집, 데이터 표현, 데이터 분석, 알고리즘 설계를 다룹니다.

신비한 단어(권장 연령: 8~10세) : 명사와 동사를 분류하는 방법을 분석해 봅니다. 우선, '사람, 장소, 혹은 사물'과 같은 단어는 명사로, '행동'을 표현하는 단어는 동사로 간주합니다. 그 다음 몇몇 단어들을 일반적인 개념을 기준으로 명사와 동사로 식별하고 분류할 수 있는지 '테스트'하고, 오류나 예외 사항들을 확인합니다.

※ 구글의 컴퓨팅 사고 수업은 http://bit.ly/Google-CT-Lessons 에서 확인할 수 있습니다.

레모네이드 가판대

이 수업에서는 학생들이 14일 동안 레모네이드 가판대 판매를 계획하고, 직접 레모네이드를 판매하고, 가능한 높은 수익을 내야 합니다. 이 수업은 어린아이들에게 인기가 많은 수학게임과 비슷한 방식으로 진행됩니다. 이처럼 학생들은 수학적 개념을 배우는 과정에서 컴퓨팅 사고를 경험할 수 있습니다 [표 4.3].

[표 4.3] 〈레모네이드 가판대〉 수업에서 다루는 컴퓨팅 사고 개념

컴퓨팅 사고 개념	학습 과제
시뮬레이션 (Simulation)	• 레모네이드 가판대에서 가능한 돈을 많이 벌 수 있는 상황을 가상의 환경에서 시뮬레이션하기 • 레모네이드 가판대 사업을 종료하거나 더욱 확장하기 위해 Q은행 프레젠테이션에 사용할 자료(https://bit.ly/Lemonade-Stand-Template)를 만드세요

문제 분해 (Problem Decomposition)	• 프레젠테이션을 준비하는 데 필요한 단계를 목록으로 만들기 • 실제로 필요한 물품을 구입하고 레모네이드 판매하기
알고리즘 및 절차 (Algorithms & Procedures)	• 레모네이드를 판매할 장소의 온도와 일기예보 분석하기-필요한 물품 구입- 레모 네이드 가격 결정- 레모네이드 판매- 가판대 운영결과 평가하기 .• 위 작업들을 반복하여 수행하기
데이터 수집 (Data Collection)	• 판매량, 판매금액, 잠재 고객, 고객 만족도, 인기도, 이익과 손실에 대한 정보 를 구글 스프레드시트(https://bit.ly/LemonadeStand-GoogleSheets)에 매일 꾸준 히 작성하기
자동화 (Automation)	• 쿨 매쓰 레모네이드 가판대 게임(https://www.coolmathgames.com/0-lemonade- stand) 해보기 • 구글 스프레드 시트나 엑셀을 이용하여 데이터 처리하기
데이터 분석 (Data Analysis)	• 스프레드 시트에 작성한 데이터를 분석하고 그 결과를 참고하여 레모네이드 가판 대를 계속하여 운영할 것인지 아니면 종료할 것인지 결정하기
추상화 (Abstraction)	• 가능한 많은 수익 올리기
데이터 표현 (Data Representation)	• 프레젠테이션에 필요한 그래프와 차트 그리기 (https://bit.ly/LemonadeStand-Charts)
병렬처리 (Parallelization)	• 레모네이드 가판대 사업을 종료 혹은 확장을 결정하는 데 참고할 수 있는 여 러 가지 데이터를 만들고 비교해 보기

※ 〈레모네이드 가판대〉 수업 자료는 『No Fear Coding』 웹 사이트(https://nofearcoding.org)에서 확인할 수 있습니다.

NO FEAR
CODING

비봇으로
코딩하기

어린아이들은 손으로 직접 만지고 조작해 봄으로써 개념을 구체적으로
이해하고 표현합니다. 〈Part 2〉는 비봇Bee-Bot을 사용하여 코딩하는 방법과
컴퓨팅 사고를 향상시키는 방법들을 소개합니다.

. 비봇의 작동 방식과 사용 방법
. 비봇을 활용한 수업
. 범교과 차원의 비봇 수업 사례들

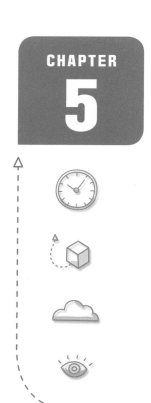

어린 학생들에게 비봇을
소개해야 하는 이유

비봇Bee-Bot은 코딩을 처음 배우는 어린아이들이 컴퓨팅 사고와 비판적 사고 기술을 배우는 데 가장 이상적인 도구들 중 하나입니다. 꿀벌 모양으로 만들어진 비봇에는 네 개의 이동 명령어 버튼과 세 개의 제어 버튼이 있습니다. 어린 학생들은 이 일곱 개의 버튼만으로도 얼마든지 다양한 의사결정을 쉽게 해냅니다.

문제의 복잡성을 줄이면 어린아이들도 문제해결 방법을 배울 수 있으며, 자동화 역시 수월하게 해낼 수 있습니다(유창성, fluency). 비봇은 문제해결뿐 아니라 컴퓨터 과학 분야에서 필요한 창의력, 협업 능력, 의사소통 능력, 인내력을 길러줍니다.

비봇은 보통 2~4명의 학생들이 함께 그룹으로 활동하기 좋습니다. 따라서 영어 공통핵심 기준 중 특히 말하기 듣기 영역의 학습에 적용될 수 있습니다.

[그림 5.1] 비봇을 사용하여 알파벳을 익히는 모습

어린 학생들은 또래 친구들과 비봇 프로그래밍을 하며 서로의 학습내용을 공유하기도 합니다. 그러므로 비봇은 학생들이 사회적 학습을 경험할 수 있는 기회가 되기도 합니다.

✏ 발달 수준에 맞는 학습

초등학교 교사들은 손으로 직접 무언가를 조작하는 활동이 어린아이들에게 무척 중요하다는 사실을 잘 알고 있습니다. 대부분의 어린아이들은 손으로 직접 구체적인 사물을 조작하는 것으로 시작하여 점차 상징적인 표상을 다루고, 최종적으로는 구체적인 사물이나 표상 없이 숫자, 기호 등 추상적으로 다루는 과정을 겪으며 배웁니다.

[그림 5.2]는 숫자 3을 구체적 사물로, 표상으로, 그리고 추상적으로 나타낸 것입니다. 왼쪽부터 순서대로 숫자 3을 실제 사물로 나타낸 모습, 물리적 사물 대신에 나타낸 표상, 추상적인 숫자로 나타낸 모습입니다.

[그림 5.2] '숫자 3'을 표현하는 세 가지 방법

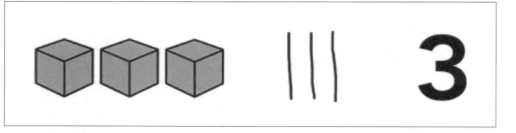

비봇은 어린 학생들에게 CRA 접근법(Concrete-Representational-Abstract: 구체적·표상적·추상적)[31]으로 코딩을 가르치기에 가장 좋은 학습도구입니다. 학생들이 비봇이나 사물을 움직이도록 프로그래밍하는 구체적 단계를 익히고 나면 〈코드닷오알지의 코스 1](https://studio.code.org/s/course1)과 같은 표상적 단계의 학습으로 발전할 수 있습니다. 추상적 단계에서는 스크래치Scratch 프로그램을 사용하여 캐릭터를 만들고, 캐릭터를 움직이고 이동하도록 '스프라이트Sprites'[32]의 명령어 블록을 조작할 수 있습니다.

유치원과 초등학교 교사들이 교실 수업에서 비봇을 사용해야 하는 또 다른 이유는 구체적 학습수준에서 '리터러시'와 '수학'이 서로 밀접한 관련이 있기 때문입니다.

예를 들어, 비봇을 현재 위치에서 다른 위치로 이동시키려면 명령어를 올바른 순서로 입력해야 합니다. 이때 어린 학생들은 코드로 작성된 언어에 노출됩니다. 학생들은 귀여운 꿀벌 모양의 로봇을 프로그래밍하면서 글을 왼쪽부터 오른쪽 방향으로 읽는 규칙을 익히고, 계산 능력, 문제해결능력, 원인과 결과를 파악하는 능력 역시 고르게 발달됩니다.

비봇을 유·초등 교육과정에 통합하는 가장 좋은 방법은 바로 아이들이 손으로 직접 만져보고 조작해 보도록 하는 것입니다. 교사는 교실 바닥에 앉아 아이들이 비봇과 함께 노는 모

---

31) CRA 접근법 : 아동의 인지적 발달 수준에 적절한 교수방식을 적용하기 위해 개발된 것으로 아동이 직접 구체적인 사물을 조작하는 구체적 단계(Concrete), 구체물의 그림 표상을 사용하는 표상적 단계(Representationa), 구체물이나 표상 없이 숫자나 기호 등 추상물을 다루는 추상적 단계(Abstract)로 교수-학습 내용을 구성합니다.

32) 스프라이트는 스크래치 프로그램에서 움직일 수 있는 대상을 의미합니다.

습을 지켜보며 적절한 순간에 학생들에게 주요 학습 개념과 관련된 질문을 하면 됩니다.

우리는 벽에 걸려있는 날씨 달력을 보고 오늘의 날씨를 확인할 수 있습니다. 그러나 비봇 프로그래밍으로도 오늘의 날씨를 확인할 수 있습니다. 비봇이 오늘의 날짜와 요일, 날씨 정보를 나타내는 지점까지 움직이도록 프로그래밍을 하면 되는 것이지요. 학생들과 함께 비봇을 사용하여 날씨 매트 위에서 오늘의 날씨를 확인하는 모습을 상상해 보세요.

🖊 자아 정체감 발달

어린 학생들은 비봇으로 프로그래밍을 하면서 다른 친구들과 소통하고 협력하는 사회적 학습을 경험합니다. 모둠으로 비봇 활동을 할 때에는 학생들이 맡은바 역할을 책임감 있게 수행합니다. 이러한 경험은 학생이 장차 엔지니어 혹은 코더가 되는데 필요한 자아 정체감을 발달시켜줍니다.

어린 학생들을 네 명씩 한 모둠으로 구성하여 각자 다음과 같은 역할을 수행하도록 합니다.

- 프로그래머programmer는 올바른 순서대로 프로그래밍 카드를 배치합니다.
- 입력 엔지니어input engineer는 프로그래밍 카드의 순서대로 명령어 버튼을 눌러 비봇에 프로그램을 입력합니다.
- 디버거debugger는 비봇 프로그램에서 오류를 확인하고 오류 내용을 보고합니다.
- 레코더recorder는 디버거가 보고한 오류의 내용을 확인하고, 오류 내용을 화살표 카드에 기록합니다.

유·초등 교사들이 비봇을 가르쳐야 하는 가장 중요한 이유들 중 하나는 바로 '학생들의 적극적인 참여'를 이끌 수 있기 때문입니다. 가장 좋은 수업은 학생 스스로 자신의 학습을 이끌어가는 것입니다. 교사는 학생 곁에서 머물며 학습에 필요한 질문을 던져주고 적절한 예시자료들을 제공해 주어야 합니다.

📝 자연스럽게 경험하는 지식의 깊이

교실수업에서 비봇을 사용하면 노먼 웹Norman Webb의 지식의 깊이Depth of Knowledge, DOK를 통합하기가 수월해집니다. 일반적으로 교사들은 블룸의 교육목표 분류학Bloom's Taxonomy[33]에 대해 더 잘 알고 있습니다.

블룸의 교육목표 분류학에 따르면 학습자는 이전 단계에서 다음 단계로 순차적으로 이동하며 학습합니다. 즉, 하위 단계를 마스터해야 비로소 상위 단계로 이동할 수 있으며, 상위 단계는 반드시 하위 단계를 기반으로 둡니다.

반면, 지식의 깊이DOK는 다음 단계들이 서로 협력적으로 학습을 돕습니다. 따라서 컴퓨팅 사고와 컴퓨터 과학 분야에는 지식의 깊이가 더욱 적절하다고 볼 수 있습니다.

Level 1 : 회상하기Recall

낮은 수준의 정보처리 과정으로 사실, 정보, 절차 등을 회상하는 단계입니다.

Level 2 : 기술/개념Skill/ Concept

정보 혹은 개념 지식을 사용하는 단계로 두 개 이상의 단계를 거칩니다.

Level 3 : 전략적 사고Strategic Thinking

추론하기, 계획 세우기, 일련의 단계와 절차 개발하기 등이 포함됩니다.

---

33) 블룸의 교육목표 분류학 : 미국 교육학자 벤자민 블룸(Benjamin Bloom)이 1956년 처음 발표한 이래로 교육목표 분류학 연구의 근간이 되고 있습니다. 교육목표 분류학의 목적은 교사들이 교육과정 구성자이자 교육과정 실행자로서 교육과정을 이해하고, 수업을 계획하고, 교육과정 내에서 본질적으로 목표와 일관적인 평가를 설계하는 데 도움을 주며, 궁극적으로는 교수의 질을 향상시키는 것입니다.
블룸은 교육목표를 크게 인지적 영역, 정의적 영역, 심동적 영역 등 세 가지로 구분하고, 각각의 영역 마다 지식, 이해, 적용, 분석, 종합, 평가 등 여섯 가지 인지 수준으로 분류했습니다. 블룸의 교육목표 분류는 교육실제에 있어서 지금까지 지대한 영향을 끼쳐 왔지만, 한편으로는 사고의 본질과 그것이 가지는 학습과의 관련성을 지나치게 단순화했다는 비판을 받기도 했습니다.
블룸의 최초 분류학의 공동 집필자였던 데이비드 케라스윌(David Krathwohl)은 이러한 문제점을 보완하기 위해 2001년에 교육학자, 인지심리학자, 교육연구자, 평가전문가들과 함께 블룸의 신 교육목표 분류학(Revision of Bloom's taxonomy)을 발표했습니다.
이 책은 블룸의 신 교육목표 분류학을 기준으로 웹의 DOK와 비교하여 설명하고 있습니다.

Level 4 : 확장된 사고Extended Thinking

조사 및 탐구를 하는 단계로, 문제의 여러 조건들을 생각하고 처리하기 위해서는 충분한 시간이 필요합니다.

[그림 5.3] 블룸의 교육목표 분류학과 웹의 지식의 깊이 비교

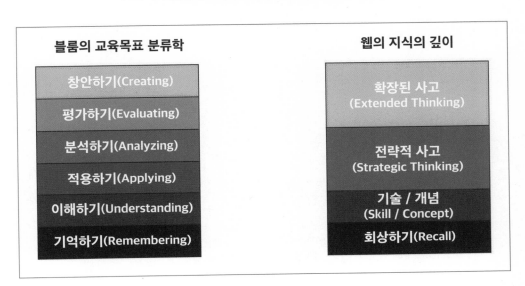

비봇을 사용할 때 경험할 수 있는 컴퓨터 과학 분야의 지식의 깊이DOK[34] 는 [표 5.1]에 정리되어 있습니다.

---

34) 지난 2010년 미국 교육부는 웹 박사의 '지식의 깊이'를 참고하여 SBAC(Smarter Balanced Assessment Consortium) 만들고 각 주(State) 별로 공통핵심기준에 대한 기대치를 내고 있는지 평가 및 검증할 수 있도록 했습니다. 웹의 DOK는 2018 국제 학업성취도 평가 과학 프레임워크(Program for International Student Assessment, PISA)에도 반영되어 학습자가 고차원적 인지수준의 능력을 발휘하는지를 평가할 수 있도록 했습니다.

[표 5.1] 비봇으로 경험할 수 있는 컴퓨터 과학 지식의 깊이

	DOK LEVEL	컴퓨터 과학 지식	비봇 활동
1	회상 및 재생하기 (Recall & Reproduction)	• 이미 알고 있는 정의, 용어 혹은 간단한 절차 회상하기 • 답을 알고 있지 못하더라도 학습에 필요한 정의, 용어 혹은 간단한 절차 확인하기	• 비봇이 무엇인지 알기 • 비봇의 전원 켜고 끄기 • 비봇의 화살표 버튼 눌러보기 위쪽 화살표(↑)를 누르면 앞으로 1회 전진 아래쪽 화살표(↓)를 누르면 1회 후진 오른쪽 화살표(→)를 누르면 오른쪽으로 90도 1회 회전 왼쪽 화살표(←)를 누르면 왼쪽으로 90도 1회 회전
2	기술 / 개념 (Skill /Concept)	• 질문이나 문제에 접근하는 방법을 결정하는 의사결정 단계	• 비봇으로 무엇을 하려고 했나요? • 비봇에 이 명령어를 입력하면 어떻게 작동할 것 같나요?
3	전략적 사고 (Strategic Thinking)	• 다단계 절차로 추론하기, 계획하기, 증거 사용하기 등이 전략적 사고에 포함됨 • 때로는 최종 답안을 얻기까지 여러 가지 답안과 다양한 방법들을 겪기도 함	• 어떠한 방법으로 비봇이 미션을 완수하도록 했나요? • 왜 우리에게 규칙이 필요한가요? • 왜 비봇이 원하는 대로 작동하지 않았나요?
4	확장된 사고 (Extended Thinking)	• 동일한 영역 내에서 다양한 콘텐츠들을 연결하거나 서로 다른 영역의 콘텐츠들을 연결하기 • 학습을 통해 얻은 결과와 학습 전략을 일반화하고, 이들을 새로운 학습 상황에 적용하기	• 어떻게 하면 새로운 아이디어를 혼자서 혹은 다른 사람들과 협력적으로 구상할 수 있나요? • 비봇으로 나만의 게임을 만들 수 있나요?

비봇 프로그래밍을 가르치는 방법

비봇은 교실의 분위기를 즐겁게 만들어줍니다. 따라서 비봇은 어린 학습자들이 참 좋아하는 프로그래밍 도구입니다. 여러분의 학생들은 동기부여가 되어 있고, 활동적이며 컴퓨팅 사고 개념을 학습할 준비가 되어 있습니다. 학생들에게 비봇 프로그래밍을 소개하고, 계속하여 로봇틱스와 코딩에 지속적인 관심을 갖고 참여하도록 이끌어주세요.

〈CHAPTER 6〉에서는 비봇을 가르치는 방법, 양질의 교수학습자료를 수집하기 위한 정보, 그리고 비봇을 사용하지 않고도 가르칠 수 있는 컴퓨팅 사고 기술과 개념들을 소개합니다. 여기서는 학생과 교사 모두가 비봇에 익숙해지고, 교사가 기존 교육과정에 통합할 수 있는 비봇 활동을 직접 개발할 수 있도록 여섯 가지 비봇 활동과 다양한 비봇 명령들을 소개합니다.

🛡 비봇 수업을 위한 접근법

비봇 수업을 하기 위해서는 학생들을 위한 탐구 가이드를 미리 준비해 두는 것이 좋습니다. 다음의 질문들은 앞서 소개한 웹의 지식의 깊이를 기반으로 작성되었습니다. 이 질문들은 이미 여러분이 가르치고 있는 교육과정에 코딩을 더욱 열정적으로 통합하는 데 도움이 될 것입니다.

비봇활동을 위한 질문Bee-Bot Prompting Questions

- 어떠한 방법으로 비봇이 미션을 완수하도록 했나요?
- 비봇으로 무엇을 하려고 했나요?
- 왜 비봇이 원하는 대로 작동하지 않았나요?
- 비봇에 이 명령어를 입력하면 어떻게 작동할 것 같나요?
- 비봇의 이동 경로를 일련의 단계로 작성하고, 이후 경로를 예측할 수 있나요?
- 비봇으로 덧셈 '3 + 4'를 계산할 수 있나요? 또는 비봇으로 내 이름을 쓸 수 있나요?
- 왜 우리에게 규칙이 필요한가요?
- 어떻게 하면 새로운 아이디어를 혼자서 혹은 다른 사람들과 협력적으로 구상할 수 있나요?
- 비봇으로 나만의 게임을 만들 수 있나요?

디자인 사고Design Thinking

비봇 수업을 준비할 때에는 디자인 사고 절차를 고려하는 것이 좋습니다. 디자인 사고 절차는 순환적으로 진행되며, 얼마든지 이전 단계로 되돌아가거나 다음 단계로 넘어갈 수 있습니다. 특히 어린 코더들은 앞뒤로 여러 단계를 자유롭게 옮겨가며 경험합니다.

디자인 사고 절차는 공감하기empathy, 정의하기definition, 아이디어 발굴하기ideation, 프로토타입 만들기prototyping, 그리고 테스트하기testing로 구성됩니다 [그림 6.1].

[그림 6.1] 디자인 사고 절차

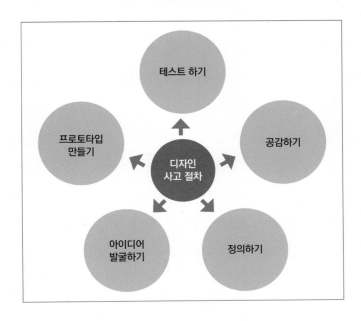

공감하기Empathy : '사용자 중심' 솔루션을 만듭니다.

정의하기Definition : 사용자가 필요로 하는 것을 식별하기 위해 이전에 학습한 내용을 해석합니다.

아이디어 발굴하기 Ideation : 아이디어를 생성하고, 발전시키고, 전달합니다.

프로토타입 만들기 Prototyping : 프로토타입 혹은 예비 복사본을 사용하여 아이디어를 다듬고 테스트합니다.

테스트하기Testing : 사용자 피드백을 기반으로 프로토타입을 수정하는 작업도 포함됩니다.

〈CHAPTER 6〉에서는 비봇 활동을 통해 경험할 수 있는 디자인 사고 절차들을 소개합니다. 여기서 다루는 모든 내용들은 컴퓨터 과학의 사회적·정서적 요소들을 두루 고려하고 있다는 점을 꼭 기억해 주시기 바랍니다.

교사는 학생들이 어려움을 겪고 있는 다른 사람들에게 연민을 느끼고 그들의 감정에 공감할 수 있는 여러 가지 기회를 만들어줍니다. 이러한 학습경험은 학생들이 윤리적이고 강인한 미래의 지도자로 성장하는 데 도움이 됩니다.

ⓦ 비봇 학습자료

여기서 소개하는 비봇 수업은 비봇 한 대만으로도 진행이 가능하지만, 되도록이면 비봇 6개를 함께 사용하는 '비봇 하이브Bee-Bots Hive'를 사용하는 것이 좋습니다 [그림 6.2].

수업용 비봇을 구하기 어려운 경우에는 http://bit.ly/Beebot-Arrow-Cards 에서 비봇 화살표 카드를 무료로 다운받아 사용하세요. 이러한 경우에는 학생들이 직접 비봇이 되어 명령어를 따라 움직이도록 하는 '실제적인' 활동을 진행하는 것도 좋습니다. 학생들은 화살표 카드를 사용하여 명령어를 조합하거나 또는 직접 몸을 움직여 명령을 따르는 활동을 하는 것 역시 비봇을 사용하는 것만큼이나 재미있어 합니다. 따라서 비봇을 사용할 수 없을 때에는 이러한 대안적 활동을 권장합니다.

[그림 6.2] Bee-Bot 하이브 세트

〈비봇 구입처〉
테라핀 고로 웹 사이트(https://www.terrapinlogo.com/products/robots.html)에서 비봇 로봇과 비봇 수업용 매트, 비봇 액세서리 등을 구입할 수 있습니다.

테라핀 로고Terrapin Logo는 직접 손으로 만들어 보는 것Hands-On을 중시했던 로고Logo의 철학이 담긴 '거북이 로봇'을 개발하고, 로고 컴퓨터 언어와 관련 교육자료들을 출간해 왔습니다.

비봇Bee-Bot, 블루봇Blue-Bot, 그리고 프로봇Pro-Bot은 테라핀 사가 가장 최근에 개발한 로봇들입니다[35].

비봇 수업용 매트 Bee-Bot Lesson Mats

비봇 수업용 매트는 비봇이 이동할 수 있는 매트입니다. 매트 위에는 그림과 숫자, 문자가 적혀 있거나 하얀 배경색 위에 그리드만 그려진 것도 있습니다. 비봇 수업용 매트는 구입하여 사용하거나 여러분이 직접 만들어 사용해도 좋습니다.

이미 온라인에는 여러분의 시간을 절약해 주고 아이디어를 얻는 데 도움이 되는 수업용 자료들이 많이 올라와 있습니다. 예를 들어, 델라 라센의 온라인 쇼핑몰 'Teachers-Pay-Teachers(https://www.teacherspayteachers.com/Store/Della-Larsens-Class)'에는 비봇 활동 자료들이 가득합니다. 이 쇼핑몰에는 수학 탱그램 활동자료Math Tangram activity[36], 과학 개구리의 생애주기 탐구자료를 비롯한 다양한 학습자료들이 판매되고 있습니다.

이 책의 웹 사이트(https://nofearcoding.org)에는 과학, 사회 과학, 수학, 리터러시 수업을 위한 비봇 수업용 매트가 공유되어 있습니다. 필요 시 무료로 다운받아 수업에 사용하세요.

- 활동1) 사과 개수 맞추기 http://bit.ly/Apple-Ten-Frames
- 활동2) 『갈색 곰 이야기』 재구성하기 http://bit.ly/Brown-Bear-Story-Retell

---

35) 블루봇은 블루투스 연결한 비봇으로, 블루봇의 등에 부착된 명령어 버튼뿐 아니라 PC와 태블릿으로도 움직임을 제어할 수 있습니다. 프로봇(Pro-Bot)은 경주용 자동차 모양의 로봇으로 이동거리와 회전 각도를 입력하여 움직임을 정교하게 제어할 수 있으며 소리 센서와 빛 센서가 부착되어 있습니다. 최근에는 적외선 센서를 비롯한 다양한 기능들이 추가된 이노봇(InO-Bot)도 개발되었습니다. 이노봇은 PC나 태블릿의 스크린화면에서 프로그래밍하여 움직임을 제어합니다.

36) 탱그램 : 탱그램 또는 칠교놀이라 불리는 이 활동은 사각형을 일곱 개의 조각으로 잘라 놓은 것을 여러 형태로 맞추는 퍼즐입니다.

www.tes.com/us 에서는 비봇 수업을 위한 자료들을 무료 또는 유료로 사용할 수 있습니다. 검색창에 '비봇Bee-Bots'을 입력하여 수업용 매트를 비롯한 다양한 수업자료들을 다운받아 활용하세요.

✏️ 비봇 프로그래밍 활동

여기서 소개하는 비봇 활동들은 '놀이와 움직임'이라는 단순한 목표로 시작하여 학생들이 비봇에 익숙해지도록 설계되었습니다. 뒤로 갈수록 더욱 복잡한 이동을 프로그래밍하고, 새로운 도전을 하는 활동으로 발전됩니다.

비봇 로봇 한 대 혹은 더 많은 비봇들을 이용하여 활동할 수도 있고, 여의치 않은 경우에는 비봇 대신에 화살표 카드를 사용하고 학생이 비봇이 되어 화살표 카드로 만든 명령어를 따라 움직이도록 해도 좋습니다. 비봇 화살표 카드는 http://bit.ly/Beebot-Arrow-Cards 에서 무료로 다운받을 수 있습니다.

수업 형식

여기서 소개하는 수업 활동들은 다음과 같은 컴퓨팅 사고 절차를 따릅니다.

입력Input 〉 **처리과정**Process 〉 **출력**Output 〉 **피드백**Feedback

수업을 시작하면, 학생들은 수업 목표를 확인하고 비봇에 어떤 명령어를 입력할 것인지를 결정하여 입력합니다. 비봇이 입력된 명령을 따라 움직이면 학생들은 출력(비봇이 명령어를 처리한 결과가 어떠한지)을 관찰하고 출력 결과에 대한 피드백을 서로 공유합니다. 어떤 학생들은 자신이 이루고자 하는 목표를 달성하기 위해서 이러한 절차를 반복적으로 수행하기도 합니다.

Activity 1 : 비봇과 함께 즐겁게 놀기

"우리가 선택한 길이 언제나 우리를 목적지에 데려다주지는 않습니다."

〈Activity 1〉의 목표는 학습자가 비봇과 함께 즐거운 활동을 하며 비봇에 익숙해지도록 하는 것입니다.

수업 준비물

• 한 대 이상의 비봇 로봇(또는 비봇 대신에 사용할 수 있는 화살표 카드)
• 그리드가 그려져 있는 수업용 매트

활동 규칙

1. 학생들은 수업용 매트 주위에 둘러앉습니다.
2. 교사는 학생들이 제어 버튼(Clear: 메모리 지우기, Pause: 1초간 멈추기, Go: 실행하기)을 건드리지 않고 오로지 주황색 화살표 명령어 버튼만 누르도록 지시합니다.

명령어 입력 : 순서대로 돌아가면서 화살표 명령어 버튼 누르기

1. 자신의 차례가 돌아오면 비봇을 받아 방향 명령어를 입력합니다.
2. 다음 차례의 학생도 명령어를 입력할 수 있도록 비봇을 오른쪽 방향으로 전달합니다.
3. 모든 학생이 방향 명령어를 입력했거나 정해진 시간이 지나면 명령어 입력을 멈춥니다.

처리 과정 : 비봇 명령어를 실행하기 위한 단계적 절차

1. 비봇을 매트 위에 그려진 정사각형 위에 올려둡니다.
2. 누가 비봇의 실행버튼(Go)을 누를지 결정합니다.

출력 결과 : 비봇이 작동하는 모습 관찰하기

1. 비봇이 명령에 따라 움직이는 모습을 보고 관찰합니다. 비봇이 매트 위를 벗어났나요?

2. 두 대 이상의 비봇을 동시에 작동시켰을 때 서로 충돌했나요?

피드백 : 무슨 일이 일어났는지 논의하기

1. 비봇이 매트 위를 벗어나거나 두 개 이상의 비봇이 서로 충돌하는 것을 막기 위해서는 어떤 규칙이 필요한지 논의합니다.

2. 비봇을 다시 작동시켜 앞서 논의한 규칙이 잘 지켜지는지 확인합니다.

3. 앞서 논의한 규칙을 비봇이 모두 따를 때까지 여러 번 도전합니다.

4. 필요 시 교사가 학생들에게 다음과 같은 질문을 합니다.

    a. "너는 무엇을 했니?"

       만약 다른 학생에 대해 이야기를 한다면 교사는 "너는 무엇을 하고 있었니?" 하고 묻습니다.

    b. 이전과 다르게 시도했던 것은 무엇이었나요? 그밖에 무엇을 할 수 있었나요?

평가

1. 학생들의 모둠을 바꿔줍니다. 이때 학생들이 비봇 옆을 지나가도록 합니다.

2. 교사는 학생들에게 새로운 미션을 주고 실제 프로그래밍하기 전에 '실행(Go) 버튼을 누르면 어떻게 움직일지'를 물어봅니다.

Activity 2 : 앞으로 전진하기

〈Activity 2〉의 목표는 학생들이 페어 프로그래밍pair programming을 하여 비봇의 전진하기 명령어를 마스터하고, 비봇을 원하는 위치로 이동시키는 것입니다. 페어 프로그래밍은 컴퓨터 과학 분야의 기술로 두 명의 프로그래머가 하나의 작업대나 한 대의 컴퓨터에서 함께 작업하는 것을 의미합니다. 한 사람이 코드를 작성하면 다른 한 사람이 코드를 검토하며, 두 사람이 서로의 역할을 자주 번갈아가며 수행합니다.

활동을 시작하기 전에 초등학생을 위한 페어프로그래밍 설명 영상(http://bit.ly/Pair-Programming)을 보여주는 것도 좋습니다.

수업 준비물

- 한 대 이상의 비봇 로봇(또는 비봇 대신에 사용할 수 있는 화살표 카드)
- 다양한 그림이 그려진 수업용 매트

활동 규칙

1. 학생들은 두 명씩 짝지어 활동합니다.
- 매트의 가장자리에 앉은 학습자가 드라이버driver가 되어 비봇에 명령어를 입력합니다.
- 매트 모서리에 앉은 학생은 네비게이터navigator가 되어 명령어를 검토하고 비봇의 움직임을 관찰합니다.
2. 비봇의 전진하기(↑), 메모리 지우기(Clear), 실행하기(Go) 버튼만 누를 수 있습니다.
3. 비봇을 매트 위에 그려진 정사각형 모서리 위에 놓고, 매트의 그리드 선과 평행하게 방향을 맞춥니다.

명령어 입력 : 전진하기 명령어를 입력하여 비봇을 지정된 그림까지 이동시키기

1. 네비게이터는 수업용 매트 위에서 마음에 드는 그림이 그려진 정사각형을 선택합니다.
2. 드라이버는 해당 정사각형까지 비봇을 이동시키는 단계(알고리즘)를 작성하거나 구두로 표현합니다.
3. 드라이버는 전진하기 명령어를 입력하여 비봇을 목적지까지 이동시킵니다.

처리 과정 : 비봇 명령어 처리하기

1. 비봇을 매트 위에서 목적지까지 이어지는 직선 위에 올려둡니다.
2. 학생들은 비봇이 이동할 직선거리를 실제로 걸어보고, 비봇이 도착하기까지 몇 단계가 필요한지 세어봅니다.

3. 드라이버가 실행 버튼을 누릅니다.

출력 결과 : 비봇이 작동하는 모습을 관찰하기

1. 원하는 그림까지 비봇이 도착했는지 관찰합니다.

2. 두 대 이상의 비봇을 동시에 작동시켰을 때 서로 충돌하는지 관찰합니다.

피드백

학생들이 다음 질문에 대해 생각해 보고 서로의 의견을 나누도록 합니다.

1. 전진하기 명령어를 몇 번이나 입력했나요?

2. 원하는 그림까지 비봇이 도달하지 못한 경우에는 어떻게 문제를 해결(디버깅)[37]했나요?

3. 우리 모두가 원하는 그림에 도달할 때까지 비봇을 작동시켜 볼까요?

　　이번에는 드라이버와 네비게이터 역할을 서로 바꿔서 활동해 봅시다.

4. 비봇이 아직 가보지 않은 그림이 있나요?

평가

교사는 학생들에게 전진하기 명령어를 마스터했는지 물어봅니다. 그리고 학생들이 선택한 그림까지 비봇처럼 직진하여 걸어가도록 하고, 모든 학생이 비봇의 전진 명령어를 마스터했는지 다시 한 번 확인합니다. 학생들 역시 서로 올바르게 이동하고 있는지 확인합니다.

※ 참고 :
학생들은 비봇의 추가 명령어들을 사용하기 전에 전진하기 명령어를 반드시 마스터해야 합니다. 수학 문제에서 뺄셈을 배우기 전에 덧셈을 먼저 이해하고 마스터해야 하는 것처럼, 비봇 프로그래밍에서도 후진하기

---

37) 디버깅(debugging) : 소프트웨어의 '버그'에 대한 개념은 초기 컴퓨터 개발자 중 한 명인 그레이스 호퍼 (Grace Brewster Murray Hopper : 1906 ~ 1992)에 의해 창안되었습니다. 1945년 여름, Mark Ⅱ 컴퓨터가 계속해서 오작동을 일으켜 컴퓨터 내부를 살펴보니, 죽은 나방이 끼어 있었습니다. 이를 계기로 컴퓨터 프로그램이나 시스템의 오류, 결함, 또는 오류로 인해 올바르지 않거나 예기치 않은 결과가 발생하거나 의도하지 않은 방식으로 작동하는 것을 '버그'라고 표현합니다. 그리고 이러한 오류나 결함을 제거하거나 수정하는 것을 '디버깅'이라고 합니다.

를 비롯한 다른 방향 명령어를 사용하기 전에 전진하기 명령어를 완벽히 이해하고 사용할 줄 알아야 합니다.

Activity 3: : 위치로 이동하기

〈Activity 3〉의 목표는 비봇의 왼쪽으로 회전하기, 오른쪽으로 회전하기 명령어 버튼을 사용하여 비봇을 원하는 위치까지 이동시키는 것입니다. 〈활동 2〉와 마찬가지로 페어 프로그래밍으로 진행합니다.

수업 준비물
- 한 대 이상의 비봇 로봇(또는 비봇 대신에 사용할 수 있는 화살표 카드)
- 알파벳 문자가 써 있는 수업용 매트

활동 규칙
〈활동 3〉은 〈활동 2〉와 동일한 절차로 진행하되, 왼쪽으로 90도 1회 회전하기(←), 오른쪽으로 90도 1회 회전하기(→) 명령어 버튼을 추가로 사용하여 비봇을 원하는 문자까지 이동시킵니다. 이때 학생들도 자리에서 일어나 비봇과 함께 움직이면 추가 명령어들을 마스터하는 데 도움이 됩니다.

평가
학생에게 마음에 드는 알파벳 하나를 선택하도록 합니다. 비봇을 알파벳 매트 위의 출발점 위에 올려두고, 학생이 선택한 알파벳이 출발 전에서 직선상에 있는지 확인합니다. 만약 그렇다면, 다른 알파벳을 선택하여 프로그래밍하도록 합니다.

Activity 4 : 알파벳 배우기

〈Activity 4〉의 목표는 비봇의 기본적인 움직임을 제어하고, 후진하기 명령어 마스터하기입니다.

수업 준비물

- 한 대 이상의 비봇 로봇(또는 비봇 대신에 사용할 수 있는 화살표 카드)
- 알파벳 문자가 써 있는 수업용 매트

활동 규칙

〈Activity 4〉는 〈Activity 3〉과 동일한 절차로 진행되지만, 이번에는 비봇이 원하는 위치에 도달하면 멈춤(Pause) 명령어를 사용합니다. 후진하기(↓) 명령어는 비봇을 다른 문자까지 효율적으로 이동시킬 때 사용할 수 있습니다. 어떤 학생들은 비봇을 후진시키지 않고 빙 둘러서 이동시키기도 합니다. 교사는 이러한 학생들이 공간추론 능력을 더욱 발휘하여 효율적으로 해결할 수 있도록 도움을 줍니다.

학생들은 이전 활동들에서 목표들을 모두 성취했습니다. 비봇의 방향 명령어들을 마스터하고 원하는 위치로 이동시켰습니다.

〈Activity 4〉에서는 원하는 알파벳까지 비봇을 이동시키기 위해 화살표 명령어를 어떻게 사용할지를 계획하여 종이 위에 '코드code'로 작성하도록 합니다. 그리고 나서 비봇을 프로그래밍하고 실행(Go)버튼을 눌러 먼저 작성한 코드를 확인합니다.

평가

학생들이 비봇 프로그래밍을 통해 자음-모음-자음consonant-vowel-consonant, CVC 형식의 단어를 완성하도록 합니다. 'red' 또는 'bat'와 같은 단어도 좋은 예시입니다.

학생들은 모둠별로 앉아 비봇을 프로그래밍하여 주어진 CVC 단어를 완성합니다. 모든 단어를 완성했거나 정해진 시간이 지나면 다른 모둠과 단어 카드를 서로 바꿉니다. 새로운 CVC 단어들을 완성합니다.

Activity 5 : 비봇과 함께 라인 댄스 추기

〈Activity 5〉에서는 비봇의 명령어들을 사용하여 비봇의 움직임을 제어하고, 비봇과 함께 라인 댄스(다 같이 열 맞춰 춤추기)를 춥니다.

도입 부분에서 파이니 포인트 초등학교의 소녀 테크 클럽 학생들이 참여한 '비봇과 함께 춤을' 비디오 영상(http://bit.ly/Line-Dancing-with-the-Bees)을 시청합니다. 영상이 잘 안 보일 때는 '전체화면' 모드로 재생해보세요.

수업 준비물

- 한 대 이상의 비봇 로봇(또는 비봇 대신에 사용할 수 있는 화살표 카드)
- 수업용 매트
- 즐거운 댄스 음악

활동 규칙

1. 춤은 반드시 라인을 맞춰야 합니다.
2. 비봇의 춤 동작을 단순하게 구성하세요(총 열 단계 미만으로 만들 것).
3. 비봇이 춤 동작을 반복하도록 하세요.

명령어 입력

학생들에게 다음 춤 동작들을 알려줍니다.

1. 앞으로 세 번 전진하기
2. 오른쪽으로 회전하기-꿀벌처럼 몸을 흔들기-왼쪽으로 회전하기-꿀벌처럼 몸을 흔들기-오른쪽으로 회전하기
3. 뒤로 세 번 후진하기
4. 2번 동작 반복하기
5. 전체 동작을 1 ~ 2회 반복하기

6. 꿀벌처럼 자유롭게 춤추기

처리과정

1. 비봇이 라인 댄스를 추는 과정을 글로 작성합니다.

2. 비봇의 명령어 버튼을 사용하여 춤추는 동작을 입력합니다.

3. 비봇이 할 수 없는 춤 동작은 무엇인지 확인합니다.

출력 결과

1. 비봇을 매트 위에 올려두고 춤을 잘 추는지 확인합니다.

2. 두 대 이상의 비봇을 작동시킬 경우, 모든 비봇들을 동기화하세요.

3. 다 같이 열을 맞춰 비봇과 함께 신나는 춤을 춥니다.

피드백

학생들이 다음 질문에 대해 생각해 보고 서로의 의견을 나누도록 합니다.

1. 전체 춤 동작 중에서 어느 단계를 성공했나요?

2. 나만의 라인 댄스를 디자인할 수 있나요?

3. 모든 댄서들은 열을 맞춰 춤을 추었나요?

4. 지정된 열에서 벗어나 춤을 출 수 있도록 새로운 규칙을 만들 수 있나요?

평가

학생들은 정해진 춤 동작을 반복하며 비봇과 함께 라인 댄스를 춥니다.

Activity 6 : 비봇으로 문장 만들기

〈Activity 6〉에서는 비봇의 명령어 버튼을 모두 사용하여 주어진 문장을 완성합니다.

수업 준비물

- 한 대 이상의 비봇 로봇(또는 비봇 대신에 사용할 수 있는 화살표 카드)
- 알파벳 문자가 써 있는 수업용 매트

활동 규칙

1. 비봇을 매트 위에 올려두고 실행버튼을 누르기 전에 필요한 명령어 버튼을 모두 입력해야 합니다.

2. 매트의 왼쪽 상단 모서리에 있는 알파벳 'A'에서 시작하여 비봇이 매트의 오른쪽 하단 모서리를 향해 대각선 방향으로 이동하도록 합니다.

3. 비봇 프로그래밍으로 'I want to design a present for my brain(내 두뇌를 위한 선물을 만들고 싶어요.).' 문장을 완성합니다.

4. 첫 번째 라운드에서는 알파벳 하나로 구성된 단어를 완성합니다. 비봇이 'I'에 도착하면 다음 알파벳으로 이동하기 전에 잠시 동작을 멈춥니다.

5. 두 번째 라운드에서는 문장에서 알파벳 두 개로 구성된 단어(to, my)를 완성하도록 비봇을 프로그래밍합니다. 다음 라운드에서는 알파벳 세 개로 구성된 단어(for)를, 또 다음 라운드에서는 알파벳 네 개로 구성된 단어(want, brain)를 완성하도록 하여 최종적으로는 알파벳 일곱 개로 구성된 단어(present)를 완성하도록 합니다.

명령어 입력

1. 비봇 프로그래밍으로 문장을 만드는 영상(https://cscurriculum.shutterfly.com/48)을 시청합니다.

2. 모둠별 2~4명의 학생들을 구성합니다.

3. 코딩할 때에는 서로 이야기하지 않습니다.

처리 과정

1. 모둠별로 하나의 단어를 코딩합니다.

2. 모둠에서 드라이버 역할을 맡은 학생을 제외하고는 모두가 함께 코드를 검토하고 비봇의 움직임을 관찰합니다.

3. 교사는 학생들이 비봇을 코딩하는 동안 별도의 도움을 주지 않습니다.

출력 결과

1. 비봇이 매트 위에서 움직이면서 목표 알파벳에 도착할 때마다 동작을 잠시 멈춥니다.

2. 비봇이 단어를 구성하는 모든 알파벳에 도달하면 다음 단계로 넘어갑니다.

피드백

1. 오류가 발생하면 모둠 구성원 모두가 디버깅하여 오류나 실수의 원인을 찾아 해결하고 다시 시도합니다.

2. 각 단계별 미션을 수행하기 위해 총 시도할 수 있는 횟수를 다함께 결정합니다.

3. 비봇이 기억할 수 있는(저장할 수 있는) 명령어가 몇 개나 되는지, 효율성은 얼마나 높은지에 대해 서로의 생각과 의견을 나누어봅니다.

평가

학생들에게 새로운 문장을 제시하여 완성하도록 합니다.

수업 사례 : 비봇 수업

비봇 수업을 준비하는 교사들은 비봇 수업 사례들을 미리 살펴보는 것이 좋습니다. 〈CHAPERT 7〉에서는 비봇을 사용하여 리터러시와 수학적 개념을 성공적으로 가르쳤던 초등학교 교사들의 사례들을 소개합니다. 테라핀 로고의 웹 사이트(https://www.terrapinlogo.com/stories.html)에서도 다양한 비봇 수업 사례들을 확인할 수 있습니다.

비봇으로 배우는 기초 수학

캐시 캐시디Kathy Cassidy 선생님은 캐나다 무스조 지역의 위스트먼트 초등학교에서 1학년 학생들을 가르치고 있습니다. 교실 수업에서 사용할 수 있는 로봇과 과학기술에 대한 정보를 나눌 수 있는 교사 모임도 이끌고 있습니다. 캐시디 선생님이 가르치는 학생들은 수업 시간에 비봇으로 코딩과 프로그래밍을 해보았습니다.

학생들은 비봇이 매트 위에 그려진 정사각형들을 탐험하도록 모둠별 활동을 하고, 그 과정에서 비봇의 작동방법과 다양한 명령어들을 배웠습니다. 캐시디 선생님은 학생들이 비봇을 동일한 목적지에 이동시키는 과정에서 여러 가지 경로들을 생각해낸다는 사실을 발견했습니다.

"학생들은 비봇을 목적지에 이동시키기까지 수많은 시행착오를 겪었습니다.
그러한 과정에서 똑같은 목표를 이루기 위해 선택할 수 있는 방법이 다양할 수 있다
는 것을 알게 되었지요."
-캐시 캐시디-

[그림 7.1] 초등학교 1학년 학생들이 비봇을 사용하여 덧셈과 뺄셈을 학습하고 있는 모습(출처: 캐시 캐시디)

캐시디 선생님은 교실수업에서 비봇을 사용하면서 매우 창의적인 교사가 되었습니다. 비봇 수업은 '1~2만큼 더 큰 수' 혹은 '1~2만큼 더 작은 수'를 이해하는 것을 어려워하는 학생들에게도 많은 도움이 되었지요.

캐시는 비봇 수업을 하기 위해서 교실 바닥에 테이프를 붙여 그리드를 그렸습니다. 총 스무 개의 사각형을 만든 후에 학생들에게 1부터 20까지의 숫자를 사각형 위에 붙이도록 했습니다. 학생들이 숫자를 다 붙이고 난 후에 캐시디 선생님은 학생들과 함께 비봇에 대해 여러 가지 이야기를 나누었습니다.

"현재 비봇의 위치보다 목표지점 숫자가 더 큰 경우, 비봇을 어떻게 움직여야 할까요?"

"현재 비봇의 위치보다 목표지점 숫자가 더 작은 경우, 비봇을 어떻게 움직여야 할까요?"

비봇의 전진과 후진 화살표 버튼은 비봇을 쉽게 이동시키기 위해 시각적으로 표현되어 있습니다. 학생들이 비봇의 움직임을 프로그래밍하기 전에, 저는 비봇을 숫자 그리드 위에 잠시 올려두었습니다. 그리고 다음 질문을 던졌습니다.

"지금 비봇이 있는 곳보다 2만큼 더 큰 숫자로 가려고 해요. 과연 비봇은 어느 숫자에서 멈춰야 할까요?"

"지금 비봇이 있는 곳보다 1만큼 더 작은 숫자로 가려고 해요. 과연 비봇은 어디에서 멈춰야 할까요?"

그러고는 학생들에게 비봇의 최종 위치 숫자를 생각하여 접착식 메모지에 이름과 함께 숫자를 작성하도록 했습니다. 모든 학생이 비봇의 최종 위치를 예측하고 나서 그 중에 한 명이 비봇을 프로그래밍했습니다. 이후 다함께 비봇의 움직임을 관찰하고, 누가 최종 위치를 올바르게 예측했는지 확인했습니다.

학생들은 처음 한두 번 정도는 어려워했지만, 점차 비봇의 최종 위치를 정확하게 예측하기 시작했습니다. 비봇의 현재 위치보다 최종 위치의 숫자가 1~2만큼 많거나 적은 경우까지도 모두 정확히 맞추었지요.

재미있는 시각적 표현(화살표 방향 명령어)을 사용했던 성공적인 비봇 수업이었답니다!

캐시디 선생님은 본인의 비봇 수업을 비롯하여 다른 교사들이 진행했던 비봇 수업내용을 개인 블로그(http://mscassidysclass.edublogs.org)에 게시하고 있습니다.

🛡️ 알파 로보틱스

테크보스턴^{TechBoston}은 지역 학교를 대상으로 교육과 기술을 통합하는 업무를 담당하고 있습니다. 초창기 비봇은 테크보스턴이 진행했던 '유·초·중등 교육에의 기술통합 보조금 이니셔티브'의 일환으로 보스턴 지역의 유치원, 공립 초등학교의 1~2학년 교실에 시범적으로 적용되었습니다.

초등학생들에게 로봇을 사용하여 공학의 원리와 개념을 가르치는 방법을 연구 및 개발하는 알파 로보틱스(http://alpha-robotics.com)도 이 이니셔티브에 참여했습니다. 이때 알파 로보틱스의 스템 교육과정 컨설턴트인 주디 로빈슨 프라이드^{Judy Robinson Fried}가 비봇을 열정적으로 소개했습니다. 로빈슨 씨는 자신이 진행한 교사 연수 워크숍과 비봇을 수업에 참여한 학생들과 교사들이 비봇 다루는 것을 무척 재미있어 하고, 비봇 프로그래밍 역시 빠르게 배우는 모습을 보았습니다.

알파 로보틱스는 보스턴 지역의 공립학교에서 사용할 수 있도록 맞춤형 수업자료(특수 매트, 프로그래밍 블록, 이미지 카드 등)를 개발하여 적극 소개했습니다. 이러한 수업자료들은 비봇을 수학, 국어를 비롯한 타 교과는 물론이고 다양한 분야의 활동들과 함께 통합할 수 있도록 도와줍니다.

보스턴 지역의 공립학교에 재학 중인 학생들은 다양한 인종과 문화적 배경을 갖고 있습니다. 관련 연구에 따르면 학생들의 언어 혹은 문화적 장벽을 허무는 데 비봇이 매우 효과적인 것으로 확인되었습니다.

로빈슨 씨도 베트남 언어를 사용하는 학생들이 다니는 유치원, 초등 1~2학년 대상 영어수업에 참여하여 학생들과 교사들 못지않게 열정적으로 비봇 활동에 참여했습니다.

"학생들은 비봇이 매트 위에서 움직이도록 다양한 경로를 프로그래밍했습니다. 그 어떤 매트 위에서도 비봇은 목적지를 찾아갔지요. 그 중 약 80%가 매우 정교하고 복잡한 프로그램이었습니다." **- 주디 로빈슨 프라이드 -**

※ 주디 로빈슨 씨가 참여했던 보스턴 지역 비봇 수업은
http://bit.ly/Alpha-Robotics_and_Boston_Public_Schools 에서 확인할 수 있습니다.

✏️ 교내 커뮤니티

텍사스 주의 헤일 센터 독립 교육지구에 위치한 아킨 초등학교Akin Elementary School in Hale Center, Texas는 방과 후 교육센터로부터 '교내 커뮤니티' 지원금을 받아 여름 학습 프로그램을 운영합니다. 수업에 관심 있는 초등학교 1학년부터 중학교 2학년 학생들은 사전 신청을 통해 이 여름 학습 프로그램에 참여합니다.

과학 프로그램에서는 비봇과 프로봇Pro-Bot을 활용한 프로그래밍 수업을 진행합니다. 과학 프로그램을 담당하는 레스터 카Lester Carr 선생님은 자신의 저서『비봇으로 문제해결하기Problem Solving with Bee-Bot』에서도 어린 학생들을 위한 로봇 공학을 소개했습니다. 레스터 카 선생님이 학생들에게 비봇을 소개할 때, 그리고 학생들이 비봇의 움직임을 직접 제어할 때 교실 분위기는 더욱 고무되었습니다.

과학 프로그램을 신청한 학생들 중에는 비봇을 다뤄본 학생이 아무도 없었습니다. 하지만 과학 프로그램에 참여한 초등 1~3학년 학생들 모두 비봇을 그리드 매트 위의 다양한 위치에 이동시키는 데 성공했습니다. 학생들은 기본 활동들을 성공적으로 끝내고, 두 명씩 짝지어 더 높은 수준의 도전을 이어나갔습니다. 4학년 학생들은 개별활동을 통해 더 높은 수준의 문제에 도전했습니다. 한 학생은 머리를 긁적이며 이렇게 얘기했습니다.

"나는 비봇에게 그쪽으로 이동하라고 한 적이 없는데..?", "왜 거기 가 있지?"

한참을 고민하다가 마침내 프로그래밍을 성공한 경우에는 친구들과 하이파이브를 하며 매우 기뻐했습니다.

대체로 학생들은『비봇으로 문제해결하기』책에 수록된 총 150여 가지의 문제들 중에서 30개 정도를 해결하고 나면, 자신만의 '특별한' 문제를 만들고 해결할 수 있게 됩니다.

초등학교 5학년부터 중학교 2학년 학생들은 자동차 모양인 프로봇과 도로 매트를 사용

하여 좀 더 어려운 문제들을 해결합니다. 프로봇이 매트 위에서 이동 경로를 탐색할 때 회전 각도를 계산하거나 원형으로 된 이동 경로를 직접 개발하기도 합니다.

이러한 활동은 학생들이 각도를 읽고 기하학 기술geometry skills을 개발하는 데 도움이 됩니다. 뿐만 아니라 프로봇이 목적지에 도착할 수 있는 여러 대안적인 경로를 탐구하고 결정하는 과정에서 의사결정과 관련된 기술도 높은 수준으로 발전시킬 수 있습니다.

가장 대표적인 프로봇 활동은 프로봇에 펜을 꽂아 그림이나 도형을 그리는 것입니다.

[그림 7.2] **프로봇으로 도형을 그리는 모습**

학생들은 프로봇의 '펜 올리기', '펜 내리기' 기능을 사용하여 기하학 패턴이나 다양한 그림을 그리는 절차를 개발합니다. 프로봇에 대한 정보는 https://www.terrapinlogo.com/probot.html 에서 더욱 자세히 확인할 수 있습니다.

NO FEAR
CODING

코드닷오알지로
코딩하기

코드닷오알지Code.org에는 컴퓨팅 사고를 마음껏 연습할 수 있는 다양한
학습 콘텐츠와 튜토리얼이 있습니다. 코드닷오알지의 풍부한 학습자료들을
사용하면 코딩을 범교과 차원으로 통합하기가 더욱 수월해집니다.

〈CHAPTER 8〉에서는 유치원교사와 초등학교 교사들이 사용할 수 있는
코드닷오알지의 교수학습자료들을 살펴봅니다.

• 코드닷오알지가 어떻게 세상을 변화시키고 있는가
• 교과 시간에 사용할 수 있는 코드닷오알지의 다양한 액티비티
• 코드닷오알지로 가르치기

CHAPTER 8

학생들에게 코드닷 오알지를 소개해야 하는 이유

코드닷오알지(Code.org)는 전 세계 모든 학생이 컴퓨터 과학을 배우고 더 많은 학생들이 컴퓨터 과학 관련 분야에 참여하도록 장려하는 비영리 단체입니다. 코드닷오알지는 모든 학교의 모든 학생에게 컴퓨터 과학을 배울 기회가 주어져야 한다고 말합니다. 그러나 코드닷오알지의 원대한 목표에도 불구하고, 실제 학교 현장에서는 기존 교육과정을 가르치기에도 일정이 매우 빠듯합니다.

하지만 코드닷오알지는 현재 상황에서 코딩을 통합하는 방법을 찾아내는 것이 아주 중요하다고 주장합니다. 컴퓨팅은 상업, 경제는 물론이고 현대 사회를 살아가는 우리의 일상생활과 모든 직업 분야에서 필수적인 부분이기 때문입니다.

컴퓨팅은 세상을 이해하는 방법을 근본적으로 변화시켜줍니다. 그러므로 유치원부터 고등학교까지 모든 학생이 반드시 학교에서 컴퓨터 과학 분야를 배우고 경험해야 합니다. 컴퓨터 과학은 학생들에게 컴퓨터 과학 혹은 기술technology에 대해서만 가르치는 것이 아닙니다. 컴퓨터 과학은 학생들에게 문제에 대해 다르게 생각하는 방법을 가르칩니다.

코드닷 오알지의 2017년 연구보고서에 따르면 컴퓨터 과학은 학생들이 미국에서 가장 소득이 높고 빠르게 성장하고 있는 직업을 준비하도록 돕습니다.

코드닷오알지에 따르면, 미국 내 전체 학교의 약 40%만이 컴퓨터 프로그래밍을 가르치고 있습니다. 더욱 충격적인 것은 학교에서 스템(STEM: 과학, 기술, 공학, 수학) 교육을 받은 졸업생의 약 8%만이 컴퓨터 과학 관련 직업을 가진 것으로 나타났습니다. 그러나 미국의 스템 분야에서 새로 생긴 직업 중 약 71%가 컴퓨팅 관련 분야입니다. 스템 교육이 유치원에서부터 시작된다는 점을 고려하면 지금까지의 컴퓨터 과학 교육 성과는 매우 저조한 편입니다[38].

ⓤ 다양성을 고려하는 컴퓨터 과학

고등학교에서 컴퓨터 과학을 배우는 여학생은 전체 여학생의 약 20%밖에 되지 않습니다. 이에 다양성의 문제Diversity Problem는 유·초·중등 교육과정에서 비롯된다 할 수 있습니다. 그래도 다행인 것은 고등학교 AP 과정에서 컴퓨터 과학을 선택한 여학생은 일반 여학생보다 대학에서 컴퓨터 과학 관련 전공을 공부할 확률이 열 배나 더 높다는 것입니다.

또 미국계 아프리칸과 히스패닉 학생 통계를 살펴보면, 유·초·중등 교육과정에서 컴퓨터 과학을 전공한 학생은 그렇지 않은 학생들에 비해 대학에서 컴퓨터 과학을 전공할 확률이 일곱 배나 더 높은 것으로 나타났습니다.

코드닷오알지는 매년 다양성에 관한 설문을 진행하고 수집된 데이터는 분석하여 홈페이

---

38) 코드닷오알지의 최근 통계자료는 https://code.org/promote에서 확인할 수 있습니다. 코드닷오알지의 2018년 통계자료에 따르면 STEM 분야에서 새로 생긴 직업의 58%가 컴퓨팅 관련 분야이고, 학교에서 스템교육을 받은 학생들 중 약 10%만이 컴퓨터 과학 분야로 진출한 것으로 나타났습니다. 또 전체 50개 주(State) 중에서 K-12 컴퓨터 과학 표준(K-12 Computer Science Standards)을 마련한 곳은 32개 주이고, 45개 주와 워싱턴 D.C.에서는 고등학교 졸업 요건으로 컴퓨터 과학 이수를 고려하고 있습니다.

지(https://code.org/promote)에 업데이트합니다. 다양성 설문은 교사의 지도하에 코드닷오알지를 꾸준히 사용하는 학생들을 대상으로 진행합니다(계정이 비활성화된 학생들은 설문에 참여할 수 없습니다).

수집된 데이터를 살펴보면 설문에 참여한 학생들 중 약 48%는 흑인, 히스패닉, 태평양 섬 주민, 아메리카 원주민 등으로 전통적으로 미국 사회에서 소외되었던 소수민족 학생들입니다. 또 코드닷오알지를 적극 사용하는 학생들 중 약 48%는 경제적으로 어려운 학생으로, 학교에서 무료 급식을 먹거나 급식비의 일부를 지원받는 학생들입니다.

그러나 이러한 분석 결과는 단지 수치에 불과합니다. 코드닷오알지는 설문조사를 진행할 때 학생들의 개인정보와 프라이버시를 보호하기 위해 민감한 정보는 선택적으로 입력하도록 합니다. 하지만 이러한 접근 역시 코드닷오알지가 소수민족 학생들에게 다가가고 있다는 것을 보여줍니다.

📋 변화를 만들어가는 코드닷오알지

얼리어댑터가 되고 싶은 분들, 혹은 아직 코드닷오알지 블로그의 팔로워가 아닌 분들은 코드닷오알지의 블로그 〈누구든 배울 수 있어요(Anybody Can Learn, https://blog.code.org)〉에 가입하세요.

지난 몇 년간 코드닷오알지의 연구팀은 아워 오브 코드Hour of Code[39] 행사가 컴퓨터 과학 분야에 대한 학생들의 태도attitude와 자기 효능감self-efficacy[40]에 영향을 주는지를 연구

---

39) 아워 오브 코드 : '코딩하는 시간'을 뜻하는 아워 오브 코드는 코드닷오알지가 컴퓨터 과학 교육 주간(매년 12월 둘째 주)에 진행하는 이벤트입니다. 전 세계 학생들이 한 시간 동안 컴퓨터 과학에 대해 배워보자는 교육 캠페인으로, 누구나 쉽고 재미있게 코딩을 배우고 컴퓨터 과학에 참여하도록 독려하는 것을 목표로 하고 있습니다. 2018년 기준으로 지금껏 전 세계 8억 명 이상이 아워 오브 코드에 참여했으며, 한국에서는 20만 명 이상이 참가했습니다.

40) 자기 효능감 : 심리학자인 알버트 반두라(Albert Bandura)에 의해 사회학습이론에서 처음 등장한 개념으로, '목표를 달성하기 위해 혹은 불확실한 상황에 대응하기 위해 행동을 잘 조직하고 이행할 수 있는 개인의 능력과 그에 대한 믿음'입니다.

해 왔습니다. 이 연구 결과는 아워 오브 코드 행사 그 자체의 효과성을 확인하는 데 도움이 될 뿐만 아니라 학생들이 더욱 흥미로운 컴퓨터 과학 교육과정을 배우고, 컴퓨터 과학 분야에 대한 오해를 바로잡을 수 있는 학습 경험들을 구성하고 제공하는 데 훌륭한 참고자료가 됩니다.

코드닷오알지 연구팀은 아워오브 코드에 참가한 학생들에게 사전 사후 설문을 진행하여 다음 질문들에 대해 4점 척도로 평가하도록 했습니다.

- 나는 컴퓨터 과학을 좋아한다.
- 나는 컴퓨터 과학이 재미있다고 생각한다.
- 나는 컴퓨터 과학을 배울 능력이 있다.
- 나는 학교에서 다른 친구들보다 컴퓨터 과학을 더 잘한다.

처음 두 개의 설문 문항은 컴퓨터 과학에 대한 '태도attitude' 관련 문항이고, 다음 두 개 문항은 컴퓨터 과학 분야에 대한 '자기효능감self-efficacy'을 묻는 문항입니다. 사전 설문에서는 다음과 같이 아워 오브 코드 행사에 대한 사전 경험 여부를 확인했습니다.

- 아워 오브 코드에 한 번도 참여한 적이 없음.
- 아워 오브 코드에 한 번 참여함.
- 아워 오브 코드에 두 번 이상 참여했음.

Try it! 아워 오브 코드에 도전하기
아워 오브 코드는 전 세계 180개국 이상에서 수천만 명의 학생들이 참여하는 글로벌 이벤트입니다. 코딩이나 컴퓨터 과학 관련 사전 경험이 없는 사람들도 아워 오브 코드 이벤트를 만들 수 있습니다. 튜터리얼 및 상세 정보는 아워 오브 코드의 공식 홈페이지(https://hourofcode.com/kr)에서 에서 확인하세요.

연구 결과, 학생들의 컴퓨터 과학에 대한 태도 및 자기효능감이 아워 오브 코드에 참여하기 전에 비해 통계적으로 유의미한 차이를 보인 것으로 나타났습니다.

이 연구에 참여한 학생들 대부분은 40분 내외의 튜토리얼 학습을 완료한 것이 전부이지만, 컴퓨터 과학에 잠깐이라도 노출되는 것은 학생들(특히 소수민속 학생들이나 여학생들)이 컴퓨터 과학을 배우고 관련 분야에 진출하는 데 있어서 중요한 첫 걸음이 될 수 있음을 시사합니다.

기존 교육과정에서 코드닷오알지를 사용하는 방법

코드닷오알지(https://code.org)는 누구나 무료로 쉽게 사용할 수 있습니다. 학생들뿐 아니라 교사들을 위한 양질의 교수학습 자료들을 제공하고 있기 때문입니다[41].

코딩을 처음 배우는 학생들에게 가장 좋은 입문과정은 초등학생을 위한 기초 컴퓨터 과학 교육과정(『Computer Science Fundamentals for Courses 1-4』)입니다. https://code.org/curriculum/docs/k-5/complete.pdf 에서 기초 컴퓨터 과학 교육과정 가이드를 확인할 수 있습니다[42].

---

41) 2019년 5월 기준으로 코드닷오알지의 전체 교육과정은 전 세계 학생들의 CS 참여를 독려하기 위한 'HOUR OF CODE', CS 입문과정인 'CS FUNDAMENTALS 2018', 창의력-의사소통-문제해결력을 위한 'CS DISCOVERIES 2018', 컴퓨터 과학의 기본 개념과 원칙을 다루는 'CS PRINCIPLES 2018', 프로그래밍을 통해 대수와 기하학 개념을 배울 수 있는 'CS IN ALGEBRA' 등 다섯 가지로 구성되었습니다. 코드닷오알지의 전체 교육과정은 https://curriculum.code.org 에서 확인할 수 있습니다.

기초 컴퓨터 과학 교육과정은 총 네 개의 코스로 구성되며, 각 코스마다 18 ~ 22개의 수업들로 구성됩니다[43]. 수업 내용은 쉬운 것에서부터 시작하여 점차 난이도가 높아져서 최종적으로는 복잡하고 심화된 내용을 다룹니다.

학생들은 전에 학습한 개념이나 기술skills들을 반복해서 배울 때에 더욱 깊이 이해하고 습득할 수 있습니다. 코드닷오알지의 기초 교육과정 역시 각 코스마다 주요 컴퓨터 과학 개념과 기술들을 반복하여 다루고 있습니다.

〈CHAPER 9〉에서는 유치원부터 초등학교 5학년 학생들을 위한 기초 컴퓨터 과학 교육과정을 코스별로 소개하고, 교사가 교실 수업으로 구성하는 데 필요한 정보들을 소개합니다.

아직 글을 읽지 못하는 어린 학생들은 〈코스 1〉부터 시작하세요. 초등학교 2학년 학생 또는 글을 읽을 수 있는 학생들은 〈코스 2〉부터 시작하는 것을 권장합니다. 〈코스 2〉는 〈코스 1〉에서 소개된 개념들을 기반으로 진행됩니다. 〈코스 3〉은 사전에 〈코스 2〉를 학습한 학생들을 위한 것으로, 반복문과 조건문을 더욱 깊이 다루고 함수 개념을 새로 소개합니다. 〈코스 4〉는 〈코스 2〉와 〈코스 3〉 학습을 모두 완료한 이후에 시작하는 것이 좋습니다. 학생들은 점점 더 복잡한 문제를 경험하고, 퍼즐이나 과제를 완성하기 위해 다양한 지식과 기술skills들을 통합적으로 사용합니다.

블렌디드 학습환경blended learning environment에서는 온라인 활동뿐 아니라 컴퓨터 없이 학습할 수 있는 '언플러그드unplugged' 활동을 병행할 수 있습니다. 언플러그드 활동은 컴퓨터

---

42) 코드닷오알지는 『Computer Science Fundamentals for Courses 1 – 4』 내용을 새로 재구성하여 『2017 Course A-F Curriculum Book (v2)』, 『2018-2019 Course A-F Curriculum Book』, 『2019-20 CS Fundamentals Curriculum』을 개발했습니다.
지금까지 개발된 코드닷오알지의 기초 컴퓨터 과학 교육과정들은 https://code.org/curriculum/unplugged 에서 확인할 수 있습니다.

43) 코드닷오알지의 가장 최근 교육과정인 『2019-20 CS Fundamentals Curriculum』에서는 코스A부터 코스 F까지 총 여섯 개의 코스로 이어지며, 각 코스의 수업은 다음과 같이 구성되었습니다.
A코스 : 유치원 - 12개, B코스 : 1학년 - 12개, C코스 : 2학년 - 18개, D코스 : 3학년 - 18개, E코스 : 4학년 - 18개, F코스 : 5학년 - 20개
교육과정 전체 내용은 http://bit.ly/2019-20-CS-Fundamentals-Curriculum 에서 확인할 수 있습니다.

를 사용하지 않고도 학생들이 직접 신체를 움직여 실제 사물들을 조작해 보고, 그 과정에서 계산적 개념computational concepts을 학습하는 방법입니다.

코드닷오알지의 기초 컴퓨터 과학 교육과정은 코딩을 처음 가르치는 교사들을 비롯하여 코딩 수업을 준비하는 모든 교사에게 좋은 자료가 될 수 있습니다. 이 교육과정에는 셀프 가이드 및 셀프 튜토리얼이 포함되어 있기 때문에 교사들이 필요에 따라 유연하게 변형하여 수업에 사용할 수 있습니다.

예를 들어, 하루에 수업시간을 연속적으로 많이 확보할 수 있는 경우에는 코스 안에 있는 단원들을 한꺼번에 모두 가르칠 수도 있고, 그렇지 않은 경우에는 한 주에 2~3번씩 나누어 가르치거나, 일주일에 한 번씩 총 18주에 걸쳐 가르쳐도 좋습니다. 각 단원의 수업은 25~50분 내외로 진행되며, 여러 개의 단원들이 모여 하나의 코스를 이룹니다.

코드닷오알지의 교육과정 가이드에는 각 단원마다 수업 개요Overview, 수업 목표Lesson Objectives, 수업활동Activity, 정리하기Wrap Up, 평가Assessment 순으로 작성되었습니다.

수업 목표에 기술된 '학생들이 해야 할 것들Students will'은 수업의 구체적인 목표를 확인하고 학생들을 평가하는 데 참고할 수 있습니다. 이 밖에도 수업에서 사용하는 교재와 학습자료가 안내되어 있으며, 해당 수업을 위해 교사와 학생이 준비해야 할 내용도 자세히 담겨 있습니다.

코드닷오알지의 수업은 공통핵심기준을 반영하고 있기 때문에 교사들이 현재 가르치고 있는 교과 내용과도 쉽게 통합할 수 있습니다. 유치원부터 초등학교 5학년 학생들을 위한 교육과정은 CSTA 표준 및 ISTE 표준에도 부합됩니다.

🛡 <코스 1> 개요

첫 번째 코스는 이제 막 글을 읽을 수 있는 어린 학생들을 위한 것으로, 권장 연령은 4~6세입니다. 어린 학생들은 컴퓨터 마우스 사용법을 배워서 정보를 입력하거나 트랙패드trackpad를 손으로 터치하여 정보를 입력합니다.

〈코스 1〉의 주요 활동은 순서를 탐색하여 올바른 순서로 배치하기, 틀린 순서를 식별하기(디버깅)입니다. 수업 활동은 간단한 퍼즐을 완성하는 것에서부터 시작하여 점차 복잡하고 어려워집니다. 최종적으로는 여러 단계를 거쳐야 완성할 수 있는 퍼즐을 해결합니다. 〈코스 1〉은 총 18개의 단원으로 구성되었습니다.

✏️ <코스 1> 탐구하기

여기서는 교사가 〈코스 1〉의 수업 내용을 기존 교과 시간에 적용할 수 있는 다양한 방법들을 살펴보겠습니다.

〈단원 1〉과 〈단원 2〉는 컴퓨터를 사용하지 않고 진행하는 '언플러그드unplugged' 활동입니다. 학생들은 화살표를 사용하여 '플러브Flurb'라는 캐릭터를 원하는 위치까지 이동시켜야 합니다 [그림 9.1].

[그림 9.1] 코스 1의 〈단원 1. 행복한 지도〉 언플러그드 수업 활동 예시
https://studio.code.org/s/course1/stage/1/puzzle/2

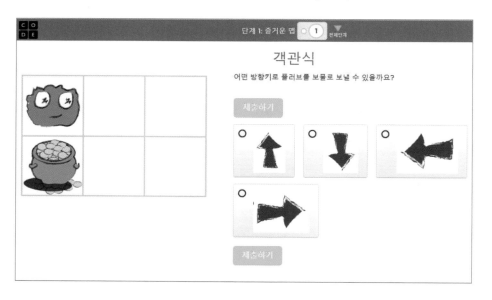

〈단원 1. 행복한 지도〉는 이 책의 〈Part 2〉에서 소개한 '비봇' 활동과 비슷합니다. 화살표 명령어 버튼을 눌러서 비봇 프로그래밍을 한 것과 마찬가지로, 여기서도 화살표 그림을 사용하여 캐릭터를 움직이는 방법을 이해해야 하기 때문입니다.

비봇과 코드닷오알지의 〈단원 1. 행복한 지도〉는 영어 공통핵심기준 중에서 '말하기 듣기' 영역에 중점을 둡니다. 학생들은 본 수업을 통해 협력적 대화에 참여하고, 서로 이해 정도를 확인하고(때로는 자세한 내용을 확인), 화살표처럼 상징적 지침들을 사용하여 사물의 움직임을 구현합니다. 이러한 활동은 수학 공통핵심기준과도 부합됩니다.

> **Math.Content.G.A.1** : 도형을 규정하는 성질(예: 삼각형은 세 변이 있다)과 규정하지 않는 성질(예: 도형의 색상, 방향, 크기) 구별하기. 규정하는 성질을 모두 가진 도형 그리기
>
> **Math.Content.K.CC.B.4** : 숫자와 수량의 관계 이해하기. 기수基數, cardinality를 고려하여 숫자 세기

학생들은 '위로above', '아래로below', '옆으로beside', '~의 앞으로in front of', '~의 옆으로 next to'와 같은 단어를 사용하여 주어진 환경에서 사물의 위치와 움직임을 설명합니다. 필요 시 숫자의 크기와 수량의 관계를 이해하고 적용하기도 합니다.

<사회> 사방 화살표

〈단원 4. 미로찾기: 시퀀싱〉을 소개하는 영상(https://studio.code.org/s/course1/stage/4/puzzle/1)에서는 어린아이들이 화살표 방향 명령어를 사용하여 코딩하는 모습을 보여줍니다. 수업을 시작하기 전에 학생들과 함께 이 영상을 시청하는 것을 권장합니다.

〈단원 4〉에서는 대부분의 사회 교과에서 다루는 '동쪽', '서쪽', '남쪽', '북쪽'과 같은 사방四方에 대해 배웁니다. 여기서는 아이들이 좋아하는 '앵그리 버드' 게임 속 캐릭터가 등장합니다. 학생들은 이 앵그리 버드가 미로를 지나며 주어진 미션을 수행하도록 프로그래밍합니다. 명령어 블록마다 캐릭터를 다르게 움직입니다. 따라서 학생들은 캐릭터를 원하는 방향으로 움직이기 위해 여러 개의 명령어 블록들을 순서에 맞게 조합해야 합니다.

[그림 9.2] 코스 1의 〈단원 4. 미로찾기: 시퀀싱〉 활동 예시
https://studio.code.org/s/course1/stage/4/puzzle/1

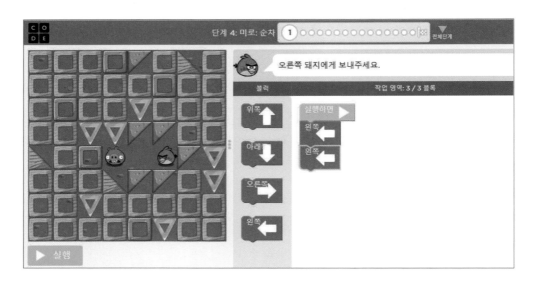

<과학> 실생활 알고리즘

〈단원 6. 실생활 알고리즘: 씨앗 심기〉에는 씨앗을 심는 행위를 통해 알고리즘이 무엇인지 이해할 수 있도록 돕는 언플러그드 수업이 포함되어 있습니다. 이 단원은 다음과 같이 차세대 과학 표준에 중점을 둡니다.

NGSS.K-LS1-1 : 관찰을 통해 식물과 동물(사람 포함)이 살아가기 위해 필요한 것들과 그들의 규칙성 서술하기

먼저, 학생들은 '알고리즘'이 '작업을 완료하기 위해 따라야 할 일련의 단계목록'임을 다시 한 번 배웁니다. 예를 들어, 학생들은 아침에 등교하기 전에 무엇을 했는지 단계적으로 설명합니다. 교사는 학생들이 말하는 내용을 칠판에 적어 더욱 활발하게 이야기를 나눌 수 있도록 하고, 더욱 논리적이고 순차적으로 표현할 수 있도록 돕습니다.

다음으로, 학생들은 씨앗을 심으며 '실생활 알고리즘'에 대해 설명하는 비디오(https://studio.code.org/s/course1/stage/6/puzzle/1)를 시청합니다.

코드닷오알지는 수업에서 사용할 수 있는 다양한 활동지들을 제공합니다. 이 단원에서는 학생들이 씨앗 심는 단계가 그려진 사각형을 직접 가위로 오려낸 다음 순서대로 정리합니다.

어떤 학생들은 중간중간 교사에게 자신이 올바르게 그림을 맞추고 있는지 물어봅니다. 이때 교사가 바로 맞았다/틀렸다를 알려주면 학생들이 비판적으로 생각할 수 있는 기회를 뺏기고 맙니다. 따라서 교사는 학생들이 직접 어느 부분이 틀렸는지 확인하고 다시 시도하여 순서를 올바르게 완성하도록 돕습니다. 아울러 이러한 과정에서 학생들이 자신만의 학습 경로를 새로 만들 수 있도록 독려해야 합니다.

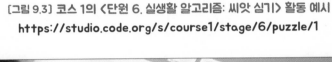

[그림 9.3] 코스 1의 〈단원 6. 실생활 알고리즘: 씨앗 심기〉 활동 예시
https://studio.code.org/s/course1/stage/6/puzzle/1

<과학> 시퀀스, 꿀벌과 벌꿀

〈단원 7. 꿀벌: 시퀀스〉에서는 꿀벌이 꽃으로 날아가 꿀을 얻고, 다시 벌집으로 이동하여 벌꿀을 만드는 과정을 통해 시퀀싱sequencing[44] 개념을 소개합니다. 이 수업을 듣는 유치

---

44) 시퀀싱 : 해결해야 할 문제를 작은 단위로 나누고 일련의 순서대로 정리하는 것을 의미합니다.

원부터 초등학교 2학년 학생들은 문제를 해결하기 위해 코드를 알맞게 조합해야 합니다. 끊임없이 시도하고 수많은 시행착오를 겪으며 성공적으로 학습을 완료한 학생들은 인지적 성취를 이룹니다.

〈단원 7〉에서 통합할 수 있는 차세대 과학표준은 다음과 같습니다.

NGSS.K-PS3-2 : 주어진 도구와 재료를 사용하여 문제를 해결하는 장치 혹은 문제해결 솔루션을 설계 및 제작하기.

NGSS.K-ESS3-1 : 다양한 식물과 동물(사람 포함)의 요구조건과 서식환경 사이의 관계를 모델로 표현하기.

학생들이 꿀벌에 대한 이해와 관련 지식들을 코딩 활동에 적용하고 응용할 때 코드닷오알지의 강의는 더욱 의미 있는 학습이 됩니다. 예들 들어 학생들은 알고리즘을 만드는 과정에서 꽃과 꿀의 관계를 고려해야 합니다. 꿀벌이 꽃에 도착해서 꿀을 모으고 벌집으로 옮기는 과정을 알고리즘으로 만들기 위해서는 학생들이 꽃과 꿀을 별개로 생각해야 하기 때문입니다.

[그림 9.4] 코스 1의 〈단원 7. 꿀벌: 시퀀스〉 활동 예시
https://studio.code.org/s/course1/stage/7/puzzle/1

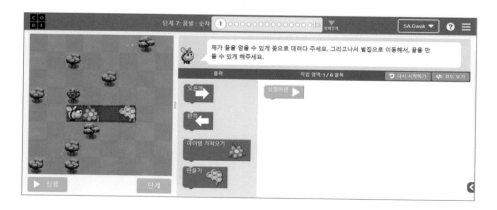

<수학> 오류 분석, 디버깅, 인내력

블룸의 교육목표 분류학Bloom's taxonomy과 웹 지식의 깊이Webb's Depth of Knowledge, DOK, 관찰된 학습성과 구조The Structure of the Observed Learning Outcome, SOLO[45] 는 '오류 분석Error Analysis'이 학생들이 높은 수준으로 사고할 수 있는 훌륭한 기회임을 강조합니다.

코드닷오알지의 장점 중 하나는 학생들이 수업 전반에 걸쳐서 디버깅debugging을 연습할 수 있도록 교육과정을 구성한 것입니다. 학생들은 디버깅을 통해 수학 공통핵심기준의 '수학적 실천 3 : 자신의 주장을 논리 있게 구성하고, 다른 사람들의 추론 비판하기'를 연습할 수 있습니다.

〈단원 5. 미로: 디버깅〉의 활동에서는 다른 사람들의 추론을 비판하는 데 도움이 되는 디버깅 기술들을 배웁니다. 〈단원 5〉는 어린 체조선수가 체조 관점에서 디버깅을 설명하는 영상(https://studio.code.org/s/course1/stage/5/puzzle/1)을 시청하는 것으로 시작합니다. 이 체조 선수는 평균대 위에서 거꾸로 재주넘기를 성공적으로 해내기 위해 정확한 손의 위치를 찾았던 경험을 디버깅으로 설명합니다.

학생들은 주어진 프로그램의 코드를 분석하여 앵그리 버드가 돼지에게 도착할 수 있도록 코드를 수정해야 합니다.

---

45) 관찰된 학습성과 구조 : 빅스와 콜리스(Biggs & Collis)가 1982년에 처음으로 제안한 분류 체계로, 피아제(Piaget)의 인지발달 이론과 유사한 발달적 구조에 기반을 두고 있습니다. 지식을 획득하고 활용하는 단계를 총 다섯 단계로 구분했습니다.
- 전구조 단계 : 단서와 반응을 혼동하며 과제에 적절한 방식으로 접근하지 않음
- 단일구조 단계 : 단일측면에서 '일반화'하며 단일 속성에 근거하여 결론을 도출함
- 중다구조 단계 : 한정적이고 독립적인 일부 측면에서만 일반화할 수 있음. 즉, 속성들을 순서대로 이해할 수는 있으나 상호 관계를 파악하지 못함
- 관계적 단계 : 전체가 주어진 체제 혹은 경험된 체제 내에서 귀납, 관련된 속성들을 이용하여 맥락 내에서 일반화함
- 확장된 추상화 단계 : 연역, 귀납, 일관된 전체를 고차원적인 추상화 수준으로 일반화함. 경험하지 않은 장면으로도 일반화할 수 있음

〈단원 9: 구조물 만들기〉는 수학 공통핵심기준의 ' 수학적 실천 1 : 문제를 이해하고, 인내심을 갖고 문제해결하기'에 중점을 둔 언플러그드 활동입니다. 〈단원 9〉는 학생들이 컴퓨터를 사용하지 않고도 좌절을 극복하고 끈기 있게 문제를 해결하는 방법을 배우기 위한 것으로 유치원부터 초등학교 5학년 학생들이 꼭 들어야 할 수업입니다.

[그림 9.6] 코스 1의 〈단원 9. 구조물 만들기〉 활동 예시
https://studio.code.org/s/course1/stage/9/puzzle/1

이 수업을 위해서는 먼저 젤리 과자(또는 마쉬멜로우)와 이쑤시개, 아이스크림 막대기(또는 스파게티 면), 그리고 종이와 테이프를 준비해야 합니다. 유치원부터 초등학교 5학년에 이르기까지 매년 다양한 소재와 주제를 다루고, 때로는 기술technology을 사용하여 끈기 있게 문제해결하는 연습을 반복하는 것이 필요합니다.

〈단원 9〉는 차세대 과학 표준의 공학적 실천Engineering Practice과도 부합됩니다. 따라서 매년 이러한 활동을 반복적으로 경험하는 학생들은 문제해결을 위한 솔루션 설계 방식을 더욱 개선시키고, 인내심 역시 높은 수준으로 향상시킬 수 있습니다.

학생들이 주어진 과제를 수행하고, 지식과 기술skills들을 습득하는 과정에서 자신의 사고방식이 어떻게 변화되었는지를 설명하고 논의하는 시간을 주는 것도 꼭 기억하시기 바랍니다.

<리터러시> 코딩 블록으로 스토리 만들기

〈단원 16. 플레이 랩: 이야기 만들기〉에서는 코딩 블록을 조합하여 짧은 스토리를 완성합니다 [표 9.1].

[표 9.1] 〈단원 16. 플레이 랩 : 이야기 만들기〉에서 사용하는 명령어 블록

구분	블록 예시	블록 설명
말하기	말하기 동작 💬 " 하고 싶은 말 "	캐릭터가 따옴표 안의 '하고 싶은 말'을 말풍선으로 표시합니다.
	말하기 동작 🐶 ▼ 💬 " 하고 싶은 말 "	원하는 캐릭터를 선택하고 '말하기' 블록을 사용하면 대화형 스토리를 만들 수 있습니다.
감정 선택하기	set 감정 😐 ▼	캐릭터의 표정을 행복한 얼굴, 보통 얼굴, 화난 얼굴, 슬픈 얼굴로 표현합니다.
캐릭터 이동시키기	움직이기 → 오른쪽	현재 캐릭터를 오른쪽 방향으로 이동시킵니다.
	움직이기 → 오른쪽 🐶 ▼	원하는 캐릭터를 선택하여 오른쪽 방향으로 이동시킵니다.

캐릭터 보이기	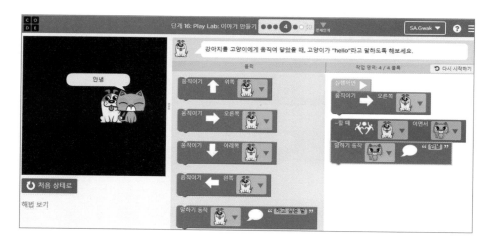	원하는 캐릭터를 화면 위에 보이게 합니다.
배경 설정하기		배경을 원하는 이미지로 설정합니다.
이동속도 설정하기		선택한 캐릭터가 얼마나 빨리 움직이게 할 것인지 설정합니다.
소리효과 내기		원하는 소리 효과를 실행합니다.
캐릭터 삭제하기		선택한 캐릭터를 화면 위에서 사라지게 합니다.

학생들은 화면 상단에 있는 "강아지를 움직여 고양이 옆으로 다가가면, 고양이가 '안녕!' 하고 인사하도록 해보세요."와 같은 지시문을 읽고 프로그래밍합니다.

[그림 9.7] 코스 1의 〈단원 16. 플레이 랩 : 이야기 만들기〉 활동 예시
https://studio.code.org/s/course1/stage/16/puzzle/4

〈단원 16〉은 학생 스스로 자신만의 스토리를 구성하는 것에 중점을 두고 있습니다. 따라서 영어 공통핵심기준의 리터러시 영역 표준들을 평가에 활용할 수 있습니다[46].

---

46) 〈부록 C〉 참고

디지털 시민성과 안전성 Digital Citizenship and Safety

〈단원 17. 온라인에서 활동하기〉는 인터넷을 안전하게 사용하는 방법을 배우는 언플러그드 수업입니다. '나의 온라인 이웃' 수업 영상(https://studio.code.org/s/course1/stage/17/puzzle/1)은 인터넷을 사용할 때 지켜야 할 세 가지 규칙들을 소개합니다.

- 인터넷을 사용할 때에는 부모님께 말씀드린다.
- 온라인에서는 내가 아는 사람들과 이야기를 나눈다.
- 온라인에서는 내가 좋아하는 활동에 충실한다.

학생들은 온라인 사이트에서 안전하게 사용할 사용자 이름을 만들어봅니다.

본 수업은 2016 ISTE 학생표준 '2번 디지털 시민 : 연결된 디지털 세상에서 요구되는 권리와 책임, 삶의 기회, 학습 기회, 직업의 기회를 이해하기. 디지털 세상에서는 안전하고 합법적이며 윤리적으로 행동하기'에 부합됩니다.

🛡 〈코스 2〉 개요

코드닷오알지의 〈코스 2〉는 아직 코딩을 해보지는 않았지만 글을 읽을 수 있는 학생들에게 권장합니다. 학생들은 앞, 뒤, 위, 아래 등 네 가지 방향 외에도 다양한 방향으로 사물이나 객체를 제어하는 방법을 배웁니다.

〈코스 2〉의 권장 학년은 초등학교 2학년부터 5학년까지이며, 다양한 교과활동에 통합할 수 있는 열아홉 개의 수업들로 구성되었습니다.

✏ <코스 2> 살펴보기

〈단원 1. 모눈종이 프로그래밍〉은 차세대 과학표준의 공학적 설계Engineering Design에 중점을 둡니다.

학생들은 자동 인식 기계(Automatically Realization Machine, ARM)가 작동하는 것처럼 가상의 ARM 기계가 되어 친구가 써준 명령어를 보고 모눈종이 위에 그림을 완성합니다.

[그림 9.8] 코스 2의 〈단원 1. 모눈종이 프로그래밍〉 활동 예시
https://studio.code.org/s/course2/stage/1/puzzle/1

<과학><수학> 루프Loops

〈단원 5. 반복하기〉부터 〈단원 8. 꿀벌: 루프〉까지는 반복되는 춤추는 동작을 통해 프로그래밍의 루프 개념을 소개합니다.

이 단원들은 수학 공통핵심기준의 '수학적 실천 8 : 반복되는 추론에서 규칙을 찾고 표현하기'에 초점을 두고 있습니다. 수학을 잘하는 학생들은 문제를 푸는 과정에서 반복되는 계산을 찾아 더욱 빠르고 쉽게 해결하는 방법을 생각해낼 수 있습니다.

'루프'는 컴퓨터 프로그래밍에서 무언가를 계속하여 반복적으로 수행하는 것을 의미합니다.

〈단원 5〉는 학생들이 자리에서 일어나 춤을 추는 언플러그드 활동으로 시작됩니다. 학생들은 춤 동작 단계가 그려진 활동지를 받아 전체 세 번 반복해야 하는 동작들을 확인합니다 [그림 9.9].

[그림 9.9] 코스 2의 〈단원 5. 반복하기〉 활동 예시
https://code.org/curriculum/course2/5/Teacher#Activity1

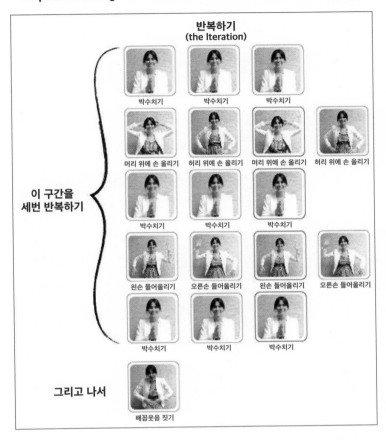

교사는 학생들이 루프를 발견할 수 있도록 춤동작을 하나하나 천천히 알려줍니다.

〈수학〉〈리터러시〉조건Conditionals

〈단원 12. 조건부 카드〉에서는 언플러드그 활동을 통해 다양한 조건문을 탐색합니다.

영어 공통핵심기준의 리터러시 영역, 그리고 수학 공통핵심기준 모두 조건문Conditional statements을 다루고 있으며, 특히 수학교과의 기하학 영역에서 중요하게 다루고 있습니다.

CCSS.Math.Content.3.G.A.1 : 다양한 유형의 사각형들(예: 마름모, 직사각형 등)이 갖는 속성들

(예: 네 개의 변이 있음)을 확인하고 그중에서 공통된 속성은 더 큰 유형으로 분류될 수 있다는 것을 이해한다.

마름모, 직사각형, 정사각형 등 여러 가지 사각형들을 탐구하고, 이러한 유형에 속하지 않는 사변형을 그린다.

조건문은 다음과 같이 '만약 ~라면, ~이다(If…, then…)'와 같이 작성합니다.

> 만약 네 개의 변을 가지고 있는 도형이라면, 평행사변형이다.(거짓)
> 만약 두 쌍의 변이 평행인 도형이라면, 평행사변형이다.(참)

'만약 ~라면, ~이다(If…, then…)' 형식의 조건문을 작성하는 참고할 만한 훌륭한 자료들은 CK12.org(https://www.ck12.org/geometry/If-Then-Statements/)[47]에서 확인할 수 있습니다.

어린아이들은 다양한 조건들을 고려하며 걷고 말하고 달리는 방법을 터득합니다. 예를 들어 이제 막 말을 배우는 아이가 '위로(up)' 하고 말하면, 아이 곁에 있던 부모가 다가와 아이를 번쩍 일으켜 세웁니다.

[그림 9.10] 코스 2의 〈단원 12. 조건부 카드〉 활동 예시
조건문을 작성한 카드를 활용하여 게임을 만들고 진행하는 모습
https://studio.code.org/s/course2/stage/12/puzzle/1

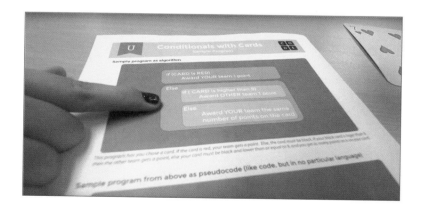

〈단원 13. 꿀벌: 조건〉에서는 루프구문과 조건문을 사용하여 꿀벌이 꽃으로 날아가 꿀을 모으도록 프로그래밍합니다. 특히 꽃에 있는 꿀의 양이 모두 없어질 때까지 꿀을 모두 얻기 위해서는 '특정 횟수만큼 반복하기(repeat …times)' 형식의 반복구문을 사용해야 합니다. 예를 들어 꿀이 '4'만큼 있다면, '꽃꿀 얻기' 동작을 4회 반복합니다.

[그림 9.11] 코스 2의 〈단원 13. 꿀벌: 조건〉 활동 예시
https://studio.code.org/s/course2/stage/8/puzzle/3

초등학교 2~4학년 학생들은 뜻대로 프로그래밍이 되지 않아 힘들어할 수도 있습니다. 그럴 때에는 좌절감을 느끼더라도 끝까지 인내하며 도전하도록 격려해 줍니다. 코딩을 잘하는 학생이나 수학적 사고가 뛰어난 학생들은 다른 학생들을 도울 수 있도록 합니다.

---

47) CK-12 재단(CK-12 Foundation, https://www.ck12.org) : 미국의 K-12 학생들을 위한 스템교육 (STEM : 과학, 기술, 공학, 수학) 을 지원하기 위해 2007년 설립된 비영리 조직입니다. 낮은 비용으로 양질의 교육을 접할 수 있도록 하기 위해 교육과정 표준에 부합하는 다양한 교육자료들을 무료로 제공하고 있으며, 학생들의 개인차를 반영한 학습을 지원하기 위해 꾸준히 노력하고 있습니다.

<리터러시> 인터랙티브 게임과 디지털 스토리 만들기

〈단원 17. 스토리 만들기〉는 초등학교 2~5학년 학생들이 '나만의 인터랙티브 게임 만들기'를 연습하는 데 아주 좋은 학습이 됩니다. 연습문제 1~10번까지는 캐릭터가 말하고 움직이고, 다른 캐릭터 옆으로 다가가면 말을 하고, 소리 효과를 재생하는 등 명령어 블록의 기본적인 기능과 특징들을 학습합니다. 이후 학생들은 자신만의 스토리를 만들어봅니다.

많은 학생이 재미있어 하는 〈단원 17〉은 영어 공통핵심기준의 쓰기 영역에서 다루는 '상호작용interactive'과도 관련이 있습니다.

ELA-Literacy.W.2.3 : 정교한 사건이나 짧은 일련의 사건에 대해 이야기하기

등장인물의 행동이나 생각, 감정을 상세히 묘사하기

시간적 의미를 갖는 단어를 사용하여 사건의 순서를 알리기

사건의 분위기를 전달하는 서사 글쓰기

ELA-Literacy.W.3.3, W.4.3, and W.5.3 : 실제로 경험한 일이나 상상하여 글쓰기를 할 때, 또는 사건에 대해 서술할 때에 효과적인 기법을 사용하거나 대상을 상세히 묘사하고, 사건의 순서를 분명히 작성하기

〈단원 17〉에서 강조하고 싶은 부분은 학생들이 만든 스토리를 부모님이나 다른 사람들에게 쉽고 빠르게 공유할 수 있다는 점입니다. 완성된 스토리를 공유하려면 프로젝트를 저장한 후에 상대방의 휴대폰 번호만 입력하면 됩니다. 그러면 Twilio 앱을 통해 상대방 휴대폰으로 문자 메시지가 발송됩니다. 학부모들은 문자 메시지에 적힌 링크를 클릭하여 학생들이 공유한 스토리를 확인합니다.

[그림 9.12] 코스 2의 〈단원 17. 스토리 만들기〉 활동 예시
휴대폰 문자로 전송되는 스토리 화면
https://studio.code.org/c/387769868

〈코스 3〉 개요

　〈코스 3〉은 〈코스 2〉를 성공적으로 학습한 학생들에게 권장합니다. 학생들은 이전 코스에서 복잡한 문제를 해결하기 위해 다양하고 유연한 솔루션들을 만들었습니다. 〈코스 3〉에서는 앞서 배운 프로그래밍 주제들을 더욱 깊이 탐구합니다. 〈코스 3〉의 권장학년은 초등학교 4~5학년 학생들이며 총 22개의 단원으로 구성되었습니다. 학생들은 인터랙티브 게임이나 스토리를 만들고 공유합니다.

〈코스 3〉 살펴보기

　〈코스 3〉은 컴퓨팅 사고를 소개하는 언플러그드 활동으로 시작되며, 수학 공통핵심기준의 '**수학적 실천 7. 구조를 찾고 이용하기**'에 중점을 둡니다. 또 컴퓨팅 사고의 네 가지 주요 개념(분해, 패턴, 추상화, 알고리즘)을 중점적으로 다룹니다.

먼저 문제를 다루기 쉬운 작은 단위로 나누어(분해: Decomposition) 문제해결 과정을 단순하게 만듭니다. 이후 규칙성을 찾고(패턴: Patterns), 서로 다른 속성들도 두루 확인합니다.

무엇이 다른지를 확인하고 이들을 제거하고 나면, 비로소 단계적 절차를 만드는 단계(알고리즘: Algorithms)에 돌입하여 공통된 패턴을 따르는 새로운 문제들을 만들기 시작합니다.

※ 참고사항 : 〈코스 3〉의 〈단원 2〉에서는 좀비 캐릭터가 등장하므로 어린 학생들이나 몇몇 학생들은 무서워할 수 있습니다.

〈수학〉 모양과 둘레

〈단원 3. 화가〉는 로고 터틀Logo turtle[48]을 좋아하는 사람들을 위해 거북이로 다양한 도형을 그리는 활동에 초점을 두고 있습니다.

이 단원은 초등학교 4학년 수학 공통핵심기준 'Math.Content.4.MD.A.3 : 직사각형의 너비와 둘레를 구하는 공식을 실생활 문제나 수학적 문제를 해결하는 데 적용하기'에 부합됩니다.

비록 〈단원 3〉은 도형의 둘레를 중점적으로 다루지만, 코드를 이용하여 다양한 도형을 그리는 과정에서 아래의 표준들도 같이 고려할 수 있습니다.

Math.Content.4.MD.C.5 : 두 개의 선이 만나서 꼭지점을 공유할 때 생기는 기하학적 모양이 각도라는 것을 이해하고 각도 재는 방법 익히기

Math.Content. 4.MD.C.7 : 덧셈으로 각도 재는 방법 익히기

Math.Content.4.G.A.1 : 꼭짓점, 직선, 선분, 각도(직각, 예각, 둔각), 수직선, 평행선 그리기

---

48) 로고 터틀 : 로고 프로그래밍 언어 중 하나로, 거북이 객체를 움직여 다양한 도형을 그릴 수 있습니다. 로고 터틀은 도형을 그리는 과정에서 수학적 지식을 요구하기도 하지만, 아이들이 각도를 계산하는 데 집중하기보다는 아름다운 도형 창작하는 것을 더 중요하게 생각합니다. 즉, 로고 프로젝트를 수행하는 과정에서 수학의 원리와 개념을 유용하고 창의적으로 표현하는 관점이 향상될 수 있습니다.

Math.Content.4.G.A.3 : 평면도형에 대칭선을 그리고 그 선을 따라 접으면 양쪽이 일치하는 것 이해하기

학생들은 〈단원 3〉에서 수준의 수학적 개념들을 적용하여 복잡한 기하학 그림들을 그립니다. 이러한 활동들은 수학을 잘하는 학생들에게 훌륭한 학습이 될 수 있습니다.

〈단원 5. 화가: 함수〉와 〈단원 6. 꿀벌: 함수〉에서는 수학적 개념과 기술skills들을 응용하여 컴퓨터로 다양한 그림들을 완성합니다.

[그림 9.13] 코스 3의 〈단원 17. 화가〉 활동 예시
https://studio.code.org/s/course3/stage/3/puzzle/7

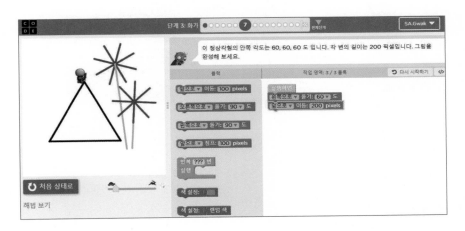

※ 참고사항 : 〈단원 4. 함수를 사용하여 썬-캐쳐 장식 만들기〉에서는 예술과 과학이 통합된 언플러그드 활동을 통해 함수(functions)의 개념을 구체적으로 이해합니다.
　〈단원 5〉와 〈단원 6〉은 다음의 수학 공통핵심기준을 성취하는 데 도움이 됩니다.

Math.Content.4.MD.C.5.A : 원의 중심에서 만나는 두 개의 반직선 사이의 각도 재기

각도는 두 개의 반직선에 의해 만들어진 원호의 길이에 비례한다는 사실 이해하기

원의 1/360에 해당하는 각도를 '1도'라고 하며 다른 각도를 측정하는 기준이 됨을 이해하기

초등학교 2~3학년 학생들은 〈단원 5〉와 〈단원 6〉에서 함수 쓰는 이유를 이해합니다. 4학년 학생들은 함수의 사용 목적을 이해하는 것뿐 아니라 원의 단위각(1도)을 모두 합치면 360도가 된다는 것도 이해할 수 있도록 이끌어주어야 합니다.

[그림 9.14] 코스 3의 〈단원 5. 화가: 함수〉 활동 예시
https://studio.code.org/s/course3/stage/5/puzzle/6

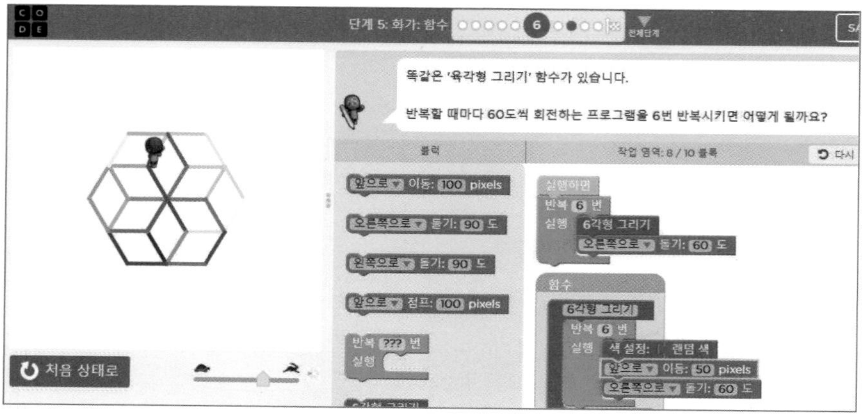

〈과학〉 변수와 함수

〈단원 4. 함수를 사용하여 썬-캐쳐 장식 만들기〉에서는 창문에 걸어두면 햇빛을 받아 무지개 색상을 띄는 썬-캐쳐 장식품suncatchers 만드는 언플러그 활동으로 변수variables와 함수functions의 개념을 배웁니다.

코드닷오알지의 교육과정 가이드에는 각 단원별 활동 내용이 자세히 소개되어 있으며, 수업에서 활용할 수 있는 동영상 자료가 포함되어 있습니다. 따라서 프로그래밍 용어에 익숙하지 않은 교사들에게 많은 도움이 됩니다.

〈단원 4〉의 언플러그드 활동은 초등학교 3~5학년을 위한 차세대 과학표준의 공학적 설계에 부합됩니다.

Engineering.Design.3-5-ETS1-2 : 문제해결을 위한 솔루션을 개발하고 이것을 수행 가능성이 있는 다양한 솔루션들과 함께 비교해 보기. 이때, 문제가 요구하는 기준과 제약을 각 솔루션들이 얼마나 충족하는지 생각해 보기

만약 모든 학생에게 동일한 재료들(기준 혹은 변수들)과 제약조건(예: 특정 변수를 사용해야 함)이 일관성 있게 주어진다면, 결과물(썬-캐쳐 장식품)을 만들 수 있는 여러 가지 솔루션들을 비교할 수 있습니다.

〈단원 4〉는 컴퓨터 프로그램을 예술적으로 표현하는 통합적 활동입니다.

[그림 9.15] 코스 3의 〈수업 4. 함수를 사용하여 썬-캐쳐 장식 만들기〉 활동 예시
https://studio.code.org/s/course3/stage/4/puzzle/1

<리터러시> 알고리즘과 설명글 작성하기

〈단원 10. 실행활 알고리즘: 주사위 게임〉은 알고리즘에 대한 구체적인 이해를 돕기 위해 주사위를 던지는 언플러그드 활동입니다.

학생들은 아침에 일어나서 등교 준비를 하고, 학교 수업이 모두 끝나면 방과후 수업에 참여합니다. 이처럼 생활 속에 숨어있는 알고리즘을 찾아보고, 실생활 알고리즘을 글로 표현

해 봅니다. 예를 들어, 학생들은 땅콩버터와 젤리 샌드위치 만드는 과정을 설명하는 글로 작성해 봅니다. 이러한 활동들은 초등학교 3~5학년 학생들을 위한 영어 공통핵심기준 'ELA-Literacy.W.3.2 : 아이디어와 정보를 전달하고 주제를 설명하는 정보적인/설명적인 글쓰기'에 부합됩니다.

학생들이 알고리즘을 글로 표현하는 과정에서 반복되는 단계를 확인하고, 컴퓨터 과학 관점에서 이것을 어떻게 하면 효율적으로 처리할 수 있는지도 함께 생각해볼 수 있도록 이끌어주는 것이 좋습니다.

[그림 9.16] 코스 3의 〈단원 10. 실행활 알고리즘: 주사위 게임〉 활동 예시
https://code.org/curriculum/course3/10/Activity10-DiceRace.pdf

Game 1

	첫번째	두번째	세번째	합계	
1번 플레이어	_____	_____	_____	_____	이긴 사람에 동그라미 표시하기
2번 플레이어	_____	_____	_____	_____	

Game 2

	첫번째	두번째	세번째	합계	
1번 플레이어	_____	_____	_____	_____	이긴 사람에 동그라미 표시하기
2번 플레이어	_____	_____	_____	_____	

디지털 시민성 Digital Citizenship

코드닷오알지는 2016 ISTE 학생표준 2번[49]에서 인터넷, 크라우드 소싱crowdsourcing[50], 디지털 시민권에 대한 세부 내용들을 다루고 있습니다. 학생들은 인터넷 상에서 메시지가 송수신되는 과정을 언플러그드 활동으로 경험하면서 인터넷 작동 방식을 이해합니다.

이때 '스네일 메일snail mail[51]'과 빠르게 발신되는 이메일을 비교하면 학생들의 이해를 도울 수 있습니다.

학생들에게 크라우드소싱을 소개할 때에는 카드 게임에 혼자 참여하는 것보다 다른 친구들과 함께 참여하는 것이 더 좋다는 것을 직접 느끼도록 합니다. 마지막으로, 디지털 시민은 인터넷 상에서 안전하고 책임감 있고 존중받는 '슈퍼 히어로'임을 확인하도록 합니다.

🖊 〈코스 4〉 개요

〈코스 4〉는 탱그램tangram 맞추기, 빈 칸에 문장 채워서 이야기 완성하기, 주사위 놀이, 노래 작곡하기, 바이너리 이미지 만들기 등 다양한 언플러그 활동으로 구성됩니다.

- 〈코스 4〉는 사전에 〈코스 2〉와 〈코스 3〉을 성공적으로 모두 마친 학생들에게 권장됩니다. 학생들은 더욱 복잡해지는 퍼즐들을 다루면서 이전 코스들에서 배운 다양한 기술skills들을 통합하는 방법을 배웁니다.

- 수학적 개념들도 포함된 〈코스 4〉는 초등학교 4~5학년 학생들에게 권장합니다. 총 22개의 단원으로 구성되었으며, 일부 단원들은 수학적으로 뛰어난 학생들이 도전할 만한 활동들을 포함하고 있습니다.

---

49) 2016 ISTE 학생표준 2. 디지털 시민 : 상호 연결된 디지털 세계에 참여하여 자신의 권리와 의무를 다하고, 삶의 기회와 배움의 기회, 그리고 직업의 기회를 누릴 수 있어야 한다.
  ※ 2016 ISTE 학생표준 2번의 자세한 내용은 이 책의 〈부록 A〉를 참고바랍니다.

50) 크라우드 소싱 : 기업활동의 전반적인 과정에 소비자 또는 대중들도 참여할 수 있도록 하는 방법입니다. 참여자의 기여로 기업활동 능력이 향상되면 그 수익을 참여자와 공유하는 방식입니다.

51) 스네일 메일 : 달팽이(Snail)와 메일(mail)의 합성어로 이메일 발송 및 수신 과정에서 지체되는 시간 혹은 지체로 인해 느리게 송수신되는 메일을 의미합니다.

📝 <코스 4> 살펴보기

<리터러시> 다양한 모양을 활용하여 추상적인 예술작품 만들기

〈단원 1. 탱그램 알고리즘〉은 다른 학생이 만든 알고리즘 카드를 따라 일곱 개의 도형 조각들을 사용해서 모양을 완성하는 언플러그드 활동입니다. 학생들이 완성해야 할 모양들은 아주 간단한 것부터 아주 복잡한 것까지 다양합니다.

〈단원 1〉에서는 다음과 같은 영어 공통핵심기준Common Core Language Arts Standards을 평가할 수 있습니다.

> ELA-Literacy.L.3.6 : 학년에 적절한 대화, 일반적인 학습 관련 대화, 특정 분야에서 사용하는 단어와 구문, 시공간 관계를 나타내는 표현들을 정확하게 수집하고 사용하기
>
> ELA-Literacy.L.5.6 : 학년에 적절한 대화, 일반적인 학습 관련 대화, 특정 분야에서 사용하는 단어와 구문, 대조contrast, 추가, 또 다른 논리적 관계를 정확하게 수집하고 표현하기

미술교과에 적용하기

〈단원 1. 탱그램 알고리즘〉은 미술 교과에도 쉽게 통합될 수 있습니다. 저학년 학생들은 색상을 나타내는 숫자를 보고 알맞은 색상을 골라서 그림을 색칠하도록 하고, 고학년 학생들에게는 알고리즘 카드를 보고 탱그램으로 추상적인 예술작품을 만들도록 할 수 있습니다.

학생들은 학년이 올라갈수록 자신의 작품을 구두로 표현하고 설명하는 기술이 발전합니다. 따라서 이 단원의 활동들을 여러 해에 걸쳐서 미술 교과 시간에 진행하는 것도 좋습니다.

〈단원 1〉에서 뛰어난 성취를 보이는 학생들에게는 영상 〈탱그램으로 배우는 디자인 기초 (https://www.youtube.com/watch?v=c-9O3tNokic&feature=youtu.be)〉을 보여주는 것도 좋습니다.

〈수학〉 중첩 루프 Nested Loops

학생들은 〈단원 3. 화가: 루프구문 복습하기〉에서 도형의 속성을 비롯하여 각도를 측정하는 방법(30-60-90도 세 각으로 이루어진 삼각형), 도형을 그리기 위해 필요한 각도를 계산하는 방법을 배웁니다. 그 중에서도 12번 퍼즐은 학생들이 여러 차례 시행착오를 겪으며 인내심을 갖고 도전해야 합니다.

〈단원 3〉의 12번 퍼즐은 다음과 같이 수학 공통핵심기준과 수학적 실천 내용에 중점을 두고 있습니다.

Math.Content.4.MD.C.5 : 두 개의 선이 만나서 꼭짓점을 공유할 때 생기는 기하학적 모양이 각도임을 알고 각도 재는 방법 익히기

Mathematical Practice 6 : 정확성에 주의 기울이기

※ 참고사항 : 이 책에 수록된 〈부록 B〉는 수학 공통핵심기준의 수학적 실천이 컴퓨팅 사고와 어떠한 관련이 있는지를 설명하고 있습니다. 자세한 내용은 〈부록 B〉를 참고바랍니다.

학생들은 수많은 시행착오를 겪는 과정에서 '정확성'에 더욱 주의를 기울이게 됩니다. 또한 〈단원 3〉의 문제를 성공적으로 해결하기 위해 픽셀과 각도를 정확히 측정해야 합니다.

[그림 9.18] 코스 4의 〈수업 3. 화가: 루프구문 복습하기〉 활동 예시
https://studio.code.org/s/course4/stage/3/puzzle/10

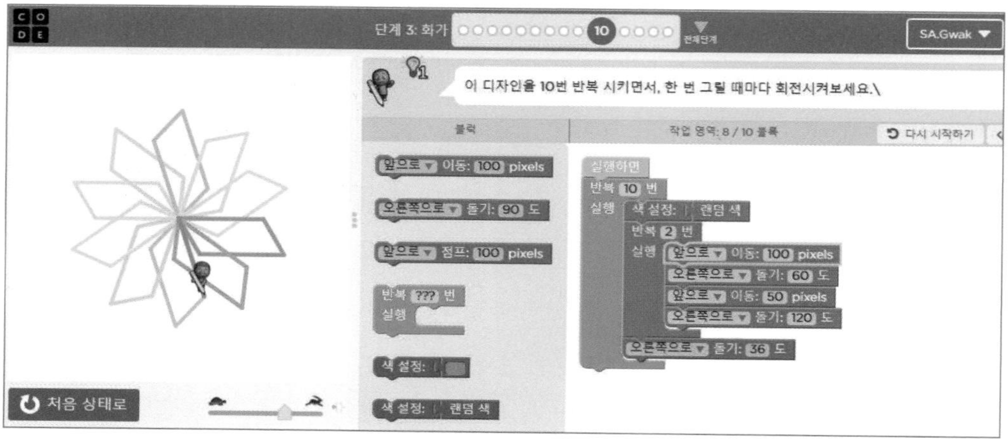

<수학> 변수와 패턴Variables and Patterns

〈단원 6. 화가: 변수〉에서는 변수와 함께 수학 공통핵심기준의 연산과 대수적 사고(Algebraic thinking)를 다룹니다. 특히 'Math.Content.OA.C5 : 주어진 규칙을 따르는 패턴 모양 만들기. 규칙에는 명시되지 않았으나 패턴에서 보이는 명백한 특징 확인하기'에 중점을 둡니다.

학생들은 〈단원 6〉에서 주어진 규칙을 만족하는 삼각형을 그립니다. 이때 규칙에는 명시되지 않았으나 패턴에서 보이는 명백한 특징들은 프로그램의 마지막에 둡니다.

예를 들어, [그림 9.17]에서 마지막 블록인 '앞으로 이동 : length pixels'는 캐릭터가 삼각형 하나를 그리고 난 후 앞으로 'length'만큼 픽셀을 이동합니다. 이것은 삼각형을 그리기 위한 규칙에는 명시되지 않았으나 여섯 개의 삼각형을 이어서 그리는 과정에서 보이는 패턴이라 할 수 있습니다.

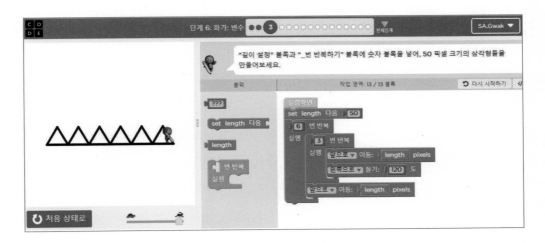

〈과학〉 루프Loops와 일기예보

〈단원 8. 재미있는 For Loop〉에서는 기상정보를 과학적으로 다룰 때에 루프 구문이 얼마나 중요한지를 설명합니다. 'for loop'구문은 미리 선언한 시작점, 종료점, 증가 (사이 값)을 사용하여 작성합니다.

기상 정보를 예측하는 컴퓨터 모델은 풍력발전소를 가동하는 데 필요한 에너지의 중요한 패턴을 예측해 줍니다. 〈단원 8〉은 수학적 사고와 논리적 사고에 뛰어난 학생들에게 아주 훌륭한 수업이 될 수 있습니다.

〈단원 8〉은 다음의 차세대 과학표준에 부합됩니다.

NGSS.ETS2.B : 공학engineering, **기술**technology, **과학**science**이 사회와 자연계에 미치는 영향**

공학, 기술, 과학의 발달은 사람들의 생활 방식에 어떠한 영향을 미치는가? 또 자연계에 어떠한 영향을 주는가?

사람들은 시간이 흐를수록 새로운 변화를 원하고 새롭고 개선된 기술들을 필요로 한다.

공학자들은 현존하는 과학기술들을 개선하거나 새로운 기술을 개발하여 그것의 이점을 향상시키고(예: 의수[義手] 개발), 기존에 알려졌던 위험성을 줄이고(예: 자동차 안전벨트의 위험성), 사회적 요구를 만족시킨다(예: 휴대폰 기술).

새로운 기술들은 우리의 생활 방식과 상호작용 방식을 변화시킬 수 있다.

〈단원 8〉은 특정 작업을 원하는 횟수만큼 반복하기 위해 컴퓨터를 사용하지만, 때로는 우리가 직접 반복적인 작업을 수행하고 싶어 한다는 것을 느끼게 해줍니다. 여기서는 학생들이 이전 단원에서 배웠던 기본적인 선형 측정, 각도와 회전에 대한 지식들을 활용하지만, For Loop구문을 이해하기 위해서는 상당히 복잡한 사고과정이 필요합니다.

학생들이 〈단원 8〉에서 다루는 개념들에 익숙해지면 장차 고등학교 수학시간에 다루는 극한limit 개념을 쉽게 이해할 수 있습니다. 그들은 용기를 갖고 위험을 감수하며 높은 수준의 수학적 개념을 탐구하는 과정을 경험하면서 자신의 학습역량을 높은 수준으로 향상시킵니다.

이 책의 제목인 『두렵지 않은 코딩교육, No Fear Coding』 역시 학생들이 다양한 학습 개념들(때로는 교사도 아직 이해하지 못한 내용)을 적극적으로 찾아가며 탐구하도록 이끌어주는 것을 의미합니다.

학생들 스스로 이 단원에서 다루는 개념을 이해하고 적용할 수 있도록 해보세요! 그러면 교사 여러분에게도 많은 도움이 될 것입니다.

음악으로 매개변수parameters 가르치기

〈단원 13. 매개변수를 사용하여 노래 가사 만들기〉에서는 아이스크림 만들기를 예로 들어 매개변수parameters의 개념을 설명합니다. 여러 개의 아이스크림에 모두 토핑을 뿌려야 한다면, 매번 하나씩 토핑을 뿌리는 것보다 함수로 처리하는 것이 더욱 효율적입니다. 이 때, 아이스크림 위에 뿌릴 수 있는 토핑의 종류가 함수의 매개변수입니다. 토핑의 종류가 다양한 것처럼 이 매개변수도 다양하게 만들 수 있습니다.

잘 만들어진 컴퓨터 프로그램에서는 함수와 매개변수가 함께 작업을 처리합니다. 기다란 유리잔에 아이스크림을 넣고 여러 가지 토핑을 뿌린 아이스크림 선디도 마찬가지지요.

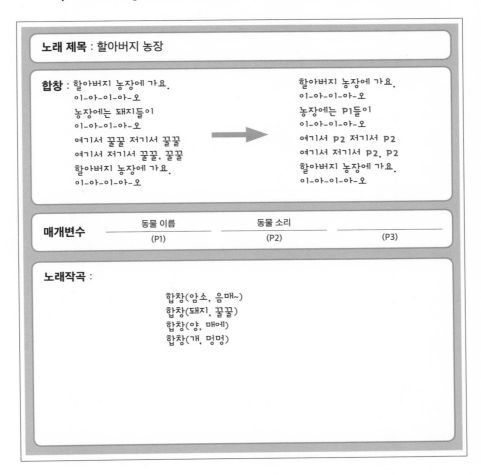

[그림 9.20] 코스 4의 〈단원 13. 매개변수를 사용하여 노래 가사 만들기〉 활동 예시
https://code.org/curriculum/course4/13/Activity13-Songwriting.pdf

노래를 통해서도 매개변수의 개념을 설명할 수 있습니다. 음악 시간에 거의 모든 아이들이 따라 부를 수 있는 익숙한 노래를 함께 부르며 매개변수를 소개해 보세요.

노래 가사에서 다함께 합창하는 부분을 매개변수로 표시해 봅니다. 여기서는 '맥도널드 아저씨네 농장(https://www.youtube.com/watch?v=_6HzoUcx3eo)'을 부르며 노래 가사에 등장하는 '동물 이름'과 '동물 소리'를 각각 매개변수 P1과 P2로 정했습니다 [그림 9.20 [52]].

---

52) 우리말 동요 '할아버지 농장(http://bit.ly/Farm-Song-Kor-Ver)'을 참고하여 코드닷오알지의 활동지를 재구성했습니다.

노래 가사에서 '동물 이름(P1)'을 '암소'로, '동물 소리(P2)'를 '음메~'로 바꾸고 나면, 다 같이 합창합니다.

학생들은 이 언플러그드 활동을 통해 노래 가사 중에서 매개변수를 구별해내고, 다양한 변수 값(동물 이름과 동물 소리)를 넣어 노래를 부릅니다.

학생들에게 노래 가사를 창작하는 시간을 주면 더욱 즐거운 활동으로 진행할 수 있습니다.

〈단원 13〉의 언플러그드 활동을 통해 매개변수에 배우고 나면, 〈단원 14〉부터 〈단원 16〉에서 매개변수를 사용하여 더욱 다양하게 코딩할 수 있습니다.

수업 사례 : 코드닷오알지를 사용하여 수업하기

코드닷오알지는 다양한 튜토리얼뿐 아니라 교사들이 참고할 수 있는 교육과정 가이드 (수업 지도안, 평가자료 등)를 제공합니다. 따라서 교실에서도 다양한 교과 활동들과 쉽게 통합할 수 있습니다.

〈CHAPTER 10〉에서는 교실 수업에서 코드닷오알지 강의와 아워 오브 코드 활동을 적용했던 사례들을 소개합니다. 언플러그드 활동부터 디즈니 만화, 마인크래프트 게임을 주제로 하는 활동에 이르기까지 학생들은 교실에서 다양한 활동들을 했습니다.

여러분도 이 책에서 소개하는 수업들을 시도해 보세요. 그리고 여러분의 수업 후기를 https://nofearcoding.org 에 공유하여 코드닷오알지 학습자료를 활용하는 다른 교사들과도 함께 소통해 보세요.

✒️ 안나 & 엘사와 함께 코딩하기

디즈니 만화에 등장하는 안나 & 엘사와 함께 코딩하는 활동은 초등학교 4학년 수학 공통 핵심기준과 직접적으로 부합됩니다. 학생들은 다양한 프랙탈 구조를 관찰하고, 거리와 각도를 측정하고, 직접 프랙탈 구조를 만듭니다.

<수학> 안나 & 엘사와 함께 코딩하기

- **웹 사이트** : https://studio.code.org/s/frozen/stage/1/puzzle/1
- **권장 학년** : 초등학교 2학년 이상
- **활동 소개** : 안나, 그리고 엘사와 함께 코드를 사용하여 아름다운 눈의 결정과 얼음 마법을 탐구합니다. 아이스 스케이트를 타고 눈 결정과 패턴들을 만들고 완성된 작품은 친구들에게 공유해 보세요!

Math.Content.4.MD.C.6 : 각도기를 사용하여 각도를 재보고 특정 각 그리기.

학생들이 도형 그리기에 필요한 각도를 탐구하는 과정에서 도움을 줄 수 있는 수학적 질문 가이드를 만들어 보았습니다 [표 10.1].

[표 10.1] 〈안나 & 엘사와 함께 코딩하기〉 활동의 수학적 질문 가이드

퍼즐 번호[53]	수학적 질문(MATHEMATICAL QUESTIONS TO ASK)
1	• 실행 버튼을 누르면 무엇이 실행되나요?
2	• 주어진 그림을 그리기 위해 몇 도 회전했나요?
3	• 정사각형을 그리기 위해서 90도 회전을 총 몇 번이나 했나요?

---

53) 코드닷오알지의 각 단원은 여러 개의 퍼즐로 진행됩니다. 화면 상단의 가운데 부분에 퍼즐 번호가 표기됩니다. 학생들이 현재 몇 번째 퍼즐을 풀고 있는지 확인하여 수학적 질문을 제시하세요.

4	• 패턴을 몇 번 반복해서 그렸나요?
5	• 패턴을 몇 번 반복해서 그렸나요? • 왜 패턴을 여러 번 반복해야 했나요? • 몇 도로 회전했나요? • 회전방향(오른쪽 / 왼쪽)에 따라 다르게 실행되나요?
6	• '반복' 명령어 블록을 몇 번 사용했나요? • 명령어 블록이 네 번 반복한 동작은 무엇이었나요? • 명령어 블록이 열 번 반복한 동작은 무엇이었나요?
7	• 엘사가 앞으로 이동했다가 다시 뒤로 움직이는 것은 덧셈 기호를 그리는 과정에서 왜 중요할까요?
8&9	• (8번 퍼즐) 반복 명령어를 사용하여 프랙탈 구조를 그릴 때에 왜 매번 36도씩 회전했나요? • (9번 퍼즐) 반복 명령어를 사용하여 프랙탈 구조를 그릴 때에 왜 매번 4도씩 회전했나요?
10	• 직사각형, 정사각형, 평행사변의 차이점은 무엇인가요?

※ http://bit.ly/question-guide 에서 학생들이 답을 작성할 수 있는 활동지를 다운받을 수 있습니다.

[그림 10.1] 〈안나 & 엘사와 함께 코딩하기〉 활동 예시

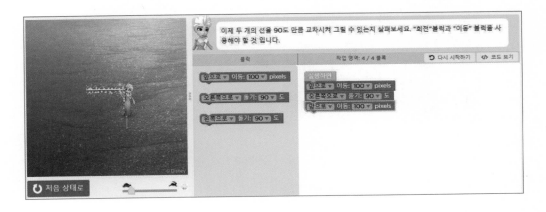

학생들은 점차 난이도 있는 도형에 도전하게 되며, 총 20개의 퍼즐을 완성해야 합니다. 대부분의 학생들은 11번 퍼즐까지 수월하게 해결하며, 몇몇 학생들만이 12번 이상까지 인내심을 갖고 도전합니다. 어떤 학생들은 자신이 완성한 그림을 부모님의 휴대폰으로 전송할 수 있다는 사실을 알고 나서 학습 동기가 더욱 높아졌습니다.

<수학> 변수와 함수를 사용해서 썬-캐쳐 장식품 만들기

웹 사이트 : https://studio.code.org/s/course3/stage/4/puzzle/1

비비안 초우^{Vivian Chow} 선생님은 수업 시간에 코드닷오알지의 교육과정 가이드를 참고하여 학생들이 고리가 달린 예쁜 썬-캐쳐를 만들도록 했습니다. 학생들은 리본, 구슬, 끝 장식을 사용하여 장식품을 만드는 과정에서 함수와 변수의 개념을 실제적으로 탐구했습니다. 또한 장식품 만드는 작업을 패턴 단위로 표현하고, 여러 개의 패턴들을 한 데 묶어 프로그래밍 명령어로 작성했습니다. 이러한 과정에서 몇몇 학생들은 "뜻이 모호한(뜻이 명확하지 않은)" 용어를 사용하기도 했습니다.

[그림 10.2]는 완성된 선-캐쳐 장식품에 변수들을 표시한 모습입니다.

[그림 10.2] 다양한 '변수'들로 만들어진 장식품

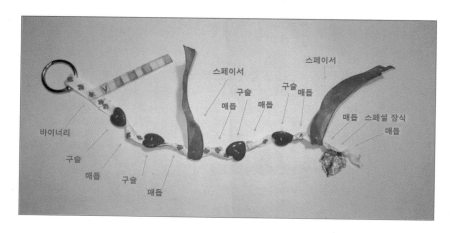

이 활동에서 작품 만드는 과정을 적은 전체 목록을 '프로그램'이라 할 수 있습니다. 그리고 작품을 만드는 데 사용한 재료들(구슬, 스페이서, 매듭 등)은 '변수'입니다. 변수의 사전적 의미는 값을 저장할 수 있는 공간으로, 변수에 들어가는 값은 변할 수 있습니다.

초우 선생님은 학생들에게 작품을 만드는 연속적인 작업(시퀀스)의 일부분을 그룹화하고, 그 그룹을 대표하는 그룹 이름을 만들도록 했습니다. 이 때문에 학생들은 변수들을 필요 이상으로 많이 적지 않아도 되었습니다.

하나의 그룹으로 묶인 명령어들(작품을 만드는 방법)을 바로 '함수'라 할 수 있습니다. 예를 들어, 1번 명령어부터 4번 명령어까지 한 데 묶어 이름이 '작업 1'인 함수로 만들 수 있습니다.

썬-캐쳐 장식품을 만드는 방법 역시 '구슬 꿰기·매듭짓기·구슬 꿰기'로 쓰는 대신에 한 데 묶어 함수로 작성할 수 있습니다. 함수를 사용하면 동일한 수행을 더욱 빠르고 효율적으로 처리할 수 있습니다 [그림 10.3].

[그림 10.3] 썬-케쳐 만드는 방법을 함수로 작성한 모습
https://code.org/curriculum/course3/4/Activity4-FunctionalSuncatchers.pdf

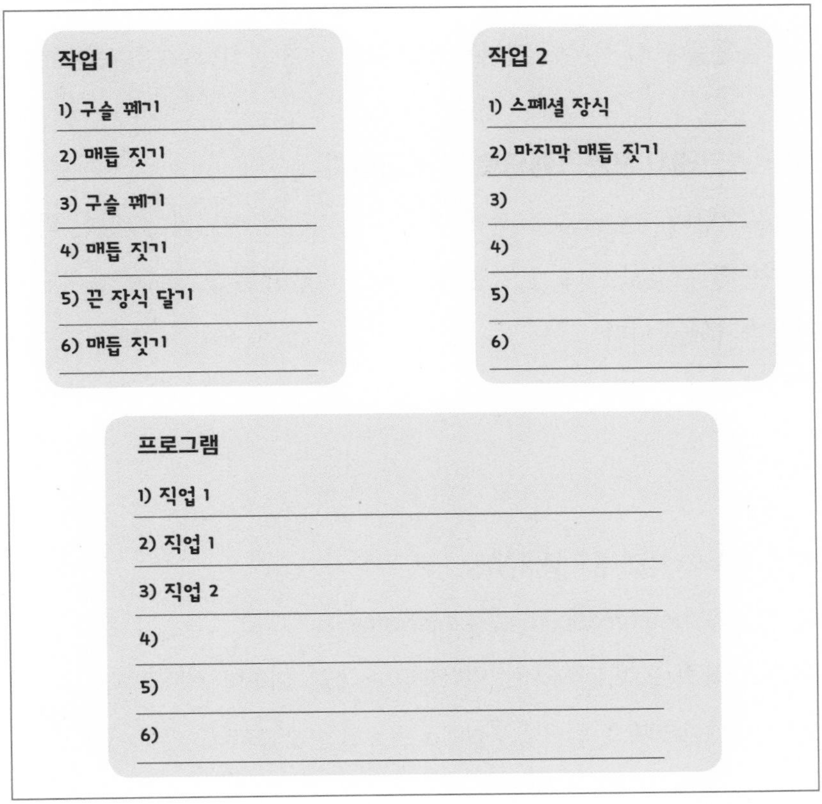

작업 1

1) 구슬 꿰기

2) 매듭 짓기

3) 구슬 꿰기

4) 매듭 짓기

5) 끈 장식 달기

6) 매듭 짓기

작업 2

1) 스페셜 장식

2) 마지막 매듭 짓기

3)

4)

5)

6)

프로그램

1) 직업 1

2) 직업 1

3) 직업 2

4)

5)

6)

초우 선생님은 9~17세 학생들이 이 활동을 아주 거뜬히 해낼 수 있을 것이라 생각했습니다. 하지만 실상은 그렇지 않았습니다. 학생들은 수많은 논쟁과 시행착오를 겪은 뒤에야 함수를 이용하여 가장 짧은 프로그램을 작성할 수 있었습니다. 또한 프로그램을 작성할 때 최

대한 간결하고 짧게 작성하는 것이 프로그램의 효율성을 더욱 높일 수 있다는 것도 알게 되었습니다.

초우 선생님은 학생들에게 먼저 썬-캐쳐를 만들기 위한 프로그램을 작성하도록 했고, 다음 수업 시간에는 작성된 프로그램을 보고 썬-캐쳐를 만들도록 했습니다.

학생들은 다양한 재료를 사용하여 근사한 썬-캐쳐를 완성했습니다. 만약 학생들이 수업 시간에 바느질할 여건이 되지 않는다면, 고리나 구멍이 있는 재료들을 활용하는 것이 좋습니다. 초우 선생님은 학생들이 바느질까지 할 수 있도록 도왔습니다. 덕분에 남학생들은 수업시간에 바느질하는 방법도 배울 수 있었습니다.

학생들과 선생님 모두가 참으로 즐겁게 참여했던 수업이었습니다. 초우 선생님은 학생들이 완성한 장식품들을 교실 창문에 걸어두고 모두가 함께 감상할 수 있도록 했습니다.

<리터러시> 스크래치 프로그램으로 음악 만들기

스크래치 프로그램에서는 소리 효과를 재생하는 것뿐만 아니라, 다양한 악기 소리로 음표와 코드를 연주할 수 있습니다. 음악을 좋아하는 학생들은 오픈 소스를 사용하여 자신만의 음악을 작곡하기도 합니다.

이 활동은 아워 오브 코드Hour of Code 사이트에서 제공하는 스크래치 프로그램으로 진행합니다.

권장 학년: 초등학교 2학년~중학교 2학년

웹 사이트 : https://hourofcode.com/scratchmus

활동 소개 : 스크래치 프로그램에서는 인터랙티브 게임, 대화형 스토리, 애니메이션을 직접 만들 수 있고 완성된 프로젝트는 다른 친구들에게 공유할 수 있습니다.

코딩 활동을 시작하기 전에 스크래치 액티비티 카드를 사용하여 인터랙티브 음악 프로젝트를 만드세요.

스크래치 홈페이지(http://bit.ly/Scratch-Activity-Cards)[54]에서 스크래치 액티비티 카드 Scratch Activity Cards를 다운받을 수 있습니다.

이번에는 제가 담당했던 수업을 소개하려고 합니다. 학생들과 함께 아워 오브 코드의 예제 프로젝트들을 살펴보고 난 후에 우연히 학생들이 읽기 프로젝트에 대해 이야기를 나누는 모습을 보게 되었습니다.

학생들은 이야기 속 등장인물과 이야기의 배경에 대해 서로의 생각을 나누고 있었습니다. 저는 학생들과 함께 구글 에듀케이션Google for Education[55]의 〈컴퓨터 과학 활동 7번. 영화 사운드 효과와 음악 구성하기(http://bit.ly/Google-Computer-Science-Activity-7)〉를 보면서 어떻게 하면 음악이 등장인물의 감정과 이야기의 분위기를 바꿀 수 있을지 탐구했습니다. 이 수업은 다음과 같은 영어 공통핵심기준에 부합됩니다.

ELA-Literacy.RL.3.3 : 이야기 속 등장인물을 묘사하고(예: 등장인물의 성격, 동기, 감정 등) 등장인물의 행동이 사건의 진행에 어떠한 영향을 주었는지 설명하기

ELA-Literacy.RL.4.3 : 인물, 배경, 이야기나 드라마에 등장하는 사건, 세부 내용이 표현된 텍스트(등장인물의 생각, 대화, 행동 등)를 깊이 있게 묘사하기

※ 아워 오브 코드의 학습 자료실(https://hourofcode.com/kr/learn)에는 수학, 과학, 사회, 국어, 예술 등의 교과목 연계 튜토리얼이 다양하게 제공되고 있습니다.

---

54) 스크래치 액티비티 카드 : 컴퓨터를 사용하지 않고도 액티비티 카드를 사용하여 스크래치 프로그램을 만들 수 있습니다.

55) 구글 에듀케이션은 모든 학생이 컴퓨터 과학을 배울 수 있도록 구글의 기술을 활용한 양질의 교육자료와 교사들을 위한 자료들을 무료로 제공하고 있습니다. 이밖에도 학습환경이 열악한 학교 및 지역사회를 돕기 위해 노력하고 있으며, 구글 갤럽(Google Gallup)에서는 컴퓨터교육의 효과를 높이고 활성화를 위해 유·초·중등을 위한 컴퓨터 과학교육 연구를 진행하고 있습니다.
구글 에듀케이션의 컴퓨터 과학 입문 교육과정은 https://csfirst.withgoogle.com/s/en/home 에서 확인할 수 있습니다.

PART 4

다양한 교과에서
스크래치 활동하기

스크래치Scratch는 매사추세츠공과대학교의 미디어 랩Massachusetts Institute of Technology Media Lab에서 개발한 비주얼 프로그래밍 언어입니다.

스크래치는 마치 레고블록을 조립하는 것처럼 명령어 블록을 드래그-드롭하여 프로그래밍합니다. 이 비주얼 프로그래밍 언어를 사용하면 학생들뿐 아니라 교사, 연구자, 학부모 등 누구든 애니메이션이이나 게임, 스토리를 무료로 손쉽게 만들 수 있습니다.

스크래치는 컴퓨터 프로그래밍 분야가 더욱 발전하는 데 디딤돌이 되어주고 있습니다.

〈Part 4〉에서는 유치원부터 초등학교 5학년 학생들을 위한 스크래치 자료들을 살펴봅니다.

- 수업 시간에 비주얼 프로그래밍 언어를 사용해야 하는 이유
- 교실 수업에서 스크래치를 처음 시작하는 방법
- 교실 수업에서 스크래치를 가르치는 방법

※ 지난 2019년 1월 2일, MIT 미디어랩은 스크래치 3.0을 새로 발표했습니다. 새로운 버전에서는 사용자가 아이디어를 더욱 풍부하게 표현(Expression) 할 수 있도록 스프라이트 기능, 배경 및 사운드 기능 등 표현 도구가 중점적으로 개선되었습니다. 번역서에는 원서의 내용을 Scratch 3.0 인터페이스로 설명합니다.

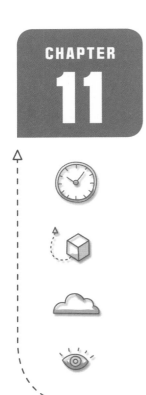

CHAPTER 11

컴퓨팅 사고를
경험할 수 있는 스크래치^{Scratch}

비주얼 블록 프로그래밍 언어Visual Programming Language인 스크래치Scratch는 유치원부터 초등학교 5학년 학생들에게 가장 이상적인 프로그래밍 언어입니다. 스크래치(https://scratch.mit.edu)는 메사추세츠공과대학 미디어랩에서 평생 유치원 연구그룹Lifelong Kindergarten research group[56]을 이끄는 미첼 레즈닉 교수와 그의 동료들이 공동으로 개발했습니다.

연구진들은 음악 DJ가 턴 테이블 위에서 레코드 판을 앞뒤로 움직여서 내는 '긁히는scratching' 소리에 영감을 받아 이름을 '스크래치'라 지었습니다. 스크래치에서는 다양한 색상의 명령어 블록을 서로 연결하고 조합하여 새로운 것을 창조합니다. 이 명령어 블록은 기능별로 서로 다른 색상을 띠며, 블록마다 비트 단위의 코드가 들어 있습니다.

레고 블록을 쌓는 것과 달리, 스크래치 프로그램에서는 어린아이들도 아주 쉽게 명령어 블록을 조합할 수 있다는 것이 가장 큰 장점입니다. [표 11.1]은 다양한 비주얼 프로그래밍 언어들을 정리한 것입니다.

[표 11.1]을 살펴보고 나면 왜 스크래치를 선택해야 하는지 이해가 될 것입니다. 코딩은 수많은 시행착오를 포함합니다. 따라서 다양한 프로그래밍 언어들을 시도해 보는 것도 좋습니다.

[표 11.1] 비주얼 프로그래밍 언어의 종류와 특징

프로그래밍 언어	예시화면 / 웹 사이트	특징
스냅 (Snap!)	https://snap.berkeley.edu	• 스크래치처럼 여러 개의 명령어 블록을 조합하여 '스크립트sprite'을 만듦 • 스크래치보다 좀 더 확장된 기능 제공 • 사용자가 직접 새로운 블록을 만들 수 있음
팅커 (Tynker)	https://www.tynker.com	• 재미있고 창의적인 스프라이트를 지원 • 튜토리얼, 강의 지원 • 기본적으로 무료사용이나 유료 콘텐츠도 있음
블로키 (Blockly)	https://developers.google.com/blockly	• 화면 오른쪽에 자바스크립트가 같이 표시됨 • 캐릭터, 소리 효과 지원이 안됨

---

56) 평생 유치원 연구그룹(https://www.media.mit.edu/groups/lifelong-kindergarten) : MIT 미디어랩의 미첼 레즈닉 교수가 이끄는 연구그룹으로 창의적 학습경험을 위한 새로운 기술과 활동들을 개발 및 연구합니다. 유치원에서 블록을 쌓거나 손으로 그림을 그리며 무언가를 배우는 것처럼 어린아이들부터 성인까지 창의적 활동에 참여시키고, 지역사회를 발전시키고자 다양한 연구와 프로젝트를 수행하고 있습니다.

스텐실 (stencyl)	 http://www.stencyl.com	• 데스크톱 설치(Mac, Window, Linux) • 기본 패키지 외에는 유료 • 고급 프로그래밍 옵션 지원
홉스카취 (Hopscotch	 https://www.gethopscotch.com	• 아이패드, 아이폰에서만 사용가능 • 기본적으로 무료사용이나 유료 콘텐츠도 있음 • 스크래치보다 기능이 적고 단순함
스크래치 주니어 (ScratchJr)	 http://www.scratchjr.org	• 아이패드와 안드로이드 기반 패드에서 사용가능 • 5~7세의 어린아이들이 무료로 사용 • 글을 읽지 못하는 아이들도 프로그래밍할 수 있음
코다블 (Kodable)	 http://www.kodable.com	• 표준standards에 기반한 교육과정 제공 • 무료 혹은 유료로 사용 • 유치원~초등학교 5학년을 위한 콘텐츠
코두 (Kudo)	 https://www.kodugamelab.com	• 반드시 다운로드 후 사용 • 코드로 만든 게임은 데스크톱이나 엑스박스Xbox에서 무료로 실행

무료로 쉽게 코딩하는 스크래치

이제부터 처음 코딩을 가르치고자 할 때에 스크래치가 어떤 장점이 있는지 자세히 살펴보겠습니다.

스크래치는 처음 프로그래밍을 배우는 어린이를 위해 개발된 것으로 다른 프로그래밍 언어보다 훨씬 쉽게 배우고 사용할 수 있습니다. 스크래치를 사용하면 학생들이 코드 언어를 잘 모르더라도 즉각적인 결과를 확인할 수 있습니다. 스크래치 사용법에 더욱 익숙해지면 명령어 블록을 코드로 '읽을' 수 있습니다.

스크래치의 가장 큰 장점은 바로 '무료'입니다. 학교나 가정에서 사용하기 위한 별도의 라이선스가 필요하지 않으며, 언제 어디서나 스크래치를 무료로 사용할 수 있습니다.[57]

스크래치는 미국 국립과학재단National Science Foundation, NSF, 구글Google, 레고 재단Lego Foundation, 인텔Intel을 비롯한 여러 기관으로부터 재정적으로 후원을 받아 새로운 기능을 개발하고 유지, 보수 작업을 하고 있습니다.

전 세계로 연결된 스크래치 커뮤니티

스크래치는 비단 어린이와 청소년만을 위한 것이 아닙니다. 교사와 일반 성인들도 스크래치를 사용하여 수학 퍼즐이나 물리 시뮬레이션, 교육 동영상과 같은 효과적인 교육 콘텐츠들을 만들 수 있습니다.

하버드 대학교에서 개설한 Scratch ED(http://scratched.gse.harvard.edu)에 접속하면 학생과 교사를 위한 다양한 영역에 걸쳐 수준별, 유형별, 언어별 학습 콘텐츠들을 볼 수 있습니

---

57) 2019년 5월에만 약 1,08만 명이 새로 스크래치에 가입했으며, 1,030만 개 이상의 프로젝트가 새로 만들어졌습니다. 2019년 6월 2일 기준으로는 전 세계 4000만 명 이상이 스크래치를 사용하고 있으며 총 4,200만 개 이상의 프로젝트가 공유되고 있습니다.

다. Scratch ED의 콘텐츠 유형은 액티비티, 평가, 교육과정, 핸드아웃, 강의계획, 발표자료, 참고자료, 관련 연구, 샘플 프로젝트, 참고도서, 튜토리얼, 웹 사이트 등 매우 다양합니다.

현재 스크래치 커뮤니티에는 전 세계 1,600만 명 이상의 사용자가 등록되어 있으며 총 2,000만 개 이상의 프로젝트가 생성되어 있습니다.

스크래치는 미국 전역만 600만 명이 넘는 사용자를 보유하고 있는 글로벌한 학습 커뮤니티입니다. 스크래치는 사용자 정보를 실시간으로 수집하고 있습니다.

최신 스크래치 통계자료는 https://scratch.mit.edu/statistics 에서 확인할 수 있습니다. 여기서는 사용자 추세, 사용자 트래픽, 현재 활동하고 있는 사용자 수, 현재까지 공유된 프로젝트 수, 자주 사용하는 스크래치 블록, 신규 회원의 연령 분포 등을 확인할 수 있습니다.

🖊 컴퓨팅 사고를 가시화할 수 있는 스크래치

프로그래밍은 학생들이 컴퓨팅 사고와 관련된 인지 전략과 메타인지 전략을 사용하도록 돕습니다. 순차적으로 생각하기, 원인과 결과 탐색하기, 인내를 갖고 문제 해결하기, 디자인 사고를 적용하고 응용하기 등이 바로 컴퓨팅 사고와 관련된 인지 전략 혹은 메타인지 전략입니다.

스크래치에는 사용자가 직접 손으로 '스프라이트(화면 위에 움직이는 캐릭터)'와 명령어 블록들을 조작할 수 있는 아주 매력적인 프로그래밍 언어입니다. 화면 위의 캐릭터가 움직이고, 말하고, 다른 캐릭터와 상호작용 하도록 프로그래밍하는 방법은 매우 다양합니다. 학생들은 스크래치를 자유롭게 탐험하는 과정에서 학습에 대한 의미와 동기부여를 하면서 수학과 언어를 배울 수 있습니다.

지난 2009년, 미국 컴퓨터학회Association for Computing Machinery, ACM는 '스크래치 : 모두를 위한 프로그래밍Scratch: programming for all[58]'이라는 기고문을 발표했습니다. 이 자료는 우리가 일반적으로 기술을 유창하게 사용하는 어린아이들을 '디지털 네이티브digital natives'

로 표현할 수 있다고 말합니다.

오늘날 대부분의 아이들은 쉽고 편하게 문자 메시지를 주고받고, 온라인 게임을 하며, 웹 브라우저를 둘러보기도 합니다. 그러나 연구자들은 이 아이들이 과연 기술technology을 유창하게 사용하고 있는지 의문을 갖습니다. 자신만의 게임이나 시뮬레이션 또는 애니메이션을 직접 만들 수 있는 아이들은 몇 안 되기 때문입니다. 그래서 '읽을 수는 있지만 쓸 수는 없다'와 같은 비유적 표현이 등장했습니다.

디지털 방식으로 유창하다는 것이 새로운 미디어로 무언가를 디자인하고, 만들고, 발명할 수 있는 것을 의미한다면, 스크래치는 이런 종류의 사고를 가시화해 줄 수 있는 아주 훌륭한 도구입니다. 그보다 더 중요한 것은, 스크래치가 학생들의 컴퓨팅 사고를 촉진시킨다는 것입니다.

스크래치는 학생들이 중요한 문제해결 전략 및 디자인 전략을 배우는 데 도움을 줍니다. 이러한 사고 전략들은 프로그래밍 영역을 넘어 다양한 분야로 확장될 수 있습니다.

학생들은 게임을 만들면서 무엇이 잘못되었는지 오류를 찾고 그것을 수정하고 해결함으로써 '자신의 생각'에 대해 깊게 생각해 보고, '생각하는 것'에 대해서도 생각하게 됩니다.

학생들이 스크래치로 자신의 생각을 가시화하는 과정에서 자신만의 개성과 생각을 드러내는 프로젝트를 만들기도 합니다. 스크래치에서는 내가 좋아하는 사진이나 음악을 삽입하고, 직접 목소리를 녹음하여 삽입하고, 만들고 싶은 다양한 그래픽을 구현할 수 있기 때문입니다. 이렇듯 학생들이 원하는 대로 자신의 생각을 시각적으로 표현하는 과정에서 컴퓨팅 사고 역시 발달됩니다.

---

58) 스크래치 : '모두를 위한 프로그래밍' 원문은 아래 링크에서 확인할 수 있습니다.
https://web.media.mit.edu/~mres/papers/Scratch-CACM-final.pdf
Resnick M, Silverman B, Kafai Y, Maloney J, Monroy-Herna´ndez A, Rusk N et al. (2009) Scratch: programming for all. Communications of the ACM 52(11):60

🖋 메타인지

1979년, 심리학자 존 플라벨^{John H. Flavell} 교수는 메타인지^{metacognition}를 다음과 같이 정의했습니다.

- **목표** : 달성하고자 하는 것
- **전략** : 목표를 달성하기 위해 시도하는 방법
- **메타적 지식** : 무엇을 배우고 있는지 아는 것
- **메타적 경험** : 그 지식에 대해 실제로 어떻게 생각하는가

이미 오래 전부터 학습에서 메타인지의 중요성과 인지적 절차가 중요시되고 있습니다. 메타인지는 정보를 구두로 전달하고 소통하는 과정, 구두로 다른 사람을 설득하는 과정, 구두상으로 전달된 정보를 이해하는 과정, 텍스트를 읽고 이해하는 과정, 글을 쓰는 과정뿐 아니라 언어습득 능력, 주의집중력, 기억력, 문제해결력, 사회 인지능력, 그리고 다양한 유형의 자기통제력과 자기 교수 능력^{self-instruction}에도 매우 중요한 역할을 합니다.

프라벨 교수가 언급한 자기통제와 자기교수는 자기통제^{self-control}, 자기규제^{self-regulation}, 자기효능감^{self-efficacy}, 자기주도성^{self-directedness} 등으로 언급되고 있으며, 학습자 스스로 학습 전반을 관리하는 학습 에이전시 아이디어^{idea of learner agency}로도 표현됩니다.

사회학습이론으로 유명한 심리학자 앨버트 반두라^{Albert Bandura}는 평생 학습과 전 생애적 활동을 돕는 메타인지 역량의 중요성을 강조했습니다. 자기 주도 역량이 높은 사람은 정규 교육과정을 넘어 지속적으로 인지적 성장을 이루고, 개인의 성향과 삶의 질을 더욱 향상시킬 수 있기 때문입니다.

살아가는 데 있어서 자기 앞에 주어진 현실을 변화시키는 것은 자기 주도 학습 능력을 발달시키는 데에도 큰 도움이 됩니다. 빠르게 변화하는 기술^{technology}, 그리고 빠르게 팽창하는 지식 사회에서 생존하고 번영하기 위해서는 끊임없이 자신의 경쟁력을 높여야 합니다.

메타인지는 문제해결력을 향상시켜 주며, 스크래치 프로그래밍을 할 때에도 굉장히 유

용합니다. 교사는 다음과 같은 질문을 통해 학생들이 메타인지를 사용하거나 자신의 생각에 대해 생각할 수 있도록 도울 수 있습니다.

- 프로젝트를 수행하는 과정에서 가장 어려운 것은 무엇이었나요?
- 도전을 앞두고 무엇을 생각했는지 기억이 나나요?
- 캐릭터를 움직이게 하는 또 다른 방법이 있나요? 어떻게 다른 방법을 찾았나요?
- 만약 시간이 조금 더 있다면 다르게 시도해 보고 싶은 것이 있나요?
- 다른 사람과 함께 프로젝트를 만들었다면, 생각이 어떻게 바뀌었을 것 같나요?

CHAPTER

12

스크래치를 어떻게 가르칠 것인가

이제는 새로운 기술을 먼저 써보는 얼리어답터를 넘어 컴퓨팅 파워를 사용하여 새로운 것을 창조할 때입니다! 스크래치는 학생들이 실수에 대한 부담감이나 두려움을 내려놓고 특별한 목적 없이도 이것저것 만들어 볼 수 있습니다. 학생들은 이러한 과정에서 프로그래밍 개념을 탐구하는 '틴커tinker[59]'를 경험할 수 있습니다. 예를 들어, 스크래치는 텍스트를 입력하는 프로그래밍 언어에서처럼 문법에 맞게 구두점을 찍어야 하는 것도 아니고, 학생들이 완성된 창작물이 쓸모없을까 봐 걱정하지 않아도 됩니다.

---

59) 틴커는 분명한 목적 없이도 자신의 흥미와 관심 분야의 일을 즐겁게, 반복적으로, 꾸준히 진행하여 기대하지 않았던 뜻밖의 성취를 이루는 것을 의미합니다. 그리고 이러한 과정을 틴커링(tinkering)이라 하며, 틴커 혹은 틴커링을 경험한 사람을 틴커러(tinkerer)라 합니다. 처음에는 특별한 의도 없이 레고 블록을 이리저리 쌓고 있었던 아동이 '판타지 성'을 만들기로 결심하고 완성하는 것 역시 틴커링의 예시입니다.

스크래치 수업의 첫 번째 단계는 스크래치 웹 사이트(https://scratch.mit.edu)에 접속해서 새로운 계정을 만들고, 프로그래밍 콘셉트가 담긴 여러 가지 프로젝트를 즐겁게 살펴보는 것입니다.

교사 계정 만들기

스크래치는 이메일 주소, 사용자 이름(실명이 아닌 별명이나 닉네임)을 입력하면 누구나 가입할 수 있습니다.

스크래치 교사 전용 계정은 수업에 참여하는 학생들을 그룹별로 쉽게 관리할 수 있습니다. 교사 전용 계정을 만들면 누가 수업에 참여하고 있는지 파악할 수 있고, 학생 프로젝트를 관리할 수 있으며, 학생들의 활동 모습을 모니터링하고 코멘트도 작성할 수 있습니다.

교사들을 위한 스크래치 웹 사이트(https://scratch.mit.edu/educators)에 접속해서 '교사용 계정 요청'을 클릭하세요.

교사들을 위한 페이지에는 자주 묻는 질문(FAQ), 비디오 영상이 포함된 튜토리얼을 비롯하여 다양한 교수학습자료가 있습니다. 교사 전용 계정을 새로 요청한 경우, 승인 절차는 대개 하루 정도 소요됩니다.

교사 전용 계정 만들기가 모두 완료되면 비로소 학생들과 함께 스크래치를 사용할 준비가 된 것입니다.

　※ 스크래치 아이디어 페이지(https://scratch.mit.edu/ideas)에 접속해서 초보자를 위한 '활동 안내서'와 체험하기, 단계별 튜토리얼, 스크래치 액티비티 카드를 확인해 보세요.

🖉 스크래치와 친해지기

스크래치 인터페이스는 우리에게 매우 친근하게 설계되었습니다. 여기서는 최신 버전인 스크래치 3.0 온라인 에디터를 살펴보겠습니다.

[그림 12.1]을 살펴보면 스크래치 화면이 다섯 개의 영역으로 구성된 것을 확인할 수 있습니다.

[그림 12.1] 스크래치 3.0 온라인 에디터 화면

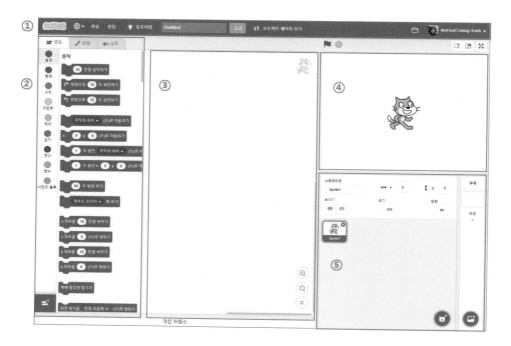

① **메뉴** : 스크래치에서 사용하는 언어를 선택하거나 파일, 편집, 튜토리얼 기능을 사용할 수 있습니다.

② **블록 팔레트**Blocks Palette : 스프라이트를 제어할 수 있는 명령어 블록들을 한 데 모아놓은 곳입니다. 색상별 서로 다른 기능들을 지원하며, 스크래치 3.0에서는 마우스를 스크롤하여 전체 블록을 더욱 쉽고 빠르게 확인할 수 있습니다.

③ **스크립트 영역**Scripts Area : 스크립트는 스프라이트를 제어하는 명령어로, 블록 팔레트에서 선택한 블록을 끌어다 놓고 조합합니다. 스크립트를 실행하면 현재 실행 중인 명령어 블록이 강조되어 표시됩니다.

④ **무대**Stage : 무대는 스프라이트의 스크립트가 실행되는 곳입니다. 스크래치를 연극 활동이라 생각해 보세요. 무대는 배우가 연극을 펼치는 공간으로, 스크래치에서는 프로그래밍이 실행되는 모습이 보입니다. 무대에서는 스크래치 고양이를 비롯한 다양한 캐릭터들이 등장하여 움직이고, 말하고, 서로 대화합니다.

⑤ **스프라이트 리스트**Sprite List : 스프라이트는 무대 위에서 움직이는 객체입니다. 새로운 스프라이트나 무대의 배경을 불러오거나 직접 그리고 꾸밀 수 있습니다. 스크래치 3.0에서는 스프라이트 에디터와 사운드 편집기 기능이 더욱 향상되어 아이디어를 더욱 풍부하게 표현할 수 있게 되었습니다.

Try it!

〈No Fear Coding〉 스튜디오에서 '리믹스' 기능을 활용하여 여러분을 소개하는 프로젝트를 만들고 공유해 보세요.

1. 스크래치 웹 사이트(https://scratch.mit.edu)에 로그인합니다.
2. 아래 링크를 클릭하여 〈No Fear Coding〉 스튜디오에 접속하세요.
   https://scratch.mit.edu/studios/3801060/
3. 스튜디오 안에서 프로젝트 하나를 선택하여 열어 보세요.
4. [스크립트 보기] 버튼을 클릭하세요.
5. [리믹스] 버튼을 클릭하세요.
6. 여러분을 소개하는 프로젝트를 만들어 보세요.

프로젝트를 완성하고 나면, 화면 위의 [공유하기] 버튼을 눌러서 프로젝트를 공유할 수 있도록 합니다. 그러고 나서 오른쪽 하단에 있는 [스튜디오에 추가하기] 버튼을 눌러서 'No Fear Coding-STRETCh 교사 소개' 스튜디오에 추가합니다.

🖉 스크래치 스튜디오

스크래치 스튜디오 Scratch studio는 여러 명의 사용자들이 만든 프로젝트들을 한 데 모아 그룹으로 관리하는 기능입니다. 교사 전용 계정으로 교실 스튜디오를 만들면 학생들이 수업 중에 만든 프로젝트를 한데 모아 공유하고 관리할 수 있습니다.

🖉 스크래치에서 컴퓨팅 사고 경험하기

이번에는 스크래치 프로그래밍이 어떻게 컴퓨팅 사고 기술들과 통합되는지 자세히 살펴보겠습니다.

[표 12.1]은 이 책의 〈CHAPTER 1: 코딩과 컴퓨팅 사고〉에서 소개했던 내용으로, 컴퓨팅 사고 요소들이 스크래치 프로젝트에 어떻게 반영되는지를 추가적으로 설명합니다.

[표 12.1] 스크래치에 적용되는 컴퓨팅 사고의 개념

ISTE/CSTA 컴퓨팅 사고 개념	정의	스크래치에 적용
데이터 수집 (Data Collection)	문제해결에 필요한 데이터 수집하기	• 스크래치 블록 조합하기
데이터 분석 (Data Analysis)	데이터 이해하기, 데이터 속에서 일련의 규칙과 패턴 찾기, 데이터 분석에 대한 결론 도출하기	• 프로그램 실행하기 • 오류 찾기
데이터 표현 (Data Representation)	그래프, 차트, 글 또는 이미지 등 적절한 방법으로 데이터 표현하기	• 프로그램이 올바르게 작동하도록 오류 해결하기
문제 분해 (Problem Decomposition)	문제를 해결 가능한 수준의 작은 문제로 나누기	• 스크래치 게임 설계하기 • 스크래치 프로젝트에서 사용할 이미지, 소리 효과, 캐릭터 모으기
추상화 (Abstraction)	핵심 아이디어를 파악하기 위해 복잡성을 줄이고 단순화하기	• 모든 작업들이 프로젝트 목적에 부합하는지 확인하기

알고리즘 및 절차 (Algorithms & Procedures)	문제를 해결하거나 어떤 목표를 달성하기 위해 수행하는 일련의 단계	• 프로젝트 구성에 필요한 스크래치 명령어 블록 결정하기
자동화 (Automation)	반복적이거나 지루한 작업을 컴퓨터 혹은 기계를 사용하여 효율적으로 처리하기	• 명령어 블록을 효율적으로 조합하기 위한 방법 찾기(예: 루프 사용)
시뮬레이션 (Simulation)	표현Representation 혹은 프로세스 모델 문제해결을 위해 만든 모델을 실행시키는 것도 시뮬레이션에 해당됨	• 직접 만든 스크래치 프로젝트
병렬처리 (Parallelization)	공동의 목표를 달성하기 위해 여러 가지 작업을 동시에 수행하도록 자원 구성하기	• 필요한 경우에는 여러 가지 아이템이 동시에 실행되도록 만들기

이제 스크래치가 어떻게 컴퓨팅 사고와 관련되는지 '큰 그림'을 이해했으므로, 스크래치에 사용되는 알고리즘 및 절차에 대해 더욱 자세히 살펴보겠습니다.

[표 12.2]는 알고리즘 및 절차 개념을 스크래치에서 어떻게 적용할 수 있는지 설명하고, 실제 스크래치 명령어 블록으로 구성하는 방법을 보여줍니다.

[표 12.2]는 다른 프로그래밍 언어들에서도 공통적으로 사용되는 계산적 개념들을 소개하고 있습니다. 여기서 소개하는 컴퓨팅 사고의 알고리즘 및 절차에 해당하는 일곱 가지 개념들은 스크래치 프로젝트에 자주 사용되고 있으며, 다른 프로그래밍 언어나 프로그래밍 영역이 아닌 다른 분야와 영역에서도 적용될 수 있습니다.

[표 12.2] 컴퓨팅 사고(Computational Thinking, CT) 개념 및 정의

알고리즘 및 절차	스크래치 적용방법	스크래치 블록 예시
이벤트 (Events)	이벤트 블록은 특정 이벤트가 생기면 일어나는 일들을 만들 때 사용합니다. 스크래치에서 가장 일반적으로 사용되는 블록은 '녹색 깃발'입니다. 사용자가 녹색 깃발을 클릭하면 스크립트 또는 프로그래밍 블록이 위에서 아래 방향으로 순차적으로 실행됩니다.	

병렬처리 (Parallelism)	병렬처리는 여러 개의 명령어 시퀀스가 동시에 실행되는 것을 의미합니다. 예를 들어, 캐릭터를 이동시키면서 동시에 말하기를 하고 싶은 경우, 캐릭터를 움직이는 동시에 음악을 재생하고 싶은 경우에는 두 가지 이벤트를 사용합니다.	
조건 (Conditionals)	특정 조건에서 의사 결정을 합니다. 예들 들어, 고양이가 물고기에 닿으면 '야옹' 소리를 재생합니다.	
연산 (Operators)	수학적 연산, 논리 연산, 문장 표현에 사용하는 블록입니다. 유치원~초등학교 5학년 학생들은 수학적 연산과 논리연산을 중점적으로 사용합니다.	
데이터 (Data)	데이터는 값을 저장하거나 검색, 업데이트합니다. 스크래치에서는 변수와 리스트를 사용합니다. 유치원~초등학교 5학년 교사들은 리스트보다 '변수'를 중점적으로 사용하는 것이 좋습니다. 어린 학생들은 게임을 만들 때 변수를 사용하여 점수를 표시하는 것이 동기부여가 되기 때문입니다.	

📝 스크래치로 코딩하기 : 실천 & 관점 Practices & Perspectives

　지난 2015년, 하버드 교육 대학원의 카렌 브레넌Karen Brennan교수와, 크리스탄 볼치 Christan Balch, 미셸 정Michelle Chung은 교사를 위한 창의적 컴퓨팅 교육과정 가이드Creative Computing Curriculum Guide를 출간했습니다.

세 명 모두 스크래치 에듀ScratchEd의 연구그룹 멤버로 활동하면서 2011년에 발간되었던 창의적 컴퓨팅 가이드를 개정했습니다. 이때 온라인으로 진행되었던 2013 창의적 컴퓨팅 워크숍의 피드백 내용을 새롭게 추가했습니다.

이후 2015년과 2019년 개정을 거쳐 Creative Computing Curriculum Guide(Scratch 3.0)을 발간했습니다. 최신 가이드는 창의적 컴퓨팅 홈페이지(https://creativecomputing. gse.harvard.edu/guide/curriculum.html)에서 확인 및 다운로드 할 수 있습니다.

이 가이드의 저자들은 창의적 컴퓨팅이 코딩과 창의력뿐 아니라 역량강화empowerment와도 관련이 있음을 주장합니다. 즉, 창의력과 역량강화는 스크래치를 사용해야 하는 중요한 이유이기도 합니다. 또 학생들이 스크래치 프로젝트를 만드는 과정에서 창의력과 상상력을 발휘하고, 흥미와 관심사를 더욱 넓히는 경험은 21세기 역량이 필수적으로 요구하는 것이기도 합니다.

뿐만 아니라 학생들은 인터랙티브 유형의 미디어를 만드는 과정에서 관련 지식을 습득하고 필요한 기술들을 연습하며, 기본적인 리터러시 능력을 습득합니다.

여러분 중에서 처음으로 스크래치를 살펴보려고 하는 분, 그리고 스크래치를 교과활동에 통합하고자 준비하는 분이 있다면, 스크래치를 통한 창의력 발현과 역량강화를 두루 고려하기를 권장합니다.

지난 2012년, 카렌 브레넌Karen Brennan과 미첼 레즈닉Mitchel Resnick은 학생들이 인터랙티브 미디어를 설계하고 만드는 과정에서 그들의 컴퓨팅 사고가 어떻게 발달되는지를 확인하기 위해 학생들이 완성한 산출물을 기반으로 인터뷰를 하고 그 내용을 분석했습니다.

분석 결과, 학생들은 스크래치로 산출물을 만드는 과정에서 다양한 전략들을 사용하였는데, 결과적으로는 총 네 가지 전략을 '실천practice'하는 것으로 나타났습니다.

이러한 실천들은 학생들이 산출물을 만들면서 '무엇'을 배우고 '어떻게' 배웠는지를 생각하고, 이들을 고려하면서 자신의 사고과정과 학습과정을 확인하도록 돕습니다.

실험하기 & 반복하여 실험하기 : 우선 조금만 개발해 실행해 보고, 이후에 조금 더 개발하기.

테스트하고 디버깅하기 : 문제가 발생했는지 확인해 보고, 문제가 발생한 경우에는 원인을 찾아 해결하기.

재사용하기 & 리믹스 하기 : 기존 프로젝트 혹은 기존 아이디어를 기반으로 무언가를 만들기.

추상화와 모듈화하기 : 전체와 부분이 서로 어떻게 연결되었는지 탐구하기.

브레넌과 레즈닉 교수는 인터뷰를 통해 어린 디자이너들이 자기 자신을 더욱 잘 이해하게 되고, 다른 사람들과의 관계가 개선되었으며, 주변에서 쉽게 접할 수 있는 기술들을 탐색하게 되었다는 사실도 알게 되었습니다. 그 때문에 컴퓨팅 사고 발달 여부를 확인하고 평가하기 위한 컴퓨팅 사고 프레임 워크에는 '관점perspective' 영역을 추가했습니다[60].

다음 세 가지 요소들은 관점에 관한 내용으로, 컴퓨터 사고가 발달된 학생들의 인터뷰에서 관찰된 것들입니다.

- **표현**Expressing : 컴퓨테이션computation은 무언가를 새롭게 만들 수 있도록 해줍니다.
  "나는 새로운 것을 만들 수 있어."
- **연결** : 다른 사람들과 함께 만드는 것, 그리고 다른 사람들을 위해 만드는 것의 중요성을 깨닫습니다. "다른 사람들과 함께라면 또 다른 것들을 만들 수 있어."
- **질문** : 우리가 살아가는 세상에 대해 얼마든지 질문을 던질 수 있는 있다는 것을 느낍니다. "이 세상을 알아가기 위해 질문을 할 수 있어.", "나는 컴퓨터와 관련된 세상을 이해하기 위해 컴퓨테이션을 사용하여 질문할 수 있어."

컴퓨팅 사고를 처음 배우는 학생들에게는 의도적으로 비계scaffold를 설정하기 위해 위

---

60) 브레넌과 레즈닉(2012)은 컴퓨팅 사고를 측정하고 평가하기 위한 프레임워크를 개념(Concept), 실천(Practice), 관점(Perspective) 등 세 가지 영역으로 구성했습니다.
- 개념 : 자동화를 하기 위해서 이해하고 있어야 할 기본적인 컴퓨팅 개념들로 시퀀스, 루프, 이벤트, 조건 등이 포함됩니다.
- 실천 : 학생들이 컴퓨팅 개념을 잘 알고 있다고 해서 컴퓨팅 사고가 높은 수준으로 발달된 것은 아닙니다. 실제로 산출물을 만드는 과정에서 학습자는 자신의 생각에 대해 생각하고, 학습과정을 확인할 수 있어야 합니다. 이는 곧 실천 영역으로 평가됩니다.
- 관점 : 관점의 변화를 통해 컴퓨팅 사고가 발달되었는지를 살펴보는 것으로, 스크래치를 이용한 창작활동에 대한 생각, 다른 사람들과 함께 상호작용하며 참여하는 것에 대한 생각, 앞으로의 기술 혹은 창작 관련 활동에 대한 생각들을 확인합니다.

와 같이 컴퓨팅 사고의 '관점' 요소들을 제시하는 것이 좋습니다.

학생들은 컴퓨터 언어를 이해하고 나면, 다양한 프로젝트나 내용 지식에 얼마든지 적용할 수 있습니다. 학생들이 구글 슬라이드나 파워포인트를 이용하여 프레젠테이션을 자료를 만들지 않고, 대신 스크래치 프로그래밍으로 최종 프로젝트를 완성하도록 해보세요!

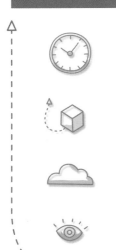

CHAPTER 13

다양한 교과 시간에
스크래치 프로젝트 만들기

스크래치는 실로 다양한 기능을 지원하는 개방형 툴입니다. 따라서 범교과 차원으로 활용할 수 있는 프로그래밍 도구입니다. 학생들은 기본적인 코딩 블록 사용법과 기능을 이해하고 나면, 창의력을 발휘하여 자신이 알고 있는 지식을 다양하게 표현할 수 있습니다. 스크래치 덕분에 이제는 학생들이 종이에 레포트를 작성하지 않아도 됩니다. 연필로 수학 활동지를 풀지 않아도 되고, 과학 발표를 위해서 종이 포스터를 만들지 않아도 됩니다.

스크래치로 직접 만든 게임을 친구들에게 보여주고 피드백을 받는 형식으로 평가를 진행하면 학생들이 얼마나 즐거워할까요!

🖉 리터러시 프로젝트

코딩은 학생들이 읽고 있는 이야기 속 캐릭터와 이야기가 전개되는 배경을 시각화하거나 학생 개인의 삶이 닮긴 서사를 표현해 주기도 합니다. 여러분에게 소개하고자 하는 리터러시 프로젝트들에서는 어린 코더들에게 간단한 명령어 블록을 소개하는 것으로 비계 scaffold를 설정했습니다. 덕분에 학생들 스스로가 지식을 습득하고 컴퓨팅 사고 기술을 적용하는 과정을 더욱 쉽게 이해할 수 있었습니다.

여기서 소개하는 프로젝트 활동들은 모두 교실 수업에 적용해 보았으며, 교사들의 피드백을 받아 https://nofearcoding.org 에서 지속적으로 업데이트하고 있습니다.

모든 내용은 STRETCh[61] 철학을 기반으로 구성했으며, 학습에 어려움을 겪는 학생들 struggling learners과 높은 성취를 보이는 상위 학생들advanced learners을 위해 활동 내용을 차별화했습니다. 그러나 평가 루브릭은 모든 학생을 위한 것임을 꼭 기억하시기 바랍니다. 평가 루브릭 중간에 성취기준이 표기되어 있으며, 학생 스스로 노력한 부분이나 발전한 부분이 있다면 별도의 의견란에 작성할 수 있습니다.

<리터러시> 안녕하세요, 할머니, 할아버지

이 프로젝트는 유치원 학생이나 초등학교 저학년 학생들에게 권장하는 것으로, 영어 공통핵심기준 중에서 '하나의 사건에 대해 이야기하고, 일어난 사건에 대해 반응하기'에 초점을 두었습니다.

학생들은 '스프라이트Sprite' 또는 캐릭터를 하트 모양을 향해 움직이고 반응하도록 만들어야 합니다. 학생들은 이러한 구체적이고 실제적인 움직임을 구현하면서 자신이 어떤 성격을 가지고 있는지를 분명하게 확인합니다.

---

61) STRETCh(Striving to Reach Every Talented Child) : 이 책의 저자인 하이디 윌리엄즈(Heidi Williams)가 창안한 것으로, 학생들의 한계를 미리 생각하지 않고 재능이 있는 모든 어린이에게 차별화 전략을 적용하여 컴퓨팅 사고와 컴퓨터 과학을 가르치는 것이 목표입니다.
자세한 내용은 STRETCh 웹 사이트 http://www.stretchinstructor.com 에서 확인할 수 있습니다.

스프라이트가 하트 모양에 너무 가까이 다가가면, 마우스로 스프라이트를 드래그하여 원래 위치로 되돌립니다.

[표 13.1] 〈안녕하세요, 할머니 할아버지〉 리터러시 프로젝트와 관련된 표준

학년	스크래치 블록	표준
유치원	10 만큼 움직이기 안녕! 을(를) 2 초 동안 말하기	〈영어 공통핵심기준〉 • ELA-Literacy.W.K.3 그리기, 말하기, 쓰기를 알맞게 조합하여 단일 사건이나 천천히 전개되는 여러 가지 사건 표현하기 일어난 순서대로 사건에 대해 말하고 반응하기

학생들은 '말하기' 블록을 사용하여 자신이 하고 싶은 말을 표현할 수 있습니다. 만약 코딩을 어려워하는 학생들이 있다면, 먼저 『No Fear Coding』의 문장 완성 활동지를 작성하도록 합니다. 별다른 어려움 없이 프로젝트를 잘 만드는 학생들은 원인과 결과를 고려하여 캐릭터를 움직이도록 합니다.

〈안녕하세요, 할머니 할아버지〉 교사 가이드는 http://bit.ly/Hello-Grandma-Grandpa 에서, 스크래치 프로젝트는 http://scratch.mit.edu/projects/129380641 에서 확인할 수 있습니다.

<리터러시> 아기돼지 삼형제

〈아기돼지 삼형제〉 프로젝트는 우리가 잘 알고 있는 동화를 기반으로 만듭니다. 초등학교 1학년 영역 공통핵심기준 중에서 쓰기 영역의 '두 개 또는 그 이상의 사건들을 순서대로 이야기하기'에 초점을 두고 있습니다.

초등학교 1학년 학생들에게는 어떤 블록들이 스프라이트의 동작을 표현할 수 있는지 설명해 줍니다. 앞서 유치원 학생들은 〈안녕하세요, 할머니 할아버지〉 프로젝트를 만들며 스

프라이트를 움직이고 반응을 표현했습니다. 여기서는 학생들이 아기 돼지를 화면 위를 미끄러지듯이 움직여 다른 곳으로 이동시켜야 합니다. 아기 돼지를 움직이기 위해서는 X좌표와 Y좌표를 사용해야 합니다. 하지만 여기서는 좌표 개념을 아직 모르는 어린 학생들을 위해 아기 돼지들의 위치를 미리 설정해 두었습니다.

〈아기 돼지 삼형제〉 교사 가이드는 http://bit.ly/The-Three-Pigs에서,
스크래치 프로젝트는 https://scratch.mit.edu/projects/129381230에서 확인할 수 있습니다.

[표 13.2] 〈아기돼지 삼형제〉 리터러시 프로젝트와 관련된 표준

학년	스크래치 블록	표준
초등학교 1학년	**3 초 기다리기** / **모양을 Hay ▼ (으)로 바꾸기** / **1 초 동안 x: 0 y: 0 (으)로 이동하기**	〈영어 공통핵심기준〉 • ELA-Literacy.W.1.3 순서가 있는 두 개의 사건 또는 그보다 더 많은 사건들을 이야기하고, 발생한 사건에 대해 세부 내용을 이야기하고, 시간적 의미를 갖는 단어를 사용하여 사건이 일어난 순서를 말하고, 사건의 종결을 알리는 표현하기

〈아기돼지 삼형제〉 프로젝트는 영어 공통핵심기준의 쓰기영역뿐 아니라 말하기·듣기 영역의 'ELA-Literacy.SL.1.5 : 아이디어나 생각, 감정을 명확히 하기 위해 그림을 그리거나 다른 시각적 표현 추가하기'와도 부합됩니다.

학생들은 동화 〈아기 돼지 삼형제〉를 읽거나 듣고 난 후에 활동지를 받아 시간적 의미를 갖는 단어들을 사용하여 이야기 속 사건들을 순서대로 적습니다. 그리고 나서 스크래치로 자신만의 이야기를 완성합니다.

171

<리터러시><수학> 바닷속 탐험하기

〈바닷속 탐험하기〉 프로젝트에는 적어도 네 가지 이상의 캐릭터들이 등장합니다. 학생들은 이야기 속에 등장하는 사건들을 올바른 순서대로 구성하고, 시간을 의미하는 단어들을 사용하여 유창하고 읽기 쉽게 표현해야 합니다. 이때 학생들마다 서로 다른 이야기를 만들 수 있습니다. 그리고 스크래치로 프로젝트를 만들기 전에 먼저 활동지를 나눠주고 모두가 함께 만드는 스토리와 개별 스토리를 각각 작성하도록 하는 것이 좋습니다.

이렇게 활동지를 작성하는 것은 글쓰기를 어려워하는 학생들에게 도움이 될 수 있습니다. 교사가 학생들에게 활동지 작성하는 방법을 보여주며 메타 인지 모델링을 해줄 수 있으며, 학생들 역시 전체 스토리를 참고하여 개별 스토리에 대한 아이디어를 구상할 수 있기 때문입니다.

이 프로젝트는 초등학교 2학년 영어 공통핵심기준의 쓰기 영역 표준 내용에 중점을 두고 있지만, 다른 표준들과도 통합할 수 있습니다.

〈바닷속 탐험하기〉의 교사 가이드는 http://bit.ly/Underwater-Adventure 에서,

스크래치 프로젝트는 https://scratch.mit.edu/projects/127124642 에서 확인할 수 있습니다.

별다른 어려움 없이 프로젝트를 잘 만드는 학생들은 캐릭터의 움직임을 더욱 다양하게 탐색하도록 합니다. 이 학생들은 캐릭터가 움직이고 스크린화면 위에서 미끄러지듯 이동시키기 위해 여러 가지 시도를 할 것입니다. 뿐만 아니라 캐릭터의 움직임을 좀 더 효율적으로 제어하기 위해 그동안 배운 것들을 응용하여 '반복하기' 블록으로 루프 구문을 만들 수 있을 것입니다.

학생들은 〈바닷속 탐험하기〉 프로젝트를 만들면서 시간의 개념, 원인과 결과에 대해 탐구합니다. 학생들이 알고리즘과 절차를 능숙하게 다루게 되면 실제 우리가 대화하고 행동하는 것처럼 스크래치 프로젝트를 만들 수 있습니다.

영어 공통핵심기준의 리터러시 영역은 글쓰기 과정에 중점을 두고 있습니다. 프로젝트 제작자가 초안을 작성하고 나면 작품을 검토하는 팀에게 초안을 전달합니다. 제작자가 검토를 통해 피드백을 받고 나면, 해당 내용을 수정 및 보완하여 다시 검토를 의뢰합니다. 다음의 컴퓨팅 사고 실천practice에서 확인할 수 있듯이, 코더는 여러 개의 초안을 작성하고 수정합니다.

[표 13.3] 〈바닷속 탐험하기〉 프로젝트와 관련된 표준

학년	스크래치 블록	표준
초등학교 1학년	음... 생각하기 음... 을(를) 4 초 동안 생각하기 10 번 반복하기 10 만큼 움직이기	〈영어 공통핵심기준〉 • ELA-Literacy.W.2.3 : 정교한 사건이나 짧은 일련의 사건에 대해 이야기하기 등장인물의 행동이나 생각, 감정을 상세히 묘사하기 시간적 의미를 갖는 단어를 사용하여 사건의 순서 알리기 사건의 분위기를 전달하는 서사 글쓰기 • ELA-Literacy.L.2.1.E : 형용사와 부사를 알맞게 사용하고, 수정해야 할 대상을 고려하여 형용사와 부사 중에서 선택하여 사용하기 • ELA-Literacy.L.2.2 : 글쓰기를 할 때에 지켜야 할 표준 영어의 대문자, 구두점, 철자법 규칙 설명하기 〈수학 공통핵심기준〉 • Math.Content.2.OA.A.1 : 100 이내에서 덧셈, 뺄셈을 사용하여 한 단계 또는 두 단계의 서술형 문제 풀기 방정식을 풀기 위해 더하고, 빼고, 함께 모으고, 분리하고, 비교하기 등 모든 방법 동원하기

- **실험하기 & 반복하여 실험하기** : 우선 조금만 개발하여 실행해 보고, 이후에 조금 더 개발하기

- **테스트하고 디버깅하기** : 문제가 발생했는지 확인해 보고, 문제가 발생한 경우에는 원인을 찾아 해결하기

다음으로 소개할 세 가지 프로젝트들은 학생들이 이전에 사용했던 명령어 블록들을 기반

으로 구성되었습니다. 학생들이 코딩에 익숙해지고 컴퓨팅 사고를 일정 수준 이상으로 발달시켰다면, 학년이 올라가서도 이 세 가지 프로젝트들을 리뷰하고 수정하는 것이 훌륭한 학습이 될 수 있습니다. 이때, 학생들은 5학년에 최종 프로젝트를 발표하기까지 여러 차례 피드백을 받아 프로젝트를 수정할 수 있습니다.

학생들이 3년에 걸쳐 완성한 프로젝트는 어떨 것 같나요? 완성도 높게 만들어진 학생들의 프로젝트가 상상이 되나요?

〈바닷속 탐험하기〉 프로젝트는 영어 공통핵심기준의 문학 읽기Writing and Reading Literature 영역의 표준과도 통합될 수 있습니다[62]. 이때 나만의 스토리 만들기, 문학 작품에 등장하는 인물이나 사건들을 상세히 묘사하기, 실화 이야기를 재현하기 등 여러 가지 프로젝트를 만들 수 있습니다.

여기 소개된 수업 사례들 중 하나를 선택해서 여러분이 담당하는 교과 내용에 맞게 구성해서 실천해 보세요. 그리고 https://nofearcoding.org 의 수업 갤러리에 여러분의 수업 현장을 공유해 보세요.

<리터러시> 나의 모험 이야기

〈나의 모험 이야기〉 프로젝트는 결말이 있는 스토리를 만들거나 처음부터 끝까지 이어지는 스토리를 구성합니다.

학생들에게 에드워드 팩커드Edward Packard 작가의 1976년 작품인 『나만의 모험Choose Your Own Adventure』 시리즈[63]를 소개하고, 이 작품을 참고하여 자신만의 모험 이야기를 만들도록 합니다. 『나만의 모험』 시리즈는 1980년대부터 90년대까지 전 세계 2억 5천만 부 이상 판매된 인기 있는 어린이 도서입니다.

---

62) 이 책의 〈부록 C〉를 참고바랍니다.

63) 나만의 모험 : 미국의 작가 에드워드 팩커드가 7~14세 어린이들을 위해 쓴 모험 이야기책으로, 어린이들이 책을 읽는 과정에서 여러 가지 선택을 하고 그 선택에 따라 이야기가 전개됩니다. 따라서 독자가 어떤 선택을 하느냐에 따라 각기 다른 모험이 전개되며 이야기의 결과도 달라집니다.

[표 13.4] 〈바다 속 탐험하기〉 프로젝트와 관련된 표준

학년	스크래치 블록	표준
초등학교 3학년	넌 이름이 뭐니? 라고 묻고 기다리기 마우스 포인터 ▼ (으)로 이동하기	〈영어 공통핵심기준〉 • ELA-Literacy.W.3.3 : 실제로 경험한 일이나 상상하여 글쓰기를 할 때, 혹은 사건에 대해 서술할 때에 효과적인 기법을 사용하거나 대상을 상세히 묘사하고, 사건의 순서를 분명히 작성하기 • ELA-Literacy.RL.3.3 : 이야기 속에 등장하는 인물들을 묘사하고 (예: 등장인물의 성격, 동기, 감정 등) 등장인물의 행동이 사건의 전개에 어떠한 영향을 주었는지 설명하기
초등학교 4학년	클릭했을 때 무한 반복하기 모양을 모양 1 ▼ (으)로 바꾸기 1 초 기다리기 모양을 모양 2 ▼ (으)로 바꾸기 1 초 기다리기 대화하기 ▼ 신호 보내고 기다리기 대화하기 ▼ 신호를 받았을 때	〈영어 공통핵심기준〉 • ELA-Literacy.W.4.3.B : 대화나 설명 기법을 사용하여 자신이 경험한 내용이나 이야기 속 사건을 발전시키고, 주어진 상황에 맞게 등장인물의 반응 표현하기 • ELA-Literacy.RL.4.3 : 인물, 배경, 이야기나 드라마에 등장하는 사건, 세부 내용이 표현된 텍스트(등장인물의 생각, 대화, 행동 등)를 깊이 있게 묘사하기

		〈영어 공통핵심기준〉
초등학교 5학년	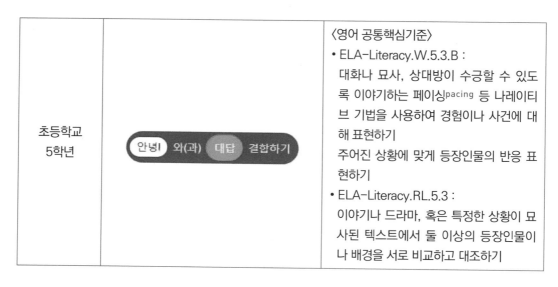	• ELA-Literacy.W.5.3.B : 대화나 묘사, 상대방이 수긍할 수 있도록 이야기하는 페이싱pacing 등 나레이티브 기법을 사용하여 경험이나 사건에 대해 표현하기 주어진 상황에 맞게 등장인물의 반응 표현하기 • ELA-Literacy.RL.5.3 : 이야기나 드라마, 혹은 특정한 상황이 묘사된 텍스트에서 둘 이상의 등장인물이나 배경을 서로 비교하고 대조하기

〈나의 모험 이야기〉 프로젝트에서는 다음 표준들도 함께 다룰 수 있습니다.

- **ELA-Literacy.W.3.3.A** : 이야기의 배경을 설정하고 등장인물과 화자話者 : narrator 소개하기
  사건이 자연스럽게 전개되도록 사건이 발생하는 순서를 순차적으로 알맞게 구성하기
- **ELA-Literacy.W.3.3.B** : 등장인물들의 행동과 생각, 감정을 대화나 서술식으로 표현하고, 주어진 상황에 맞게 등장인물들의 반응을 표현하여 이전에 경험한 내용이나 사건들을 더욱 발전시키기
- **ELA-Literacy.W.3.3.C** : 시간적 의미를 갖는 단어 혹은 구句 : phrase를 사용하여 사건의 순서 알리기
- **ELA-Literacy.W.3.3.D** : 글의 결말 분위기를 표현하기
- **ELA-Literacy.W.3.5** : 성인이나 또래의 안내 혹은 도움을 받아 목적에 맞게 글을 계획, 수정, 편집하여 글쓰기 능력을 발전시키고 강화하기

학생들은 이야기 속에 등장하는 여러 가지 배경들 중에서 원하는 것을 선택하거나 직접 새로운 배경을 구성하여 자신만의 모험 이야기를 만들 수 있습니다. 이렇듯 기존의 교육과정에 코딩을 통합하면 학생들의 창의력을 증폭시킬 수 있습니다.

🖊 수학 프로젝트

 스크래치는 학생들이 수학적 개념을 실제적으로 확인하고, 수학과 관련된 창의적 콘텐츠를 직접 만들 수 있도록 합니다. 한 초등학교 2학년 학생은 동생에게 기본 도형들의 특징을 재미있게 알려주기 위해 스크래치로 〈도형아, 놀자! 생활The Daily Life of Shapes〉 게임을 만들었습니다. 교사들도 스크래치를 사용하여 학생들과 함께 수학적 개념들을 탐구할 수 있습니다.

 뒤에서 소개할 〈Go 바나나〉 스크래치 프로젝트에서는 추정하기estimation에 대한 개념을 깊이 다룹니다. 학생들이 추정하기에 관한 문제를 종이 위에 풀 때에는 실제로 학생이 이 개념을 충분히 탐구했는지를 확인하기가 어렵습니다.

 여러분은 학생들이 작성한 답안지만 보고도 이 학생이 추정하기 개념을 충분히 탐구했는지 확인할 수 있나요?

<수학> 도형아, 놀자!
 〈도형아, 놀자〉 프로젝트는 초등학교 2학년 애쉴리Ashley 학생이 자신의 여동생에게 여러 가지 도형들을 소개하기 위해 만든 인터랙티브 스토리 게임입니다.

[그림 13.1] 초등학교 2학년 학생이 만든 〈도형아, 놀자!〉 스크래치 게임 화면

이 게임은 유치원에서 수학 공통핵심기준 'Math.Content.K.G.A.3 : 사각형, 삼각형, 직사각형, 육각형, 정육면체, 원, 원뿔, 원기둥, 구球: sphere 등을 구분하고, 각각의 모양 설명하기'를 배우는 모든 아이를 위해 만든 것입니다.

애쉴리는 이전에 〈리터러시〉 프로젝트를 만들면서 배웠던 기능들을 사용하고, '신호 보내기', '신호 받기', '마우스 포인터 쪽으로 이동하기'와 같은 새로운 기능들을 추가로 사용했습니다.

애쉴리가 만든 〈도형아, 놀자!〉 프로젝트는 https://scratch.mit.edu/projects/146275252 에서 확인할 수 있습니다.

[표 13.5] 〈도형아, 놀자!〉 프로젝트와 관련된 표준

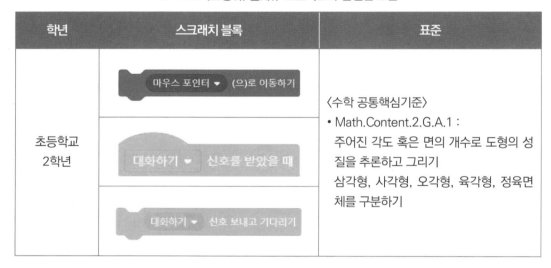

학년	스크래치 블록	표준
초등학교 2학년	마우스 포인터 ▼ (으)로 이동하기 대화하기 ▼ 신호를 받았을 때 대화하기 ▼ 신호 보내고 기다리기	〈수학 공통핵심기준〉 • Math.Content.2.G.A.1 : 주어진 각도 혹은 면의 개수로 도형의 성질을 추론하고 그리기 삼각형, 사각형, 오각형, 육각형, 정육면체를 구분하기

<수학> Go 바나나

어떤 학생들에게는 추정하기estimation가 어렵게 느껴질 수 있습니다. 〈Go 바나나〉 프로젝트는 어렵고 추상적인 추정하기 개념을 구체화시킬 수 있는 여러 가지 방법들을 소개합니다. 학생들이 스크린화면 위에 사탕이나 공, 항아리 등을 표시하고, 이들이 모두 몇 개인지 어림잡아 보도록 하세요. 이러한 활동은 추정하기를 실제로 보고, 느끼고, 세어 보면서 학습하는 기회가 됩니다.

추정하기의 개념을 직접 표현할 때에는 더욱 어려워집니다. [그림 13.2]는 스크린화면에서 바나나가 사라지기 전에 재빨리 바나나 개수를 추정하는 〈Go 바나나〉 게임입니다.

학생들은 코딩을 하기 전에 이 게임을 해보면서 자신이 얼마나 추정하기를 잘하는지 확인해 봅니다. 게임에서는 학생들이 화면에 보이는 바나나 수를 모두 셀 수 있도록 충분한 시간을 주지 않습니다. 따라서 학생들은 짧은 시간에 바나나의 개수를 어림잡아 답을 입력해야 합니다.

학생들은 직접 게임을 해보고 난 이후에 스크립트를 보며 화면에 표시되는 바나나 수를 변경하는 방법을 분석합니다. 그러고는 해당 값을 변경하여 자신만의 게임으로 새로이 만들어 봅니다.

〈Go 바나나〉의 교사 가이드는 http://bit.ly/NoFearCoding-Go-Bananas 에서,

스크래치 프로젝트는 https://scratch.mit.edu/projects/3185762 에서 확인할 수 있습니다.

[그림 13.2] '추정하기'에 대한 개념을 배울 수 있는 〈Go 바나나〉 게임

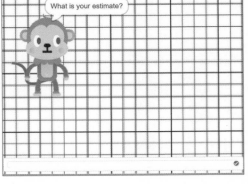

[표 13.6] 〈Go 바나나〉 프로젝트와 관련된 표준

학년	스크래치 블록	표준
초등학교 2학년	도장찍기 1 부터 10 사이의 난수	〈수학 공통핵심기준〉 • Math.Content.4.OA.A.3 : 자연수의 사칙연산을 이용해서 다단계로 구성된 서술형 문제해결하기 나눗셈을 한 경우에는 반드시 나머지 값을 분석하기 현재 알 수 없는 값을 문자로 나타내어 방정식으로 표현하기 계산 전략이나 추정 전략(예: 반올림)을 사용하여 합리적으로 값을 추정하고 문제해결하기

🖊 과학 & 사회 프로젝트

과학과 사회 교과는 학생들에게 개방적이고 탐구중심의 학습경험을 제공합니다. 스크래치는 학생들이 습득한 지식들을 서로 연결하고 통합하여 시각적으로 표현할 수 있는 도구로, 학생들의 창의력과 컴퓨팅 사고를 더욱 향상시켜줍니다. 이어서 소개할 프로젝트도 학생들이 직접 게임을 해보도록 한다면 더욱 적극적으로 수업에 참여할 것입니다.

<사회> 섬 소개하기

혹 여러분은 올해 사회과 수업을 바꿔볼 생각이 있으신가요? 만약 여러분이 사회 교과 활동을 새롭게 바꿔보고 싶다면, 기존 수업처럼 학생들이 파워포인트 슬라이드를 넘기며 발표하기보다 코딩과 스크래치 프로젝트 발표로 대체해 보는 건 어떨까요? 〈섬 소개하기〉 프로젝트는 사회 교과의 내용 지식과 컴퓨팅 사고를 통합할 수 있습니다.

어느 3학년 사회교과 시간이었습니다. 한 학생이 교사에게 다가가 친구들이 섬을 소개하는 종이 포스터를 만드는 동안, 자신은 섬을 소개하는 스크래치 프로젝트를 만들어도 되는

지 물었습니다.

이 학생은 스리랑카 바다의 풍경사진으로 시작하는 스크래치 프로젝트를 만들었습니다. 스리랑카 지도 모양을 빨간색으로 색칠하고, 그 위에 안경과 입을 그려 넣은 뒤 입 모양을 움직여 말하는 애니메이션으로 표현했습니다 [그림 13.3].

[그림 13.3] 3학년 사회 시간에 스크래치로 만든 〈애니메이션 포스터〉

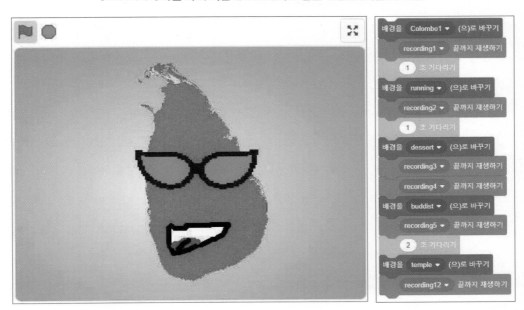

이 학생은 마치 파워포인트나 구글 슬라이드에서 슬라이드를 넘기는 것처럼, 스크래치의 '배경을 ~으로 바꾸기' 블록을 사용하여 스리랑카의 이미지 자료들을 이어서 보여주었습니다.

또 스리랑카를 더욱 실감나게 소개하기 위해 스크래치의 '녹음하기' 기능으로 자신의 목소리를 녹음하여 재생시키기까지 했습니다. 당시 교사와 동료 친구들은 스리랑카를 소개하는 프로젝트를 보고 몹시 놀라워하며 감명을 받았습니다.

🖊 <과학> 자기와 전기

점점 더 많은 학교에서 교사들이 학생들의 사전 지식수준을 확인하기 위해 각 단원의 도입 부분에서 사전 평가를 하고 있습니다. 초등학교 4학년 학생인 베일리Bailey의 담임선생님도 차별화 수업의 중요성을 잘 알고, 학생 개개인의 필요사항을 파악하여 모두를 충족시키기 위해 노력하고 있습니다. 베일리도 과학시간에 자기와 전기Magnetism and Electricit 단원 학습을 앞두고 사전 평가를 치뤘고, 그 결과 100점 만점에 88점을 받았습니다. 담임선생님은 베일리가 이미 알고 있는 내용을 또 다시 듣는 것보다 개방형 프로젝트를 수행하도록 권유했습니다.

그러자 베일리는 친구들이 응시할 자기와 전기의 단원 평가시험을 스크래치로 만들기로 결정했습니다. 베일리는 한동안 게임 형태의 스크래치 프로젝트에서 퍼즐을 풀며 컴퓨팅 사고 기술들을 향상시키는 것에 집중했습니다. 이후 담임선생님으로부터 단원평가 문제를 받아 2주 동안 스크래치 코드로 만들었습니다.

베일리는 친구들이 전기와 자기 단원을 학습하는 데 도움을 주기 위해 '묻고 기다리기', '만약 〈대답 = 네〉라면' 블록을 사용하여 학습 게임을 만들었습니다. 친구들이 키보드의 화살표 키를 사용하여 전선을 움직이게 하고, 전구와 배터리를 올바르게 연결하면 전구에 불이 들어오도록 만들었습니다. 또 '점수'라는 이름의 변수를 사용하여 친구들이 게임을 하는 동안 정답을 얼마나 많이 맞췄는지 확인할 수 있도록 했습니다.

베일리는 전기와 자기 게임이 실제 단원평가를 준비하는 데 얼마나 효과적일지 검증해 보기로 결심했습니다. 다른 반 학생들은 교사가 만든 과학 퀴즈 제퍼디 게임Jeopardy Game[64]으로 단원평가를 준비하고, 베일리 반 친구들은 베일리가 만든 학습게임을 하며 시험을 준비했습니다. 그리고 친구들은 게임을 하면서 느꼈던 내용을 베일리에게 피드백해 주었습니다. 꽤 많은 친구들이 화면 위에 표시되는 스크립트가 너무 많아서 '읽기가 어렵다'고 지적했습니다.

---

64) 제퍼디 게임 : 미국의 인기 있는 텔레비전 퀴즈쇼로 역사, 문학, 예술, 문화, 과학, 스포츠, 지질학, 세계사 등의 주제를 두루 다룹니다. 여기서는 과학 시간에 다루는 개념들을 퀴즈형식으로 학습했습니다.

얼마 후, 학생들은 전기와 자기 단원 평가를 치렀습니다. 베일리는 같은 반 친구들이 다른 반 학생들보다 시험 점수가 높게 나온 것을 확인하고는 무척이나 감격스러워했습니다.

베일리의 인터뷰 영상은 https://www.youtube.com/watch?v=QyWfNPpTNak 에서 확인할 수 있습니다.

스크래치 프로젝트 평가하기

스크래치가 무척이나 매력적인 또 다른 이유는 학습자가 스크래치 프로그래밍을 통해 자신의 컴퓨팅 사고를 가시적으로 표현할 수 있기 때문입니다.

닥터 스크래치Dr. Scratch는 스크래치 프로젝트를 분석하여 컴퓨팅 사고 점수와 피드백을 제공해 주는 무료 평가 도구입니다. 문제 분해, 논리적 사고, 동기화, 병렬처리, 흐름 제어에 대한 알고리즘적 개념, 사용자와의 상호작용, 데이터 표현 등의 요소들을 고려하여 0~21점 사이의 점수로 평가합니다. 닥터 스크래치는 학생들이 만든 스크래치 프로젝트에 대한 피드백을 주고받는 데 아주 유용하게 사용할 수 있습니다.

닥터 스크래치 웹 사이트(http://drscratch.org)에 접속하여 스크래치 프로젝트가 공유된 링크의 주소를 입력하거나 프로젝트 파일을 직접 업로드하면 곧 평가 점수와 피드백 내용을 확인할 수 있습니다. 또 [그림 13.4]와 같이 스크래치 평가 인증서를 다운받아 학생들과 공유할 수 있습니다.

[그림 13.4] 스크래치 프로젝트의 수준을 평가해 주는 닥터 스크래치

PART

5

미래 준비를 위한
코딩

이 책의 마지막 장인 <Part 5>에서는 유치원부터 초등학교 5학년까지의
학생들이 미래를 준비하는 데 도움이 될 수 있는 최첨단 기술과 이와 관련된
경험들을 살펴보겠습니다.
최근에는 위치 기반 게임과 증강 현실 기술들이 교육 현장에도
적용되고 있습니다. 학생들은 이러한 최첨단 기술들을 통해 가상의 인물들과
현실 세계의 미디어를 동시에 경험합니다.
<Part 5>에서는 학생들과 함께 증강 현실 프로그램을 탐구하는 사례를
소개합니다.

• 교사들은 왜 교실 수업에서 증강 현실 기술을 사용해야 할까요?
• 학생과 지역사회를 증강 현실 기술에 참여시키고, 이를 통해 학생들이 실제적인 학습
  을 해야 하는 이유
• ARIS 어플리케이션을 이용하여 <우리 마을 투어하기> 프로그램을 만드는 방법
• ARIS 혹은 ARIS와 비슷한 기술이 적용된 다양한 콘텐츠

CHAPTER 14

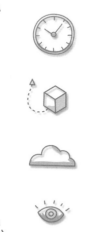

ARIS로
실세계 경험 만들기

여러분은 포켓몬 고Pokemon Go 게임을 해본 적이 있으세요? 포켓몬 고 게임은 나이엔틱 사(Niantic, Inc)가 2016년 7월에 출시한 게임으로, 증강현실을 이용해서 현실에서 나타나는 포켓몬을 잡거나 즐기는 콘셉트의 게임입니다. 휴대폰처럼 모바일 장치에 있는 GPS를 사용하여 실제 위치에 있는 것처럼 보이는 가상의 생물(포켓몬 캐릭터)을 찾아 잡거나, 맞서서 전투하거나, 훈련을 시키는 게임입니다.

이처럼 포켓몬 고 게임으로 전 세계를 사로잡았던 증강현실 기술(Augmented Reality, AR)은 이제 교실 수업에서도 활용되고 있습니다.

위스콘신 주의 매디슨 지역에 위치한 위스콘신 매디슨 대학교는 오픈 소스 기반의 AR 플랫폼인 ARIS(Augmented Reality for Interactive Storytelling)를 개발했습니다. 위스콘신 주에 소속된 몇몇 학교에서는 학생들과 지역사회에 도움이 되기 위해 ARIS를 활용한 몰입형 콘텐츠를 만들었습니다. AR 기술을 활용하면 마을의 역사 혹은 누군가의 지나간 삶을 마치 현재 진행되는 것처럼 재구성하고, AR 기술로 재구성된 지역 커뮤니티에 학생들을 참여시켜 실제적인 학습을 도울 수 있습니다.

ARIS는 전 세계의 사람들이 다양한 목적으로 사용하고 있습니다. 그 중에서도 교실 수업이나 박물관 학습, 방과후 수업, 지역사회 활동 등 '학습'을 위한 목적으로 가장 많이 사용되고 있습니다.

초등학교 교사는 수업시간에 학생들과 지역 사회를 투어하는 활동을 하면서 코딩과 컴퓨팅 사고를 사회 교과 혹은 영어의 리터러시 표준과 통합할 수 있습니다.

ARIS를 이용한 최초의 프로젝트들 중 하나는 다우 데이Dow Day입니다. 다우 데이는 위스콘신 대학교를 방문한 학생들을 위해 만든 위치 기반 다큐멘터리 프로그램입니다. 이 다큐멘터리 프로그램은 베트남 전쟁 중에 일어났던 역사적인 사건, 매디슨의 시위Madison Protest[65]를 마치 당시 현장에 있었던 것처럼 경험할 수 있도록 개발되었습니다.

플레이어가 다우 데이 프로그램을 실행하면 당시 현장에 있던 기자의 역할을 수행하게 됩니다. 플레이어는 과거 1967년으로 돌아가 미국의 화학제품 제조사인 다우 케미칼 컴퍼니Dow Chemical Company에 대항하여 시위를 벌이는 위스콘신 대학생들을 취재를 해야 하는 것이지요.

위스콘신 매디슨 대학교에 소속된 필드 데이 연구소Field Day Lab[66]의 교육 분야 디렉터인 짐 메튜스가 이 프로그램에 대한 영감을 제공했습니다.

---

65) 매디슨의 시위 : 1955년 발발된 베트남 전쟁이 장기화될 무렵, 1960년대 미국 내에서는 베트남 전쟁에 대한 미국의 개입을 반대하는 목소리가 대학 캠퍼스를 중심으로 점점 높아졌습니다. 1967년, 베트남 전쟁에 반대하는 시위의 중심지가 되었던 위스콘신 대학교의 매디슨 캠퍼스에서는 베트남 전쟁에서 사용된 가연성 젤 네이팜(napalm)을 제조했던 다우 케미칼 컴퍼니에 맞서 격렬하게 항의 시위를 벌였습니다. 이 시위는 '폭력 사태로 번진 최초의 대학 시위'였지만, 베트남 전쟁에서 불필요한 미국의 개입을 막고 다우 케미컬사에 윤리적 문제를 제기하기 위해 미국 전역으로 퍼진 시위 행렬에 선구적인 역할을 한 것으로 기록되고 있습니다.
66) 필드 데이 연구소 : 위스콘신 매디슨 대학교에 소속된 학제 간 연구팀으로 교육자, 소프트웨어 기술자, 예술가, 스토리 텔러 등으로 구성되었습니다. 모바일 미디어, 비디오 게임, 시뮬레이션 등 학습과학에 미디어를 통합하는 연구를 중점적으로 하고 있습니다.

어떤 학생들은 우리의 역사가 다른 곳에서 일어난 사건이라 생각합니다. 우리는 학생들이 지역 사회의 역사에 대해 더욱 관심을 갖기를 바랐습니다. 다우 데이 프로그램을 사용해 본 학생들은 대부분 다음과 같이 얘기하곤 합니다.

"와~, 다우 데이 프로그램을 실행하는 내내 제가 캠퍼스 안에 있는 바스콤 언덕 Bascom Hill[67]을 걸어다녔어요. 다우 데이를 써보기 전까지는 위스콘신 매디슨 대학에서 베트남 전쟁에 대항하기 위해 시위를 했다는 사실을 전혀 모르고 있었어요."

다우 데이 사용자는 역사 속에 등장하는 사람들이나 사건, 장소를 실제 경험하는 것처럼 느낍니다. 많은 사용자들이 다우 데이를 경험하고 난 이후에 역사적 사건을 자신만의 다큐멘터리와 역사 스토리로 만들고 싶어 합니다. 다우 데이는 더욱 많은 사람들이 지역사회 기반 학습에 참여할 수 있도록 기회를 열어줍니다.

- 위스콘신 매디슨 대학교, 2012 -

[그림 14.1] 플레이어 관점에서 본 다우 데이 AR 프로그램

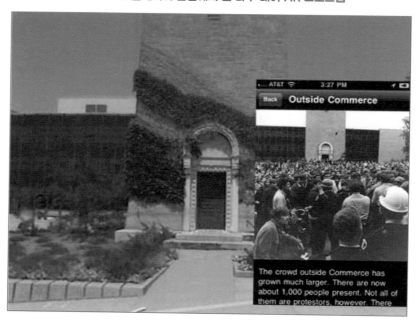

---

67) 바스콘 언덕 : 위스콘신 대학교 매디슨 캠퍼스의 상징적인 장소입니다.

플레이어가 다우 데이 프로그램을 실행하면 베트남 전쟁에서 사용할 화학 무기 네이팜 napalm을 제조하는 다우 케미칼사에 대항하는 모습이 담긴 동영상이 시작됩니다.

플레이어는 역사적 사건이 벌어지는 현장을 취재하는 기자로서 시위하는 대학생, 시위를 저지하는 경찰, 그리고 다우 케미컬사의 직원들의 입장을 다양한 관점으로 살펴보고 조사합니다.

🖊️ ARIS를 가르쳐야 하는 이유

『두렵지 않은 코딩교육』의 마인드셋

이 책을 읽는 여러분은 이미 여러분이 담당하는 교과에 코딩과 컴퓨팅 사고를 통합함으로써 얼리어답터가 되었습니다. 그리고 지금, 한 걸음 더 나아가고 있습니다.

여러분의 교과 혹은 교육과정에 코딩과 컴퓨팅 사고를 통합하는 데 필요한 역량들을 발전시켰으며, 그 과정에서 학생들 또한 '베타Beta의 삶을 살기', 문제 분석하기, 테스트하기, 문제해결 방법 생각해내기 등을 연습했습니다. 여기서 그치지 않고, 새로이 개발되고 있는 기술들technology을 탐구하는 것 역시 21세기를 준비하는 또 다른 방법입니다.

미래의 직업이 필요로 하는 것들을 학생들이 준비할 수 있도록 돕기 위해서는 학생들이 경험하게 될 기술 도구들과 새로운 환경에 노출시키는 것이 반드시 필요합니다. 컴퓨터 과학 분야는 날로 성장하고 있으며, 앞으로 더욱 많은 학생이 ARIS와 같은 기술을 직접 개발하게 될 것입니다.

디자인 사고Design Thinking

"다우 데이를 개발하기까지 연구하고 설계하고 미디어를 제작하는 과정을 수없이 반복해야 했습니다. 시위에 사용된 전단지 모습이나 당시 신문에 실린 인터뷰 내용들을 플레이어에게 일방적으로 전달하는 방식이 아니라, 플레이어가 해당 콘텐츠와 상호작용하면서 경험하도록 만들고 싶었기 때문입니다."

- ARIS 개발자 짐 매튜스Jim Matthews, 2012년 인터뷰 중에서 -

실세계의 시나리오와 인터랙티브 스토리를 통합해 만들기 위해서는 디자인 사고 전략이 필요합니다. 학생들은 플레이어의 입장을 공감할 수 있어야 하고, 플레이어의 경험을 고려해 게임을 설계해야 합니다. 그리고 게임을 만드는 이유와 목표를 명확히 하고, 플레이어가 지리적 상황에 위치했을 때 나눌 대화나 상호작용 방법들을 생각해야 합니다. 최종적으로 게임을 완성하여 배포하기 전까지 프로토타입을 만들고 테스트해야 합니다.

지역사회 기반 학습

증강현실(Augmented Reality, AR) 기술을 사용하면 실제 환경과 더욱 깊은 관계를 맺을 수 있습니다. AR 기술은 야외학습이나 가까운 현장학습을 준비하는 교사들에게도 좋은 도구가 됩니다. 지금까지 학습이 이루어졌던 공간이 교실로 한정되었다면, AR 기술은 학습 공간을 새롭게 재정의합니다. 따라서 AR 기술을 이용하면 특정 지역이나 역사적인 장소를 매우 혁신적이고 인터랙티브하게 소개할 수 있습니다.

이제부터는 학생들과 함께 ARIS를 사용하여 지역 사회를 투어하는 프로그램을 만들었던 두 교사들의 사례를 소개하겠습니다.

주제를 깊이 탐구하기

초등학교에서 사회 교과를 가르치는 베스 스톨렛Beth Stofflet 선생님과 래리 모벌리Larry Moberly 선생님은 학생들에게 아프리카 대륙에 대해 가르치고자 ARIS를 사용했습니다.

먼저, 학생들은 사회적 이슈들이 적힌 목록 중에서 하나의 이슈를 골랐습니다. 학생들은 실제로 그 이슈에 직면한 사람이 된 것처럼 상상해 보았습니다. 그리고 나서 ARIS를 이용해서 실제 이슈를 마주하는 사람의 관점에서 대화형 스토리를 만들었습니다.

🛡 ARIS를 가르치는 방법

ARIS는 다음 세 가지 소프트웨어로 구성됩니다.

- **클라이언트(앱)** : 플레이어가 게임을 실행함. 게임 도중에 입력한 데이터를 수집함.
- **에디터** : ARIS 경험을 만들기 위해 사용하는 인터페이스.
- **서버** : 게임은 클라우드 기반의 데이터베이스에 저장되고 처리됨. 클라이언트와 에디터는 서버로부터 데이터를 읽고 저장함.
  - ▸ **장점** : 게임을 설치할 필요가 없기 때문에 앱스토어를 사용하지 않아도 됨.
  - ▸ **단점** : 게임을 실행하려면 반드시 인터넷에 연결되어야 함.

ARIS 시작하기

ARIS 어플리케이션을 다운받으려면 앱 스토어(https://apps.apple.com/us/app/aris/id371788434)에 접속하거나 iTunes Store에서 ARIS를 검색하세요.

ARIS 앱을 다운로드하고 나면 사용자 계정을 만들고 로그인합니다. ARIS를 사용하려면 반드시 본인 계정을 만들어야 합니다.

ARIS 매뉴얼(https://manual.arisgames.org)을 참고하는 것도 도움이 됩니다. 매뉴얼에서는 오브젝트objects, 트리거triggers, 장면scenes 등의 기본적인 기능을 먼저 확인하는 것이 좋습니다.

- **오브젝트**OBJECTS

오브젝트는 플레이어가 눈으로 보거나 같이 상호작용하기를 원하는 대상입니다. 오브젝트의 유형은 매우 다양하지만, 각 유형을 미디어의 한 종류로 생각하면 됩니다. 예를 들어 학생들이 작성한 페이퍼, 영상자료, 이미지 자료들이 모두 오브젝트에 해당됩니다.

• 트리거TRIGGERS

ARIS의 트리거는 게임 속 가상 세계를 실제 세계와 연결하는 것입니다. 플레이어가 앱에서 실제 페이퍼 자료나 영상자료, 이미지 자료들을 볼 수 있도록 연결해 주는 것이지요. 예들 들어, 만약 여러분이 학생들을 인솔하여 박물관에 견학을 갔다고 생각해 봅시다. 먼저 학생들에게 박물관 그림을 그리도록 하세요. 이 경우에 학생이 그리고 있는 그림이 ARIS의 오브젝트objects가 됩니다. 박물관 위치가 표시된 ARIS 지도 위에 트리거를 올려놓으면 당신이 박물관을 거닐 때 스크린 위에서 학생이 그린 그림을 볼 수 있습니다. 이렇게 오브젝트를 플레이어에게 보여주거나 플레이어와 상호작용하도록 하는 것이 바로 트리거입니다.

• 장면SCENES

게임을 만들려면 적어도 하나의 장면이 있어야 합니다. 그래야 플레이어가 액션을 취할 수 있기 때문입니다. 그러므로 플레이어가 경험하는 것들은 모두 특정한 장면에서 이루어져야 합니다.

ARIS를 처음 다루는 선생님들은 장면 하나를 게임에 넣어 완성하는 것부터 시작하길 권장합니다. ARIS 기초 과정(https://fielddaylab.org/courses/aris) 영상자료를 참고하는 것도 좋습니다. 여러분이 이 영상자료까지 확인하고 나면 오브젝트objects, 트리거triggers, 장면scenes 세 가지 모두를 사용하여 직접 새로운 콘텐츠를 만들 수 있습니다.

ARIS 응용 프로그램은 노트북이나 데스크톱, iPod, iPad 중 반드시 하나를 사용해야 합니다. ARIS의 단점은 현재 Apple 제품에서만 사용할 수 있다는 것입니다. 안드로이드 버전도 곧 공식 배포될 예정입니다[68].

이제 우리 마을 투어를 시작해 보세요.

(https://fielddaylab.wisc.edu/courses/aris-neighborhood-tour) 영상을 참고하여 여러분의 투어 프로그램을 직접 만들어 보세요. 이 영상은 〈우리 마을 투어하기〉 프로그램뿐 아니

---

68) 2019년 6월 기준으로 ARIS 안드로이드 버전이 개발되어 테스트를 거치고 있습니다.

라 다양한 프로젝트에 적용할 수 있는 기본적인 ARIS 프로그램 설계 프로세스를 소개합니다. 이 코스는 총 9강으로 구성되었으며, 전체 4시간 정도 소요됩니다.

우리 마을 투어하기 프로젝트

지금까지 ARIS로 만든 대부분의 프로그램이 중고등 학생 수준이었습니다. 그러나 유치원 교사와 초등학교 교사들이 만든 프로그램도 있습니다. 바로 〈우리 마을 투어하기〉입니다.

ARIS를 사용하여 여러분의 학생을 비롯한 더 많은 사람이 지역사회를 배우도록 해보세요. 특히 다른 지역에 살거나 직접 마을을 방문하지 못하는 사람들도 마치 여러분의 마을에 사는 것처럼 실감나게 경험할 수 있는 투어 프로그램을 만들어 보시기 바랍니다. 다음 조건들을 고려하여 여러분만의 매력적인 투어 프로그램을 만들어 보세요.

- 오프닝 또는 소개글이 명확해야 합니다.
- 명확하고 일관된 주제가 있어야 합니다.
- 자신의 개인적인 관점도 포함합니다. 자신의 목소리로 투어를 안내하거나 자기만의 스타일로 투어를 진행하세요.
- 여러분의 세계로 플레이어를 안내해 보세요.
- 플레이어가 투어를 하는 동안 현지에 사는 사람 혹은 현지에 대한 지식이 많은 사람에게 안내받는 것처럼 느끼도록 하세요.
- 플레이어가 믿음을 갖고 현실적인 대화를 하도록 하세요.
- 게임이 전체적으로 원활하게 진행되도록 하세요. 전체 게임시간이 너무 길거나 짧지 않도록 하고, 특정한 지점에서 너무 오랜 시간을 지체하지 않도록 하세요.
- 플레이어가 다음 투어 경로를 명확히 알 수 있도록 하세요.

Try it! ARIS 살펴보기! ARIS로 만든 다양 게임과 콘텐츠를 경험해 보세요. 학생들과 지역사회를 연결하고, 가르치고자 하는 내용을 학생들에게 실제적인 경험으로 전달하기 위한 방법들을 생각해 보세요.

✏ 수업사례 : 워키샤Waukesha 마을 투어하기

많은 교사들이 학생들을 프로젝트 기반 학습에 참여시키기 위해 열심히 연구합니다.

위스콘신 주에 있는 워키샤Waukesha[69] 지역에서 초등학교 3학년 학생들을 가르치는 교사 트레이시 쾨프케Traci Koepke와 티파니 험프리Tiffany Humphrey는 사회 교과 시간에 워키샤 지역의 역사에 대해 탐구하는 시간을 가졌습니다. 그리고 심화 활동에서는 ARIS를 사용하기로 결정했습니다.

지금부터는 학생들이 ARIS를 사용하여 워키샤 지역을 어떻게 여행하고 탐구했는지 소개하겠습니다.

선생님은 초등학교 3학년 학생 43명을 모둠 단위로 구성했습니다. 학생들은 모둠별로 모여 앉아 우리 마을, 워키샤의 역사에 대해 탐구활동을 했습니다. ARIS를 교실 수업에서 사용하기 전까지는 교사들이 학생들과 함께 버스를 타고 마을을 돌아 다니면서 마을의 역사를 소개하는 글을 읽어주곤 했습니다. 쾨프케 선생님과 험프리 선생님은 학생들이 마을의 역사에 대해 배우고 지역 사회에 학생들의 지식을 공유하는 등 '밀도 있는' 학습을 이끌어주기 위해 고민을 거듭하고 있었습니다.

두 선생님 모두 사회 교과의 모든 표준 내용들을 충족해야 한다는 부담감을 안고 있었습니다. 하지만 이전과는 다른 관점과 방식으로 접근해야 한다는 것도 잘 알고 있었습니다. 선생님은 우선 주요 표준 내용들을 생각해 보았습니다. 그리고 워키샤 지역을 성공적으로 발전시켰던 인프라 요소들을 떠올리는 브레인스토밍brainstorming[70] 을 했습니다 [그림 14.2].

---

69) 워키샤 : 미국 위스콘신 주에 위치한 도시로, 전체 인구수는 2017년 기준으로 약 7.249만 명입니다.

70) 브레인스토밍 : 특정 문제를 해결하기 위해서 여러 명이 함께 모여 창의적인 생각들을 자유롭게 표현하고, 그 중에서 적절한 방안들을 선택하는 방법입니다.

[그림 14.2] 워키샤 지역을 주제로 한 브레인스토밍 보드

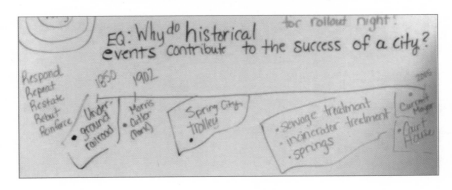

선생님은 여러 번 초안을 그리고 논의를 거치면서 "우리 도시가 발전할 수 있었던 역사적인 사건 혹은 역사적 인프라는 무엇인가요?"와 같은 주요 질문들을 뽑았습니다.

쾨프케 선생님과 험프리 선생님은 학생들이 단순히 열심히 참여하는 것보다 스마트한 방법으로 학습하도록 이끌어주기 위해 수업활동에 통합할 수 있는 읽기, 쓰기, 말하기 영역의 표준 내용들을 종합적으로 살펴보았습니다. 이후 수업활동에 대한 결과를 학생들의 경험으로 증명할 수 있도록 "나는 ~을 설명할 수 있다." 형식으로 성취기준 문장을 작성했습니다. 즉, 학생들이 각 성취기준에 대한 학습 증거를 직접 보여주도록 했습니다.

선생님은 학생들이 생각하는 과정을 구성하는 데 도움을 주기 위해서 연구 가이드도 만들었습니다. 예를 들어, 연구 가이드에는 "나는 도시를 발전시켰던 주요 인프라가 무엇인지 알고 있습니다."와 같이 학생들이 생각하고 탐구해야 할 내용들을 기술해 두었습니다.

수업이 시작되자, 학생들은 소모둠으로 나누어 앉아 모둠별로 학생들이 생각해낸 도시 인프라들을 그래픽 오거나이저graphic organizer로 그렸습니다. 이 활동을 통해 학생들은 서로의 생각을 공유하고 전체 아이디어 맵을 완성했습니다. 그리고 모든 학생이 동그랗게 둘러 앉아 다 같이 완성된 아이디어 맵을 살펴보고 서로의 생각과 의견을 나누었습니다.

예를 들어, 같은 모둠에서 활동했던 크리스와 마이크가 "우리는 교통수단이 우리 도시를 발전시킨 중요한 인프라 중 하나라고 생각해."라고 얘기하자, 다른 모둠의 친구가 "맞아. 나도 그렇게 생각해. 우리 모둠에서는 여러 가지 교통수단 중에서도 특히 공항의 역할이 컸다고 생각했어." 하고 말하였지요.

이번에는 학생들이 연구 보고서에 작성한 아이디어 맵을 소개해 보겠습니다.

학생들은 더욱 깊이 알고 싶은 인프라들을 두 개의 목록으로 작성했습니다. 쾨프케 선생님과 험프리 선생님은 학생들이 작성한 인프라 목록을 함께 탐구하기 위해 학생들과 같이 파트너십을 맺었습니다. 파트너십을 맺은 교사와 학생들은 다양한 서적과 인터넷 자료들을 함께 찾아보면서 인프라에 대한 정보들을 조사했습니다.

이 무렵, 학생들은 자신의 연구 가이드에 '어디에서, 언제, 무엇을'과 같은 질문에 답을 작성하기 시작했습니다. 학생들이 최종적으로 완성한 연구 결과는 전단지 형태로 만들어 다른 사람들에게 배포하기로 했습니다. 도시가 발전하는 데 주요 역할을 한 인프라들을 조사 및 연구하고 그 내용을 다른 사람들에게 공유하기 위해서 생각한 방법입니다.

학생들이 연구를 시작한 지 약 일주일이 지나자, 모둠 구성원의 절반 정도는 연구 내용을 전단지에 작성하기 시작했습니다. 이러한 활동은 사실적인 글쓰기 방법과 다양한 표준들과 통합될 수 있었습니다. 그리고 전단지의 하단에 독자들에게 던지는 몇 가지 질문들도 작성했습니다. 전단지를 모두 작성하고 나자, 선생님은 학생들이 작성한 연구 내용들을 "나는 역사적인 사건들이 일어난 시기를 순서대로 설명할 수 있다."와 같은 사회 교과의 표준내용과 비교하여 살펴보도록 했습니다.

수업이 진행되는 동안 학생들은 자신이 생각한 도시 인프라가 전체 아이디어 맵의 어느 순서에 위치해야 하는지에 대해서 고민해 보고, 그 내용을 타임라인으로 만들고 다 함께 살펴보았습니다. 이때, 학생들은 꽤 논리적이고 구체적으로 도시 인프라의 순서에 대해 논의했습니다. 쾨프케 선생님과 험프리 선생님은 학생들이 전단지를 쉽게 옮겨서 게시할 수 있도록 압정을 미리 준비해 놓았습니다. 또한 지식의 깊이 수준(depth of knowledge, DOK)을 참고하여 활동에 대한 평가 루브릭을 만들어 학생들이 전단지를 작성하기 전에 이 루브릭을 확인할 수 있도록 했습니다 [표 14.1].

[표 14.1] 〈워키샤 마을 투어하기〉 활동에 적용한 DOK 루브릭

▶ 학생이름 :

▶ 평가 날짜 :

▶ 수업 목표 : 역사적 사건들이 발생한 시간, 시간적인 순서, 원인과 결과에 대해 설명할 수 있다.

DOK Level	1	2	3	4
평가내용	사건을 타임라인의 어느 위치에 배치했나요?	그 사건에 대해 논리적으로 예측할 수 있는 것들은 무엇인가요?	그 사건은 도시의 발전과 어떠한 관련이 있나요?	오늘날에는 그 사건이 어떠한 영향을 미치고 있는지 살펴보고 결론을 얘기하세요.

전단지를 모두 완성하고 난 이후에는 학생들이 직접 이 루브릭을 보고 자기평가를 하도록 했습니다. 선생님도 이 루브릭을 참고해 학생들을 평가하고, 학생들에게 평가에 대한 피드백을 주었습니다.

다음으로는 학생들이 만든 전단지 내용을 ARIS와 통합하는 방법을 소개하겠습니다.

선생님은 학생들과 실제로 워키샤 마을을 둘러보는 현장학습을 나가기 전에 전단지의 내용을 복사하여 ARIS 응용 프로그램에 붙여 넣었습니다. 현장학습 당일 날에는 학생들을 소모둠으로 구성하고, 참여를 희망하는 학부모님들과 함께 현장학습을 떠났습니다.

학생들은 두 명당 하나의 디바이스를 사용했는데 현장학습 장소에서 자원봉사자들이 가지고 있는 휴대폰의 핫스팟을 사용하거나 휴대용 핫스팟 장치를 이용하여 디바이스를 인터넷에 연결했습니다. 쾨프케 선생님과 험프리 선생님은 현장학습에 참여하는 학부모들을 위한 투어 가이드도 만들었습니다. 이 투어 가이드는 트리거가 어디 근처에 있는지, 해당 장소에 얼마나 많은 트리거가 있는지를 안내해 주는 것입니다.

트리거를 통해 볼 수 있는 이미지들은 ARIS 앱으로 직접 촬영한 것들입니다. 선생님은 초등학교 3학년 학생들에게는 오전 9시부터 오후 2시까지 버스로 네 정거장 이동하는 것이 알맞겠다고 생각했습니다. 학생들이 워키샤 지역에 도착했을 때 근처에 4~5개의 트리거가 있는 것을 발견했습니다.

학생들은 ARIS 화면에 팝업되는 전단지 내용들을 서로 번갈아 가며 읽었습니다. 이러한 활동은 학생들이 교실에서 모둠별로 연구했던 내용들을 실제 현장에서 살펴보고, 또 연구했던 내용을 서로에게 설명하며 함께 배울 수 있도록 합니다.

학생들은 전단지에 적힌 내용을 모두 읽고 나서 전단지 하단에 적혀 있는 질문에 답을 하고, ARIS에 내장된 노트북 기능에 자신의 생각을 기록했습니다. ARIS는 학생들을 수동적인 학습으로부터 능동적인 학습으로 이끌어주었습니다. 그들은 ARIS를 사용하여 워키샤 마을에 대해 더욱 깊이 연구하고, 연구 내용을 다른 학생들뿐 아니라 지역사회에 공유할 수 있었습니다.

한 학생은 다음과 같이 수업에 대해 회상하기도 했습니다.

"이 수업은 정말 멋져요! 친구들로부터 내가 살고 있는 마을에 대해 배우고 있다고요!"

⑩ 결론

코딩과 컴퓨팅 사고는 21세기에 반드시 필요한 학습기술입니다. 사실은 20년 전부터 학생들에게 코딩과 컴퓨팅 기술을 가르쳐주어야 했습니다.

우리의 교육 시스템은 마치 달팽이가 달리는 것과 같이 매우 느리게 움직이고 있습니다. 교육 시스템을 변화시키기 위해서는 더욱 많은 교사들이 교실수업에서 기술을 적극적으로 사용하도록 독려해야 합니다.

최근 신경과학 분야의 발전은 과학자와 교육자들의 학습에 대한 시각에 큰 영향을 미쳤습니다. 교사는 교단에 서서 학생들에게 지식을 전달하기보다 학생들이 주도적으로 학습하도록 '학습을 중재'하는 역할을 해야 합니다. 교사가 학생들과 함께 계산적computationally으로 사고하는 능력을 기른다면 우리가 속한 글로벌 커뮤니티를 더욱 생산적이고 자립적으로 만들 수 있을 것입니다.

이 책에서 소개하는 여러 가지 태도와 기술들을 실제로 실천해 보세요.

여러분은 학생들이 컴퓨터를 사용하여 더욱 효율적으로 정보를 처리하고, 이해하고, 표현할 수 있도록 이끌어줄 수 있습니다. 또 구체적인 방법부터 추상적인 방법까지 수업에서 모두 다룰 수 있습니다.

여러분이 담당하는 교과 활동에 비봇이나 코드닷오알지(Code.org)의 학습자료들, 개방형 프로젝트를 만들 수 있는 스크래치를 사용해 보세요. 그러면 학생들의 창의력이 향상될 뿐만 아니라, 그들이 코딩 기술과 통합된 교과 지식들을 높은 수준으로 성취할 수 있을 것입니다.

마지막으로, 서로 다른 관점을 가진 두 사람을 소개하며 이 글을 마칩니다.

베일리 윌리엄Bailey Williams은 중학생으로 초등학교 3학년 때 스크래치 프로그래밍을 시작해 다른 사람들에게 스크래치를 열정적으로 알리고 있습니다. 두 번째는 교사 교육 프로그램에 참여했던 애쉴리 킷제로우Ashley Kitzerow는 대학생으로, 코딩과 컴퓨팅 사고가 교사들에게 어떠한 도움이 되는지를 잘 알고 있는 예비교사입니다.

학생의 관점 – 베일리 윌리엄

저는 수업 시간에 매일 많은 것들을 배울 수 있었는데 역사, 수학, 과학뿐 아니라 다른 여러 과목의 내용과 함께 코딩을 배웠습니다. 사실, 수업시간에 코딩을 배우기 전까지는 교과서를 읽고 정보를 나열하는 활동들을 주로 했습니다.

아직 많은 사람들은 컴퓨터 프로그래밍이나 스크래치 프로젝트를 만드는 등 실제적인 경험hands-on experience을 하면 더 많은 것들을 배울 수 있다는 사실을 잘 모르고 있는 것 같습니다.

저는 초등학교 3학년 때, 미국 영토에 속하지 않은 섬 하나를 선택하여 그 섬의 문화를 탐구하는 개별 프로젝트를 수행했습니다. 저는 스리랑카를 선택했고, 기존의 프레젠테이션 방법과는 달리 스크래치 프로그램으로 프로젝트를 만들어 발표하기로 결심했습니다. 발표 시간에 제가 만든 스크래치 프로젝트로 스리랑카의 문화에 대해 소개하자, 제 친구들과 담임선생님은 깊은 감명을 받았습니다. 또 제가 만든 스크래치 프로젝트를 직접 실행해 보기도 했습니다.

4학년이 되자 또 다시 친구들에게 제가 만든 스크래치 프로젝트를 소개할 기회가 왔습니다. 이번에는 전자기학 단원의 시험을 준비하는 친구들에게 도움을 주기 위해 스크래치로 학습 게임을 만들었습니다. 친구들은 제가 만든 스크래치 프로젝트에 이름을 입력하고, 전자기학 문제를 풀어 답을 입력하고, 전자 부품들을 배터리에 연결하는 시뮬레이션을 해보면서 단원 평가를 준비했습니다. 단원 평가 결과, 우리 반 친구들의 1/3 이상이 'A-' 혹은 그 이상의 점수를 받았습니다.

제 경험에 비추어 말씀드리자면, 새로운 시대를 살아가게 될 우리 학생들에게 스크래치를 비롯한 프로그래밍을 경험하는 것은 매우 중요하다고 생각합니다. 이러한 경험은 우리가 교실에서만이 아니라 앞으로도 다양한 분야에서 많은 것들을 배우고 터득하는 데 도움이 될 것이라 생각합니다.

예비 교사의 관점 – 애쉴리 킷제로우

저는 현재 대학생이자 예비교사입니다. 지금껏 저는 수업 시간에 코딩 활동을 한 적이 거의 없습니다. 고등학교 1학년이 돼서야 스크래치를 알게 되었고, 이때 처음으로 코딩을 해보았습니다. 불행히도, 학창시절에 제가 살던 교육 구^{district}에는 코딩이 통합된 교육과정이 하나도 없었습니다. 하지만 스크래치를 알고 나서는 수업시간에 코딩을 함으로써 학생과 교사 모두에게 도움이 되는 것들을 생각해 보았습니다. 교사가 프로젝트 기반의 교육과정을 실천하는 경우에 이러한 기회들을 발견할 수 있습니다.

저의 첫 스크래치 프로젝트는 고등학교 1학년 독일어 수업 시간에 만들었습니다. 선생님은 우리에게 독일 레스토랑에서 음식을 주문할 때 사용하는 용어와 식사 에티켓들을 소개하는 프로젝트를 만들도록 하셨지요. 저는 독일 음식점에서 음식을 주문할 때 필요한 기술과 용어들을 배운 뒤에 스크래치를 사용하여 독일어로 음식 주문하는 장면을 짧은 비디오 시뮬레이션으로 만들었습니다. 반면, 제 친구들은 모둠별로 모여서 독일어로 음식을 주문하는 시연을 하였지요. 제 친구들은 상황극을 연출하며 독일 음식점에서 필요한 기술들과 에티켓들을 배웠습니다.

하지만 저는 개별 활동을 더 좋아하는 편이라 스크래치를 선택했고, 스크래치로 시뮬레이션을 만들면서 더 많은 것들을 배울 수 있었습니다. 스크래치를 사용하면 모둠으로 활동하지 않고도 개별적으로 많은 활동을 할 수 있습니다. 제가 고등학생이었을 때에는 이것이 코딩의 가장 큰 장점이라 생각했습니다. 그런데 대학에 입학하고 교육자의 관점에서 코딩을 바라보았을 때 이전에는 알지 못했던 코딩의 또 다른 장점들을 알게 되었습니다.

하지만 안타깝게도 저는 대학에 입학하고 나서 수업 시간에 겨우 한 번 코딩을 해본 것이 전부입니다. 제가 전공하는 학과에는 코딩과 관련된 교육과정이 하나도 없었기 때문입니다. 제가 수강하는 영어 교육과정 중에는 명예 코스로 지정되지 않는 과목에 한해서도 명예 학점을 받을 수 있는 〈H-Options〉 프로젝트가 있었습니다. 저는 이 〈H-Options〉 프로젝트의 일부로 스크래치 프로그래밍을 했습니다.

저는 아메리카 원주민인 이로쿼이 민족이 생각하는 인간문명의 근원에 대한 글을 읽고, 그 내용을 스크래치 프로젝트로 재구성하는 내용으로 수업 지도안을 작성했습니다. 학생들이 개별적으로 스크래치를 사용하여 이로쿼이 민족의 이야기를 재구성하도록 했습니다. 이 수업의 목표 중 하나는 매체를 통해 재구성된 이야기는 실제 내용과 완전히 동일하게 표현되기가 어렵다는 사실을 학생들이 느끼도록 하는 것이었습니다.

글로 표현된 생각들을 애니메이션이나 움직이는 이미지로 온전히 표현할 수 없기 때문에 이로쿼이 민족이 생각하는 인간문명의 근원에 대한 이야기 역시 스크래치 프로젝트로 완전히 똑같이 구현하기가 어렵습니다.

현대 사회에서 기술은 없어서는 안 될 부분입니다. 어떤 사람들은 교사가 학생보다 기술에 대해 잘 알지 못한다는 이유로 학교에서 가르치지 않는다고 생각합니다. 하지만 저는 H-Options 프로젝트를 수행하면서 그러한 생각이 잘못되었다는 것을 깨닫게 되었습니다.

우리가 살아가는 이 세상에는 아이들이 잘 모르는 기술들이 너무나도 많습니다. 만약 교사들이 기꺼이 코딩과 같은 기술 관련 주제에 대해 배우려고 노력한다면, 학생들에게 새로운 학습의 장을 열어줄 수 있을 것입니다.

수업 시간에 코딩을 한다면, 학생들이 기술 분야의 직업에 더욱 관심을 가질 수 있도록 도울 수 있을 뿐만 아니라, 이전에는 다가갈 수 없었던 학생들에게 더욱 가까이 다가갈 수 있습니다.

코딩은 무척 논리적인 과정입니다. 따라서 논리적으로 생각하는 학생들이 스크래치를 사용하면 이전에 깊이 이해하지 못했던 내용들을 온전히 이해할 수 있습니다.

저는 〈H-Options〉 프로젝트를 수행하면서 학생들은 코딩을 하면서 이전에 배운 지식을 더욱 깊이 있게 배우고 이해한다는 것도 알게 되었습니다. 학생들이 스크래치와 같은 프로그램으로 코딩을 하려면 더욱 천천히 생각하고, 필요한 개념들을 더욱 작은 단위로 분해해야 합니다.

예를 들어, 학생들이 이로쿼이가 생각하는 인간문명의 근원에 대해 이야기를 재구성할 때에 문장을 하나씩 읽으면서 "이 내용을 그림으로 표현할 수 있을까?" 하고 생각해야 합니다. 이러한 과정에서 학생들은 글의 내용을 더욱 깊이 이해하게 됩니다.

교사로서 반드시 기억해야 할 것은 학생들이 수업시간에 교과 내용을 피상적으로 이해하는 것이 아니라 온전히 이해할 수 있도록 이끌어주어야 한다는 것입니다.

코딩은 학생들이 교과 지식을 온전히 이해하도록 도와줍니다. 교사는 학생들이 교육과정상의 지식들을 깊게 이해하도록 함으로써, 학생들이 성숙한 민주 시민이자 비판적 사상가로 성장하는 데 필요한 주요 역량들을 함양할 수 있도록 이끌어주어야 합니다.

Barr, D., Harrison, J., & Conery, L. (2011). Computational Thinking: A Digital Age Skill for Everyone. Retrieved from https://id.iste.org/docs/learning-and-leading-docs/march-2011-computational-thinking-ll386.pdf

Barr, V., & Stephenson, C. (2011). Bringing computational thinking to K–12. ACM Inroads, 2(1), 48–54.

Boaler, J., & Dweck, C. (2016). Mathematical mindsets: unleashing students' potential through creative math, inspiring messages, and innovative teaching. San Francisco, CA: Jossey-Bass.

Brennan, K., & Resnick, M. (2012). Using artifact-based interviews to study the development of computational thinking in interactive media design. [Paper presented at annual American Educational Research Association meeting, Vancouver, BC, Canada] Retrieved from http://scratched.gse.harvard.edu/ct/files/AERA2012.pdf

Code.org. (n.d.). Making Computer Science Fundamental to K–12 Education. Retrieved from https://code.org/files/Making_CS_Fundamental.pdf

Computational Thinking | Defining. (n.d.). Retrieved February 20, 2017, from http://scratched.gse.harvard.edu/ct/defining.html

Computer Science Teachers Association & Association for Computing Machinery.(n.d.). Bugs in the System: Computer Science Teacher Certification in the US. Retrieved from https://www.csteachers.org/documents/en-us/3b4a70cd-2a9b-478b-95cd-376530c3e976/1

Cuny, J., Snyder, L., & Wing, J.M. (2010). Demystifying computational thinking for non-computer scientists. Retrieved from http://www.cs.cmu.edu/~CompThink/resources/TheLinkWing.pdf

Dasgupta, S., Hale, W., Monroy-Hernandez, A., & Mako Hil, B. (n.d.). Remixing as a Pathway to Computational Thinking. Retrieved from https://www.microsoft.com/en-us/research/wp-content/uploads/2016/02/remixing.pdf

Common Core State Standards Initiative. (2017). English Language Arts Standards » Anchor Standards » College and Career Readiness Anchor Standards for Reading. (n.d.). Retrieved from http://www.corestandards.org/ELA-Literacy/CCRA/R/

Everette, M. (n.d.). A Guide to the 8 Mathematical Practice Standards [Web log post]. Retrieved from https://www.scholastic.com/teachers/blog-posts/meghan-everette/guide-8-mathematical-practice-standards/

New Media Institute. (2014). Game-Based Learning: What It Is, Why It Works, And Where It's Going.

Google. (n.d.). Google for Education: Computational Thinking. Retrieved March 05, 2017, from https://edu.google.com/resources/programs/exploring-computational-thinking/

Grover, S., & Pea, R. (2013). Computational thinking in K-12: A review of the state of the field. Educational Researcher, 42(1), 38-43.

Guzdial, M. (2008). Education: Paving the way for computational thinking. Communications of the ACM, 51(8), 25-27. doi: 10.1145/1378704.1378713

International Society for Technology in Education & Computer Science Teachers Association. (2011). Operational Definition of Computational Thinking. Retrieved from http://www.iste.org/docs/ct-documents/computational-thinkingoperational-definition-flyer.pdf

Johnson, M. (2015). Should My Kid Learn to Code? [Web log post]. Retrieved from https://research.googleblog.com/2015/07/should-my-kid-learn-to-code_14.html

Kazemi, E., & Lomax, K. (2016). Modeling with Mathematics. Retrieved from https://www.teachingchannel.org/blog/2016/05/13/modeling-with-math-nsf

Khan Academy. (2011). Cylinder Volume and Surface Area. Retrieved from https://www.

youtube.com/watch?v=gL3HxBQyeg0

Krosinksy, S. (2011). Augmented Reality Enhances Learning. Retrieved from http://news.unm.edu/news/augmented-reality-enhances-learning

Lee, I., Martin, F., Denner, J., Coulter, B., Allan, W., Erickson, J., Malyn-Smith, J.,Werner, L. (2011). Computational thinking for youth in practice. ACM Inroads,2(1), 32-37.

Logo History. (2015). Retrieved from http://el.media.mit.edu/logo-foundation/what_is_logo/history.html

McCallum, W., & Zimba, J. (2011). Retrieved from https://www.youtube.com/watch?v=m1rxkW8ucAI&list=PLD7F4C7DE7CB3D2E6

Meyer, D. (2010). Retrieved from https://www.ted.com/talks/dan_meyer_math_curriculum_makeover

Moreno-León, J., & Robles, G. (2016). Dr. Scratch: supporting teachers in the assessment of computational thinking. Retrieved from http://www.ictinpractice.com-dr-scratch-supporting-teachers-in-the-assessment-of-computationalthinking/

Moreno-León,, J., & Robles, G. (2015). Analyze your Scratch projects with Dr. Scratch and assess. Retrieved from http://jemole.me/replication/2015scratch/InferCT.pdf

MotivatingSuccess: Stuck on an Elevator – Take Action. [Video file]. (2012, May 16). Retrieved February 05, 2017, from https://www.youtube.com/watch?v=VrSUe_m19FY

NAFCareerAcads Follow. (2013, July 18). ComputationalThinking: Why It is Important for All Students. Retrieved from https://www.slideshare.net/NAFCareerAcads/computational-thinking-an-important-skill-for-all-students-naf-next-20132

National Research Council. (2010). Report of a workshop on the scope and nature of computational thinking. Washington, DC: National Academies Press.

National Research Council. (2011). Report of a workshop on the pedagogical aspects of computational thinking. Washington, DC: National Academies Press.

Norris, K. (2016). Engage in the Mathematical Practices. Bloomington, IN: Solution Tree Press.

Patterson, S. (2014). Coding for Kindergarteners. Retrieved from https://www.edutopia.org/blog/coding-for-kindergarteners-sam-patterson

Phillips, R., & Brooks, B. (January). The Hour of Code: Impact on Attitudes Towards and Self-Efficacy with Computer Science. Retrieved from https://code.org/files/ HourOfCodeImpactStudy_Jan2017.pdf

Reinhart, S. (2000, April). Never Say Anything a Kid Can Say! Mathematics Teaching in The Middle School, 5(8), 54–57.

Repenning, A., Webb, D., & Ioannidou, A. (2010). Scalable game design and the development of a checklist for getting computational thinking into public schools.

Proceedings of the 41st ACM technical symposium on Computer science education SIGCSE '10. doi:10.1145/1734263.1734357

Resnick M, Silverman B, Kafai Y, Maloney J, Monroy-Herna ´ ndez A, Rusk N et al. (2009) Scratch: programming for all. Communications of the ACM 52(11):60

Román-González, M., Moreno-León, J., & Robles, G. (2015, September). Dr. Scratch: Automatic Analysis of Scratch Projects to Assess and Foster Computational

Thinking. Retrieved March 05, 2017, from https://www.researchgate.net/publication/281714025_Dr_Scratch_Automatic_Analysis_of_Scratch_Projects_to_Assess_and_Foster_Computational_Thinking

Shein, E. (2014). Should everybody learn to code? Commun. ACM, 57(2), 16–18. doi: 10.1145/2557447
Standards for Mathematical Practice. (n.d.). Retrieved February 26, 2017, from http://www.corestandards.org/Math/Practice

Stephenson, C., Cooper, S., Owens, B. B., & Gal-Ezer, J. (2012). The new CSTA K—12 computer science standards. Proceedings of the 17th ACM annual conference on Innovation and technology in computer science education – ITiCSE '12. doi:10.1145/2325296.2325380

TEDTalks. (2013). Living in beta: Molly Schroeder at TEDxBurnsvilleED [Video file]. Retrieved from https://www.youtube.com/watch?v=0nnYl3ePrY8

TEDTalks. (2009). Simon Sinek--How Great Leaders Inspire Action [Video file]. Retrieved from https://www.ted.com/talks/simon_sinek_how_great_leaders_inspire_action

Prince EA. (2016, September 26). The People vs. the School System. [Video File]. Retrieved from https://www.youtube.com/watch?v=dqTTojTija8

Tinker RF, Xie Q. (2008). Applying computational science to education: the molecular workbench paradigm. Computer Science Engineering 10(5):24–27.

University of Wisconsin–Madison. (2012). Examples of Situated Learning Genres. Retrieved from http://engage.wisc.edu/sl/examples.html

Wagganer, E. L. (2015). Creating Math Talk Communities. Teaching Children Mathematics,22(4), 248.

Werrell, B. (2014). Why Learning to Code Benefits Kids, Regardless of Future Career Choice. Retrieved from http://blog.connectionsacademy.com/why-learning-to-code-benefits-kids-regardless-of-future-career-choice/

Code.org. (n.d.) What's wrong with this picture? Retrieved from https://code.org/ promote.

Wing, J.M. (2006). Computational thinking. Communications of the ACM, 49(3),33–35.

World Economic Forum. (2016). New Vision for Education: Fostering Social and Emotional Learning through Technology. Retrieved from http://www3.weforum.org/docs/WEF

2016 ISTE 학생 표준

2016 ISTE 학생표준2016 ISTE Standards for Students은 학생들이 상호 연결된 디지털 세상에 적극 참여하고, 성공적으로 살아가는 데 필요한 역량과 자질을 기를 수 있도록 합니다.

2016 ISTE 학생 표준은 교사들이 범교과 차원에서 참고하도록 구성되었으며, 모든 연령대의 학생들이 다양한 학습경험을 통해 필요한 역량을 함양하는 것을 목표로 하고 있습니다.

ISTE 학생 표준 내용에 기반한 기본적인 기술 역량technology skills은 학생들뿐 아니라 교사들 역시 반드시 책임감 있게 습득해야 합니다.

ISTE 학생 표준을 모두 숙지한 교사는 학생들이 기술을 활용하여 학습하는 과정에서 멘토 역할을 하며 다양한 영감을 줄 수 있으며, 학생 스스로가 자신의 학습을 관리할 수 있도록 이끌어줄 수 있습니다.

1. 유능한 학습자Empowered Learner

기술technology을 활용하여 자신의 학습 목표를 달성하는 데 필요한 역량이 무엇인지 학습과학 차원에서 확인하고, 해당 역량을 함양하고, 적극 발휘합니다.

a. 자신의 학습 목표를 명확히 세우고, 기술을 활용하여 목표를 달성하기 위한 전략 세우기. 학습에 대한 성취를 더욱 향상시키기 위해 지나온 학습 과정 되돌아보기.

b. 학습 과정에서 도움을 받을 수 있는 학습 네트워크를 구축하고, 자신만의 학습환경 마련하기.

c. 기술을 사용하여 자신의 학습을 점검하고 피드백을 구하거나 이미 학습한 내용을 다양한 방법으로 표현하기.

d. 기술의 기본적인 원리를 이해하고, 현존하는 기술을 필요에 맞게 선택하여 사용하거나 문제해결 과정에 적용하기. 사전 지식들을 활용하여 새 미래의 기술 탐구하기.

2. 디지털 시민Digital Citizen

상호 연결된 디지털 세계에 참여하여 자신의 권리와 의무를 다하고, 삶의 기회와 배움의 기회, 그리고 직업의 기회를 누릴 수 있어야 합니다.

- a. 개인 디지털 IDDigital Identity를 만들고 관리하기. 디지털 세계에서는 자신이 취한 행동이 영구적으로 보존될 수 있음을 인지하기.
- b. 기술technology을 사용하거나 온라인에서 다른 사람들과 상호작용할 때, 그리고 인터넷에 연결된 장치를 사용할 때에는 긍정적이고 안전하며 합법적이고 윤리적인 행동 취하기.
- c. 지적 재산권이 있는 콘텐츠를 사용하거나 공유할 때에는 저작자의 권리와 의무를 이해하고 존중하기.
- d. 기술을 사용하여 개인 정보를 관리할 때 디지털 프라이버시와 보안 유지하기. 온라인 활동 기록을 추적할 수 있는 데이터 수집 기술에 대해 알기.

3. 지식 구성가Knowledge Constructor

지식을 구성하고, 창의적인 산출물을 만들고, 자신을 비롯한 타인에게 의미 있는 학습경험을 만들기 위해 디지털 도구를 사용하여 다양한 정보를 비판적으로 관리합니다.

- a. 지적인 목적 혹은 창의적인 연구를 하기 위해 효과적인 연구 전략을 계획하고 실천하여 연구에 필요한 정보와 자료들을 수집하기.
- b. 정보, 미디어 데이터, 기타 자료들의 정확성, 관점, 신뢰성, 관련성 등을 평가하기.
- c. 다양한 도구와 방법을 사용하여 디지털 자료들로부터 필요한 정보를 수집하고 관리하기. 의미 있는 정보들의 연관성을 찾고 결론을 도출하여 새로운 정보 만들기.
- d. 실제적인 이슈와 문제들을 적극적으로 탐구하고, 아이디어와 이론을 개발하며, 질문에 대한 답이나 문제해결을 위한 솔루션을 찾는 과정을 겪으며 지식 구성하기.

4. 혁신적인 디자이너Innovative Designer

문제를 파악하고 해결하는 과정에서 다양한 기술technology들을 활용하여 새롭거나 의미 있고, 창의적인 솔루션을 만들어냅니다.

  a. 아이디어를 내고, 이론을 검증하고, 혁신적인 산출물을 만들고, 결론적으로 문제를 해결하기 위해서 필요한 디자인 절차를 알고, 이를 실천하기.

  b. 제약조건과 위험 요소를 고려해서 디자인 절차를 계획하고 관리하기. 적절한 디지털 도구를 선택하고 사용하기.

  c. 순환적인 디자인 절차를 따라 개발하기, 테스트하기, 프로토타입 개선하기 등의 단계 거치기.

  d. 때로는 모호한 것을 용인하고, 끈기와 인내심을 갖고 답이 정해지지 않은 개방형 문제open-ended problems 해결하기.

5. 컴퓨팅 사고가Computational Thinker

문제를 이해하고 해결하기 위해 문제해결 전략을 개발하고 적용합니다. 문제해결 솔루션을 개발하고 테스트하는 과정에서 기술의 힘을 빌려 기술의 장점을 적극 활용합니다.

  a. 데이터 분석, 추상화 모델, 알고리즘적 사고 등 기술을 적절히 활용할 수 있는 문제를 찾아 정의하기, 문제를 공식화하여 문제해결 방법 탐구하기.

  b. 문제해결 및 의사결정을 하기 위해 데이터를 수집하거나 관련 데이터 세트 식별하기. 디지털 도구를 사용하여 수집한 데이터 분석하기. 다양한 방법으로 데이터 표현하기.

  c. 복잡한 시스템을 이해하고 효과적으로 문제를 해결하기 위해 문제를 세부 구성 요소들로 분해하기. 문제해결에 필요한 핵심 정보 추출하기. 문제를 구성하는 요인들 사이의 관계를 설명하는 기술 모델descriptive models 개발하기.

  d. 작업을 자동화시키는 방법 이해하기. 알고리즘적 사고를 통해 자동화된 솔루션을 만들고 테스트하는 절차 개발하기.

6. 창의적 소통가(Creative Communicator)

자신의 의견을 명확히 전달하면서 다른 사람들과 함께 소통합니다. 플랫폼, 도구, 스타일, 형식, 디지털 미디어 등을 적절히 사용하여 자신을 창의적인 방법으로 표현합니다.

    a. 창작의 목적, 혹은 소통의 목적을 고려하여 적절한 플랫폼이나 도구 선택하기.

    b. 자신만의 새로운 창작품을 만들거나 책임감을 가지고 기존 디지털 자료들을 리믹스하거나 새로운 작품으로 재구성하기.

    c. 디지털 객체를 시각화하거나 모델, 혹은 시뮬레이션과 같은 다양한 방법으로 생성하거나 사용하여 복잡한 아이디어를 명확하고 효과적으로 전달하기.

    d. 사용자가 원하는 메시지가 담긴 콘텐츠, 사용자가 필요로 하는 매체 등 사용자 맞춤형 콘텐츠를 만들어 게시하고 발표하기.

7. 글로벌 소통가(Global Collaborator)

디지털 도구를 사용하여 다른 사람들과 협력하고, 지역 내 혹은 전 세계 사람들과 팀을 이루어 효과적으로 작업함으로써 세상을 바라보는 시각을 더욱 넓히고, 학습의 질을 높입니다.

    a. 디지털 도구를 사용하여 다양한 문화적 배경을 가진 학습자들과 소통하고, 서로를 이해하고 존중하며 함께 학습하는 데 적극 참여하기.

    b. 협력적인 기술collaborative technologies을 사용하여 동료 학습자나 전문가, 지역사회 구성원 등 다른 사람들과 함께 작업하고, 이슈와 문제를 다양한 관점으로 탐구하기.

    c. 공동의 목표를 달성하고 여럿이서 효과적으로 작업하기. 팀 프로젝트에 적극 참여하고, 다양한 역할을 수행하고, 책임감 있게 행동하기.

    d. 지역사회의 이슈와 글로벌 이슈에 대해 탐구하고, 협업 기술을 사용하여 다른 사람들과 함께 솔루션 개발하기.

코딩과 수학적 실천

《부록 B. 코딩과 수학적 실천》은 수학 공통핵심기준의 수학적 실천Mathematical Practices과 컴퓨팅 사고computational thinking가 통합된 내용들을 소개합니다. 여기서 소개하는 표준들은 모두 2016 ISTE 학생표준에 부합됩니다.

《부록 B》에서는 각 표준 내용을 상세히 다루며 ISTE와 CSTA가 정의한 컴퓨팅 사고 용어가 표준 내용과 어떻게 관련을 맺고 있는지 설명합니다.

또 유치원부터 초등학교 5학년 학생들이 컴퓨팅 사고와 함께 수학 공통핵심기준을 성취하는 방법을 소개합니다.

표준 1

CCSS.Math.Practice.MP1 : 문제를 이해하고 끈기 있게 문제 해결하기

ISTE Standards for Students : 컴퓨팅 사고가 5b, 5c[71]

대부분의 교사들은 거의 매일, 모든 수학 문제에서 CCSS.Math.Practice.MP1 표준을 고려하고 있을 겁니다. 학생들은 문제를 해결하기 전에 우선적으로 문제를 이해해야 합니다. 그 다음 체계적인 방법으로 문제에 접근하여 모두 해결할 때까지 끈기 있게 도전해야 합니다.

이제 [표준 1]이 어떻게 컴퓨팅 사고와 관련을 맺고 있는지 살펴보겠습니다. 아래 표준 내용 중에서 컴퓨팅 사고와 관련된 어휘는 굵게 표시했습니다.

---

71) 《부록 A》를 참고바랍니다.

수학을 잘하는 학생들은 문제가 의미하는 바가 무엇인지 스스로에게 설명하고, 문제를 해결하기 위해서는 무엇을 해야 하는지를 찾는 것으로부터 시작합니다. 즉, 문제에서 주어진 조건과 제약 조건, 이들의 관계, 최종 목표를 우선적으로 분석합니다. 이들은 즉각적으로 문제해결 과정에 뛰어들기 전에 어떠한 형태로 답을 도출해야 하는지와 답의 의미를 추측해서 해답을 찾기 위한 단계적인 절차를 계획합니다. 문제해결의 실마리를 찾기 위해 유사한 문제들과 함께 비교해 보고, 일반적인 방법과는 달리 새롭고 특별한 방법을 시도해 보거나, 원래의 문제를 단순화하기도 합니다. 또 자신의 문제해결 과정을 점검하고 평가하며, 필요 시 문제해결 절차를 변경합니다.

이들은 방정식이나 문제에서 설명된 것, 표, 그래프 또는 주요 속성이나 관계가 표현된 도표들의 연관성을 설명하고, 데이터를 활용하여 그래프를 그리거나 자료에서 보이는 규칙성이나 경향성을 찾아낼 수 있습니다. 어린 학생들은 구체적인 사물이나 그림을 통해 개념을 이해하고 문제를 해결할 수 있습니다.

또한 이미 답을 찾았음에도 불구하고 다른 방법으로도 접근해 보고, 스스로에게 끊임없이 " 이렇게 하는 것이 맞나?"라고 질문합니다. 이러한 과정 속에서 문제에 접근하는 다양한 방법들을 찾고, 이들 간의 유사성을 발견하기도 합니다.

<ISTE/CSTA 컴퓨팅 사고 용어>

- 추상화Abstraction : 문제와 솔루션의 의미
- 문제 분해Problem Decomposition : 문제해결 절차의 시작점으로, 문제해결 솔루션을 찾기 위한 단계적인 절차 계획
- 데이터 수집Data Collection : 주어진 조건과 제약 조건, 이들의 관계, 최종 목표 분석
- 데이터 분석Data Analysis : 유사한 문제들과 비교해 보고, 특수한 상황에 도전해 보고, 작업을 단순화하고, 문제해결을 위한 실마리 찾고, "이렇게 하는 것이 맞나?"라고 질문하기
- 데이터 표현Data Representation : 방정식, 문제에서 설명된 것, 표, 그래프 또는 주요 속성이나 관계가 표현된 도표들의 연관성을 설명하고, 데이터를 활용하여 그래프를 그리거나 자료에서 보이는 규칙성이나 경향성 찾기

가르치는 방법

교사는 학생들에게 도전적인 문제를 주고 기다려주어야 합니다. 수업에서 [표준 1]의 내용을 가르치고자 한다면, 학생들이 충분히 도전할 수 있는 시간을 주는 것이 가장 어렵게 느껴질 수도 있습니다. 하지만 학생들의 생각하는 힘을 기를 수 있도록 "아하!" 하고 스스로 깨닫는 기회를 주세요. 학생들이 정해진 하나의 답을 도출하는 것이 아니라, 수학적 문제를 해결하는 과정을 바람직하게 겪고 있는 모습을 확인할 수 있을 것입니다.

교사는 분필이나 펜, 혹은 스마트보드 펜으로 풀이과정을 써주는 것이 아니라, 학생들이 끊임없이 질문하는 과정을 거쳐 스스로 해결할 수 있도록 기회를 주어야 합니다. 학생들이 찾아낸 솔루션을 적용하기 전에 이 솔루션이 옳은 것인지, 더 좋은 방법은 없는지 등을 생각하며 자신의 솔루션을 평가하도록 하세요.

학생들에게 질문하고 발달 수준에 맞는 조작 교구^{manipulatives}72를 제공하세요. 조작 교구는 비단 유치원부터 초등학교 2학년 교사들에게만 해당되는 것이 아닙니다.

모든 교사는 유치원부터 초등학교 5학년까지 학생들에게 인지적 노력을 최고 수준으로 발휘하며 생산적이고 적극적으로 과제에 도전할 수 있도록 해야 합니다. 또 학생들이 서로의 솔루션과 전략을 공유할 수 있도록 기회를 주어야 합니다.

[표 B.1] 유치원~초등학교 5학년을 위한 [표준 1]

학년	표준
유치원	• 유치원생들은 '수학을 하는 것$^{\text{doing math}}$'이 실제로 수학 문제를 해결하는 것임을 이해하기 시작합니다. • 문제가 무엇이고 어떠한 의미를 갖는지 수많은 노력과 시행착오를 겪으며 이해합니다.
초등학교 1학년	• 초등학교 1학년 학생들은 '수학을 하는 것$^{\text{doing math}}$'이 실제로 수학 문제를 해결하는 것임을 이해합니다. • 문제해결 과정을 시작하기 전에 먼저 문제가 어떤 의미를 갖는지 살펴보고, 문제해결에 필요한 주요 단서들을 찾아내기 시작합니다.

72) 조작 교구(manipulatives) : 수학교육에서 사용하는 교구로, 특히 어린 학습자가 구체적인 사물을 조작함으로써 수학 개념을 이해하고, 추상적인 아이디어로 발전시킬 수 있도록 만들어진 것입니다. 큐브, 탱그램, 패턴 블록 등이 대표적인 조작 교구입니다.

2학년	• 초등학교 2학년 학생들은 문제의 의미를 찾고, 문제해결 방법을 계획하기 시작합니다. • 문제해결에 필요한 주요 단서들을 찾아냅니다. • 합리적인 답을 도출하기 위해서 문제해결 과정에서 어떤 단계를 수정해야 할지 찾아내기 시작합니다.
3~5학년	• 초등학교 3~5학년 학생들은 문제해결 과정에 뛰어들기 전에 합리적인 답을 어림잡아 생각해낼 수 있습니다. • 합리적인 답을 도출하기 위해서 문제해결 과정에서 어떤 단계를 수정해야 할지 찾아낼 수 있습니다. • 자신의 문제해결 과정에서 의미를 찾고, 다른 사람들이 생각해낸 전략이 어떠한 의미를 갖고 오류는 없는지 생각합니다. • 문제를 해결하기 위해 다양한 방법을 시도해 보고 그 중에서 가장 효율적인 방법을 찾아냅니다. • 자신이 찾아낸 솔루션이 올바른지 확인하고 논리적인 근거를 들어 정당화합니다.

표준 2

CCSS.Math.Practice.MP2 : 추상적으로 그리고 계량적으로 추론하기

2016 ISTE Student Standard : 2016 ISTE 학생 표준 : 컴퓨팅 사고가 5c[73]

〈표준 2. 추상적으로 그리고 계량적으로 추론하기〉는 수학을 전공하지 않은 교사들이 가장 어려워하는 표준이기도 합니다. 하지만 교사를 비롯한 학부모들이 반드시 숙지하고 있어야 할 주요 표준 중 하나입니다. [표준 2]는 학생들이 수학 알고리즘에 대한 표준을 이해할 뿐만 아니라 알고리즘이 의미하는 바를 확실히 이해하도록 합니다.

---

73) 〈부록 A〉를 참고바랍니다.

수학을 잘하는 학생들은 문제 상황에 대해 계량적으로 이해하고 이들의 관계를 파악합니다. 이들은 문제에서 계량적 관계를 파악하는 다음 두 가지 상호 보완적인 능력을 발휘합니다.

먼저 주어진 상황을 하나씩 떼어내 탈맥락화decontextualize하여 추상화하고 상징적인 기호나 숫자로 나타내어 보고, 때로는 상징적 표현이 무엇을 나타내는지 주의를 기울여 생각하지 않고도 목적에 맞게 조작해 봅니다. 그리고 이것을 다시 전체 맥락으로 구성하고contextualize 그 기호들의 의미가 무엇인지 파악하여 필요에 따라 조작 단계를 중지하거나 삭제합니다.

이러한 계량적 추론은 학생들이 문제를 일관적으로 표현하고, 관련된 단위를 고려하며, 수량을 어떻게 계산할 것인가가 아니라 그것이 의미하는 바에 주의하고, 다양한 연산법을 활용하여 문제를 유연하게 다루는 능력을 길러줍니다.

<ISTE/CSTA 컴퓨팅 사고 용어>

추상화Abstraction : 특정 대상을 상징적인 기호로 나타내고(숫자 '8'로 쓰기), 때로는 그것이 무엇을 나타내는지(상징적 표현의 대상 = 8개의 사물) 주의를 기울여 생각하지 않고도 목적에 맞게 조작하기

가르치는 방법

학생들은 문제를 상징적인 기호로 표현해 보고, 그것을 다양한 방법으로 조작해 봄으로써 문제해결을 위해 무엇을 해야 하는지 파악하게 됩니다. 또한 구체적인 사물을 조작하는 것concrete으로부터 시작하여 상징적인 그림을 그리고representations, 추상적인 알고리즘을 표현abstract하는 수준으로 발전합니다. 어린 학생들은 다섯 개의 사물이 숫자 '5'와 같다는 것을 이해하는 것부터 시작합니다.

---

74) 팩트 패밀리(fact families) : 동일한 숫자 세트를 사용하여 방정식을 만들거나 수학적 사실을 표현합니다. 즉, 전체를 나타내는 숫자, 부분을 나타내는 숫자, 나머지 부분을 나타내는 숫자 등 세 가지 숫자를 사용하여 여러 가지 수식을 표현합니다. 예를 들어, 4(부분) + 5(부분) = 9(전체), 5(부분) + 4(부분) = 9(전체), 9(전체) - 5(부분) = 4(부분), 9(전체) - 4(부분) = 5(부분)과 같이 표현할 수 있습니다. 덧셈이나 뺄셈을 처음 배우는 학생들은 팩트 패밀리를 통해 세 가지 숫자가 각각 무엇을 나타내며, 이들이 서로 어떠한 관계가 있는지를 이해합니다.

손으로 직접 조작 교구를 만지고 조작하면서 팩트 패밀리fact families[74]를 연습합니다. 예를 들어 12를 얻을 수 있는 수식 10 + 2 = 12, 2 + 10 = 12을 조작 교구를 다루며 연습합니다.

어린 학생들은 같은 결과를 낼 수 있는 다양한 수식fact families을 배울 때에 수식을 숫자와 기호로만 표현할 경우에 추상적으로 추론하는 것을 어려워합니다. 어린 학생들이 추상적인 개념을 온전히 이해하려면 추상적인 개념을 나타내는 구체적인 사물이나 조작 교구에 사용해야 합니다.

교사는 다음 질문들을 통해 학생들을 수학적 실천mathematical practice을 적극 실천하도록 독려할 수 있습니다.

- 이 문제와 관련해서 무엇을 알고 있나요?
- 이 숫자는 무엇을 나타내고 있나요?
- 지금까지 어떤 전략을 사용했나요?(구체적·상징적·추상적 전략 중에서 어떠한 전략을 사용했나요?)
- 구체적인 사물, 그림, 숫자로 표현할 수 있나요?

교사가 읽기시간에 '소리 내어 크게 읽기'를 통해 학생들에게 메타인지 사고를 보여주는 것처럼, 수학시간에는 '크게 생각하기'를 통해 컴퓨팅 사고를 직접 행동으로 표현할 수 있습니다.

[표 B.2] 유치원~초등학교 5학년을 위한 [표준 2]

학년	표준
유치원	• 유치원 학생들은 숫자가 세거나 잴 수 있는 수량quantity을 나타낸다는 것을 인지하기 시작합니다. • 수량을 상징적인 기호나 숫자로 연관 짓습니다.

초등학교 1학년	• 1학년 학생들은 수식을 구성하고 분해하기 시작합니다. 그리고 방정식과 팩트 패밀리 fact families를 만들 수 있습니다. • 예시) $4 + 5 = 9$ $5 + 4 = 9$ $9 - 5 = 4$ $9 - 4 = 5$
2학년	• 2학년 학생들은 연산 기호의 특징을 완벽히 이해합니다. 사물의 길이를 더하고 뺄 수 있습니다.
3학년	• 3학년 학생들은 수량을 상징적인 기호와 관련 지을 수 있습니다. 이러한 지식을 사용하여 문제를 논리적으로 표현하고, 수량과 그 수량을 나타내는 단위를 모두 고려할 수 있습니다.
4~5학년	• 4~5학년 학생들은 정수를 이해하는 것을 넘어 점차 분수 및 소수의 개념을 이해하기 시작합니다. • 간단한 수식을 쓰거나 풀이과정을 적기도 하고, 자릿수를 고려하여 숫자를 나타내거나 반올림합니다.

표준 3

CCSS.Math.Practice.MP3 : 자신의 주장을 논리적으로 표현하고 다른 사람들의 추론을 비판하기

2016 ISTE Student Standards : 컴퓨팅 사고가 5[75]

학생들은 다른 사람들의 주장을 뒷받침하거나 다른 사람들의 주장에 반박하기 위해 수학적 언어를 사용하여 수학과 관련된 이야기할 수 있어야 합니다. 의사소통 능력과 협력 능력은 21세기에 필요한 주요 역량으로, 다양한 영역에서 필요로 합니다.

학생이 의사소통 및 협업 능력을 기르고자 한다면, 교사는 이러한 기술들skills 을 의도적으로 모델링하고, 가르치고, 평가해야 합니다.

---

75) 〈부록 A〉를 참고바랍니다.

수학을 잘하는 학생들은 자신의 주장을 구성하는 데 있어서 문제에 기술된 가정이나 정의, 그리고 이전에 도출한 결과들을 활용합니다. 이들은 추측을 하는 과정에서 자신의 추측이 맞는지 확인하기 위해 논리적으로 하나하나 서술해 나갑니다.

또 문제 상황을 하나하나 개별적으로 나누어 개별 사례들을 분석해 보고, 반대되는 예시들을 생각해 낼 수 있습니다. 자신의 결론을 정당화하고, 다른 사람들과 의사소통하고, 다른 사람들의 주장에 적절히 대응할 수도 있습니다. 데이터가 생성된 맥락을 고려하여 자신의 주장을 타당하게 구성하며, 데이터에 대해 귀납적으로 추론합니다.

또한 이들은 그럴싸한 두 개의 논거가 타당한지를 비교해 보고, 어느 것이 논리적으로 옳고 그른지를 구분할 수 있습니다. 만약 논거에 허점이나 오류가 있을 경우에는 무엇이 잘못되었는지 설명할 수 있습니다.

초등학생들은 사물이나 그림, 도표, 실제 행동과 같은 구체적인 대상을 사용하여 자신의 주장을 구성합니다. 학생들은 학년이 올라가면서 이러한 주장을 일반화하고 공식화할 수 있습니다.

모든 학년의 학생들은 다른 사람들의 주장을 듣거나 읽고 그것이 타당한지를 파악할 수 있으며, 주장과 논거를 더욱 명확히 하고 발전시키는 데 도움이 되는 질문을 할 수 있습니다.

\<ISTE/CSTA 컴퓨팅 사고 용어\>

- **데이터 분석**Data Analysis : 명시된 가정, 정의, 이전에 도출한 결과를 사용하여 주장 구성하기. 논리적으로 옳은 것과 틀린 것 구별하기

- **문제 분해**Problem Decomposition : 문제 상황을 작은 단위로 나누어 개별 사례 분석하기

- **알고리즘 및 절차**Algorithms & Procedures : 논리적으로 차근차근 서술하기. 자신의 주장과 논거 구성하기

- **시뮬레이션**Simulation : 자신의 결론을 정당화하고, 다른 사람들과 의사소통하고, 다른 사람들의 주장에 적절히 대응하기

가르치는 방법

교사는 학생들에게 수학 용어를 제시하고 사용하도록 합니다. 교사는 수업시간에 학생들이 질문하는 기회를 반드시 주어야 하지만, 학생들이 수학적 용어를 문맥에 맞게 사용하는 방법을 이해하도록 돕기 위해서는 수학적 용어를 사용하여 직접 문장을 작성하도록 해야 합니다.

[표 B.3] 유치원~초등학교 5학년을 위한 [표준 3]

학년	표준
유치원	• 유치원 학생들은 구체적인 사물이나 그림을 보며 수학에 관련된 이야기를 나누기 시작합니다. 때로는 친구나 교사에게 "그거 어떻게 했어?"와 같은 질문을 하기도 합니다. • 자신의 생각을 설명하고, 다른 사람들의 생각을 듣고 난 후 간단한 문장 형식으로 대응합니다.
초등학교 1~2학년	• 다른 사람들과 이야기를 나눌 때 상대방의 생각에 오류가 있다고 판단되면 무엇이 잘못되었는지를 분석하여 설명합니다. • 자신의 생각을 다른 사람들에게 표현하고, 다른 사람들과 함께 소통하며, 다른 사람의 주장이 타당한지 파악합니다. • 학생들은 다음과 같은 질문을 합니다. 〉그러한 결과를 어떻게 얻었나요? 〉당신의 생각을 말해 보세요. 그것이 사실이라는 것을 어떻게 증명할 수 있나요?
3학년	• 자신의 생각을 다듬을 수 있습니다. 하지만 아직은 구체적인 형태의 조작 교구 manipulatives와 상징적인 그림을 사용하여 자신의 생각을 뒷받침합니다. • 질문을 하고, 다른 사람의 생각을 듣고 그것에 대응하는 능력을 더욱 발전시킵니다.
4~5학년	• 자신의 생각을 증명하기 위해 표준 알고리즘을 사용하는 연습을 해야 합니다. • 전체를 고려하여 계량적으로 추론하고, 그것을 정확한 용어로 설명합니다. • 다른 사람의 전략을 이해함으로써 자신의 생각을 다듬고, 본인에게 어떠한 전략이 가장 좋은 것이며 왜 그러한지를 설명할 수 있어야 합니다.

표준 4

CCSS.Math.Practice.MP4 : 수학적 모델 만들기

2016 ISTE Student Standards : 컴퓨팅 사고가 5c[76]

성인이 되어 삶을 성공적으로 살아가려면 주변에서 사용하는 용어들을 반드시 이해해야 합니다. 일련의 절차를 표현하고 그것을 모델로 만드는 것은 우리가 속한 주변 환경과 상호작용하는 방법입니다. 어린아이들은 주변 환경에 끊임없이 참여하여 그것을 '이해'하려고 노력합니다.

수학을 잘하는 학생들은 자신이 알고 있는 **수학적 지식을 실생활 문제나 사회나 직장생활에서 발생하는 문제에 적용할 수 있습니다.**

저학년의 경우에는 문제 상황을 간단한 덧셈 식으로 표현할 수 있고, 학년이 조금 더 올라가면 학교 행사를 계획하거나 사회적 문제를 분석하기 위해 비례적 추론을 할 수 있습니다. 또한 자신이 알고 있는 지식을 적용하여 가정을 하고 근사값을 구하여 **복잡한 문제 상황을 간단하게 만듭니다.** 또 가정과 근사값을 통해 도출한 결과는 계속해서 수정하고 보완해야 한다는 사실을 잘 알고 있습니다.

이들은 실생활에서 다루는 주요 기준들을 확인하고 **도표나 이원배치표, 그래프, 순서도, 공식 등으로 표현할 수 있습니다.** 그리고 이러한 자료들의 관계를 수학적으로 분석하여 결론을 내릴 수 있습니다. 또한 일상생활의 맥락 속에서 자신이 도출해낸 수학적 결론을 분석하고, 그것이 어떠한 의미가 있는지를 고려하여 목적에 맞게 수학적 모델을 만들고 발전시킵니다.

<ISTE/CSTA 컴퓨팅 사고 용어>

- **추상화**Abstraction : 복잡한 문제상황을 단순하게 만들기
- **자동화**Automation : 자료들의 관계를 도표, 이원배치 표, 그래프, 순서도, 공식 등으로 표현하기
- **시뮬레이션**Simulation : 자신이 알고 있는 지식을 적용하여 일상생활이나 사회, 직장에서 발생할 수 있는 문제 해결하기

가르치는 방법

유치원부터 초등학교 5학년까지는 읽기 시간에 '큰 소리로 읽기Read Aloud' 활동을 자주 합니다. 교사가 학생들에게 직접 큰소리로 읽으며 바람직하게 글을 읽는 과정에서 필요한 메

---

76) 〈부록 A〉를 참고바랍니다.

타인지적 사고를 보여줍니다.

수학에서도 마찬가지입니다. 교사는 '크게 생각하기Think Aloud' 방법으로 수학적으로 표현할 수 있는 다양한 방법 및 절차와 그들을 서로 관련 짓는 방법을 직접 보여줍니다.

[표 B.4] 유치원~초등학교 5학년을 위한 [표준 4]

학년	표준
유치원~ 초등학교 2학년	• 유치원부터 초등학교 2학년 학생들은 구체적인 사물이나 그림, 숫자, 단어, 차트, 목록, 행동으로 문제를 표현하고 해결하려 합니다. • 자신이 문제를 표현하는 방법과 다른 사람들이 표현하는 방식을 서로 비교하고 관련 짓는 연습을 충분히 해야 합니다. • 자신의 생각을 시각적으로 보여주고, 어떻게 답을 도출했는지 문제해결 과정을 설명하도록 충분한 기회와 시간을 줌으로써 학생들이 더욱 다양한 전략을 사용할 수 있도록 돕습니다. • 다양한 전략들을 사용할 수 있어야 합니다.
3~4학년	• 자신이 사용했던 전략과 다른 사람들의 전략을 비교하여 평가함으로써 자신만의 전략적 기술들을 더욱 향상시킵니다. • 문제해결을 위해 사용한 전략과 문제해결 절차 간에 무엇이 비슷하고 무엇이 다른지를 탐구하기 시작합니다.
5학년	• 문제를 해결할 수 있는 가장 효율적인 방법을 결정함으로써 자신의 사고 전략과 문제해결 절차를 명확히 합니다. • 효율성은 저자 혹은 제작자의 관점으로부터 영향을 받는다는 사실을 이해합니다.

표준 5

CCSS.Math.Practice.MP5 : 적절한 도구를 전략적으로 사용하기

2016 ISTE 학생 표준 : 컴퓨팅 사고가 5b[77]

성인이 되어 성공적으로 살아가기 위해서는 자신의 주변에서 사용하는 용어들을 이해해야 합니다. 어린아이들은 주변 환경에 끊임없이 참여하여 그것을 '이해'하려고 노력합니다.

---

77) 〈부록 A〉를 참고바랍니다.

학생들은 수학적 문제를 정확하고 효율적으로 해결하는 데 필요한 도구들을 배움으로써 우리가 살아가는 세상을 더욱 잘 이해하고 성공적으로 살아갈 수 있습니다.

수학을 잘하는 학생들은 **적절한 도구를 사용하여 수학적 문제를 해결**합니다. 수학적 문제해결 과정에서 사용할 수 있는 도구로는 **연필과 종이, 실제적인 모형, 눈금이 그려진 자와 각도기, 계산기, 스프레드시트**, 컴퓨터 대수 체계, 통계 패키지, 다양한 기하학 소프트웨어 등이 있습니다. 또한 자신의 학년 또는 교과목에 적절한 도구가 무엇인지, 언제 어떠한 도구를 사용하는 것이 유용한지, 도구의 한계점은 무엇인지 등을 잘 알고 있습니다.

예를 들어, 수학을 잘하는 고등학생들은 그래픽 계산기를 사용하여 그린 함수의 그래프와 솔루션을 분석합니다. 이들은 추정하기를 비롯한 수학적 지식을 사용하여 전략적으로 오류를 찾아 분석할 수 있습니다. 뿐만 아니라 기술을 사용하여 수학적 모델을 만들고 다양한 결과를 시각적으로 재현해 보고, 여러 가지 결과들을 탐색해 보고, 데이터를 기반으로 예측 값을 구하여 서로 비교합니다.

그리고 직접 웹 사이트에서 사용할 수 있는 디지털 콘텐츠를 비롯한 외부 학습 자료들을 잘 알고 있으며, 그것들을 문제해결 과정에서 적절히 사용합니다. 기술technology 도구들을 사용하여 수학적 개념을 탐구하고 더욱 깊이 이해합니다.

< ISTE/CSTA 컴퓨팅 사고 용어>

- **추상화**Automation : 수학적 문제를 해결하기 위해 사용할 수 있는 도구들 고려하기. 연필과 종이, 실제적인 모형, 눈금이 그려진 자와 각도기, 계산기, 스프레드시트 등이 해당됩니다

가르치는 방법

학생들에게 어떤 도구를 사용할지 명시하지 마세요. 학생들이 직접 문제해결 과정에 필요한 도구를 선택하는 과정에서 실패를 겪고 좌절할 수 있습니다. 하지만 이것 역시 바람직한 학습 경험 중 하나입니다. 도구 선택에 실패한 학생들은 어떤 도구가 가장 좋으며, 왜 그러한지에 대해 논의하게 됩니다.

교사는 학생들에게 다양한 도구들을 제공하고, 학생들이 직접 도구를 선택하고 그 중에서 가장 유용한 도구가 무엇인지 발견할 수 있도록 이끌어주어야 합니다.

학년	표준
유치원	• 자신이 사용할 수 있는 도구들을 생각하기 시작합니다(추정하기도 포함됨). 예를 들어, 학생들은 큐브 블록을 연결하여 두 가지 수량을 나타내고 서로 비교할 수 있습니다.
초등학교 1학년	• 사용할 수 있는 도구들에 대해 많은 것들을 배웁니다. 예를 들어, 값을 추정하기estimate를 시작하고, 큐브 블록이나 알록달록 색상의 칩, 또는 10칸으로 구성된 덧셈 텐 프레임ten-frame을 사용하여 문제를 해결합니다.
2학년	• 그래픽 오거나이저graphic organizers를 사용하여 상징적인 표현을 하기 시작합니다. 예를 들어, 구체적인 사물을 사용하거나 텐 프레임ten-frame 또는 탈리 마크tally marks[78]를 그리기도 합니다.
3~5학년	• 그래프 용지, 눈금 자, 계산기, 각도기, 제도용 컴퍼스, 두 가지 정보를 비교하는 T-차트, 벤다이어그램, 분수 타일을 사용하거나 필요에 따라 직접 그래픽 오거나이저를 만들어 사용하기도 합니다

표준 6

CCSS.Math.Practice.MP6 : 정확성에 주의 기울이기

2016 ISTE Student Standards : 컴퓨팅 사고가 5b[79]

교사들은 교육 지침이나 표준 내용을 수업에 반영하는 것이 얼마나 어려운지 잘 알고 있습니다. 그러나 학생들이 장차 직업이나 대학진학을 성공적으로 준비하도록 돕기 위해서는 학생들이 알고 있는 것들을 표현하고 설명할 수 있도록 이끌어주어야 합니다.

현재 우리의 교육 시스템은 근본적인 문제점을 가지고 있습니다. 교사가 교단에 서서 학생들에게 지식을 설명하고 전달하고 있기 때문입니다.

이제 교사들의 생각이 변해야 합니다. 좋은 교사란 '학생들이 이해하기 쉽도록 설명

---

78) 탈리 마크(tally marks) : 숫자를 세기 위해 사용하는 것으로, 게임이나 스포츠와 같이 진행 중인 이벤트의 점수를 계산하거나 집계할 때 많이 사용합니다.

79) 〈부록 A〉를 참고바랍니다.

을 잘 해주는 사람'이 아니라 '학생들이 직접 설명을 하면서 더욱 깊이 이해할 수 있도록 기회를 주는 사람'이어야 합니다.

좋은 교사는 학생들이 실수를 통해 배울 수 있도록 위험을 감수할 수 있는 교실환경을 만들 수 있어야 합니다.

수학을 잘하는 학생들은 다른 사람에게 **자신의 의견을 정확하게 전달하며 소통**하려고 노력합니다. 다른 사람들과 함께 토론하거나 혼자서 추론을 할 때 명확하게 정의하려고 노력합니다. 이들은 수학적 문제를 해결하는 과정에서 자신이 선택한 **상징적인 기호**(예 : 등호)가 무엇을 의미하는지 잘 알고 있으며, 일관되고 적절하게 사용합니다. 특정 수량을 측정할 수 있는 단위를 신중하게 선택하고, 문제에서 요구하는 수량을 명확히 하여 가로, 세로축에 적절한 라벨을 붙입니다.

또한 정확하고 효율적으로 계산하고, 문제 상황이 요구하는 수준에 맞춰 정확한 답을 도출합니다.

초등학생 수준에서는 수학적 문제를 공식화된 설명으로 표현한다면, 고등학생이 되면서는 수학적 문제를 해결하는 과정에서 허점이나 오류는 없는지 검토하고, 수학적 용어나 표현을 명확하게 정의할 수 있습니다.

<ISTE/CSTA 컴퓨팅 사고 용어>

- **데이터 수집**Data Collection : 명확한 정의 사용하기
- **데이터 분석**Data Analysis : 의미 설명하기
- **데이터 표현**Data Representation : 정확하게 설명하고 표현하기

가르치는 방법

결과에 대해 질문하기보다는 문제해결 과정에 초점을 둔 질문을 하는 것이 좋습니다. 어떤 교사들은 수업 시간에 쫓겨 학생들에게 "3 더하기 5는 뭘까요?" 하고 묻고, 이내 학생들이 "8이요." 하고 대답하기를 기다립니다. 이러한 질문은 "어제 사탕이 세 개 있었는데, 오늘 다섯 개를 더 받았어요. 그러면 사탕은 총 몇 개이지요?" 하고 묻는 것보다 훨씬 빠르게 물어볼 수 있습니다. 하지만 결론적으로는 문제해결 과정에 초점을 둔 후자의 질문

이 더 좋은 질문이라 할 수 있습니다.

[표 B.6] 유치원~초등학교 5학년을 위한 [표준 6]

학년	표준
유치원	• 학생들이 "잘 모르겠어요." 하고 말할 때, 무엇을 모르는지 자신이 사용하는 용어로 명확하고 정확하게 말할 필요가 있음을 깨닫기 시작합니다.
초등학교 1~2학년	• 무턱대고 "잘 모르겠어요." 하고 말하지 않고, 무엇을 모르는지 명확하고 정확하게 표현합니다. • 다른 친구들 앞에서 자신의 생각을 표현하면서 수학적 언어를 더욱 명확하고 정확하게 표현하는 능력을 기릅니다. • 교사 역시 학생들에게 명확한 질문을 던져주고, 학생 스스로 설명할 수 있도록 합니다.
3~5학년	• 특정 수량을 측정하는 단위나 수학적 기호의 의미, 직접 그린 그래프나 도표의 라벨을 언급하여 명확하고 정확하게 설명합니다.

표준 7

CCSS.Math.Practice.MP7 : 구조를 찾고 사용하기

2016 ISTE 학생 표준 : 컴퓨팅 사고가 5d[80]

다양한 관점으로 대상을 살펴보는 능력은 미국 공통핵심기준의 여러 교과목 영역에서 중요하게 다루고 있습니다. 패턴이나 반복되는 추론을 찾는 활동은 학생들이 더욱 복잡한 문제를 해결할 수 있도록 도와줍니다. 예를 들어, 학생들이 팩트 패밀리(fact families)를 배우고 있다면 덧셈과 뺄셈 모두가 전체를 구성하는 부분에 관한 것이라는 사실을 알게 됩니다.

세 가지 수식 $8 - 3 = 5$, $8 - 5 = 3$, $3 + 5 = 8$, $5 + 3 = 8$ 에서 8은 전체를 나타내고, 3과 5는 부분을 나타냅니다.

---

80) 〈부록 A〉를 참고바랍니다.

수학을 잘하는 학생들은 **패턴이나 구조를 파악**하기 위해 문제를 주의 깊게 들여다봅니다. 예를 들어 어린 학생들은 3+7이 7+3과 같은 것임을 이해하고, 면의 개수에 따라 도형의 유형을 분류할 수 있습니다. 나중에는 분배 법칙을 배우기 위한 준비 과정에서 7×8이 $7 \times 5 + 7 \times 3$과 같음을 알게 됩니다.

방정식 $x2 + 9x + 14$를 풀 때에는 14를 2×7로, 9를 $2 + 7$로 나누어 생각할 수 있습니다.

이들은 기하학 문제에서 주어진 선의 중요성을 잘 파악하고, 문제해결을 위해 보조선을 그리기도 합니다. 또한 문제를 전체적으로 바라보거나 여러 관점으로 문제를 살펴봅니다. 즉, **복잡한 대상을 하나의 것으로 보거나 여러 개의 요소들로 구성되어 있음을 파악**할 수 있습니다.

\<ISTE/CSTA 컴퓨팅 사고 용어\>

- 데이터 분석Data Analysis : 패턴이나 구조 파악하기
- 병렬처리Parallelization : 복잡한 대상을 하나의 것으로 보거나 대상을 구성하는 여러 개의 요소들 파악하기

가르치는 방법

패턴과 반복되는 추론들을 찾아내는 활동은 학생들이 더욱 복잡한 문제를 해결하도록 돕습니다. 학생들은 학년이 올라갈수록 더 많은 전략들을 배우고 복잡한 문제를 다루기 쉬운 작은 단위로 능숙하게 분해합니다. 그리고 각각의 작은 문제들을 해결하기 위해 적절한 전략을 사용할 수 있습니다.

[표 B.7] 유치원~초등학교 5학년을 위한 [표준 7]

학년	표준
유치원	• 숫자 패턴이나 구조를 분별하기 시작합니다. 예를 들어, 학생들은 모든 십진법 수는 1부터 9 사이의 숫자로 표현된다는 사실을 이해합니다. • 수식 2 + 3 = 5와 3 + 2 = 5가 같다는 것을 이해합니다.

초등학교 1학년	• 덧셈의 교환법칙을 이해합니다. (예: 수식 9 + 5 = 14, 5 + 9 = 14는 같음) • 덧셈이나 뺄셈을 할 때에 5나 10 단위의 숫자를 고려합니다. 예를 들어, $(4 + 6 + 4) = (10 + 4) = 14(29 - 11) = (29 - 10) - 1 = (19 - 1) = 18$
2학년	• 패턴과 구조를 유창하게 사용하기 시작합니다(수학적 인지전략) • 셈하여 10만들기, 팩트 패밀리fact families, 곱셈하기를 연습하며 숫자를 유창하게 다루는 능력을 기릅니다.
3학년	• 수학적 패턴과 구조를 사용하여 능숙하게 문제를 해결합니다.(수학적 인지 전략) • 셈하여 10만들기, 팩트 패밀리fact families, 곱셈하기에서 패턴과 전략을 사용하여 숫자들을 능숙하게 다루고 문제를 해결합니다.
4학년	• 풀이 과정에서 보이는 패턴과 구조를 발견하기 위해 문제를 면밀히 살펴봅니다. 부분적으로 계산하는 과정에서도 이러한 패턴과 구조를 발견하기도 합니다. • 트리 다이어그램tree diagrams[81]이나 배열을 곱셈의 원리와 관련지어 생각합니다. • 주어진 규칙을 따라 숫자 패턴이나 도형 패턴을 만들 수 있습니다.
5학년	• 이전에 습득한 지식을 기반으로 정수의 덧셈과 뺄셈, 곱셈, 나눗셈을 하는 과정에서 패턴과 구조를 파악하기 위해 문제를 면밀히 살펴봅니다. 그리고 이러한 전략을 분수와 소수 개념에도 적용합니다.

표준 8

CCSS.Math.Practice.MP8 : 반복되는 추론에서 규칙성을 찾고 표현하기

2016 ISTE 학생 표준 : 컴퓨팅 사고가 5a, 5d[82]

학생들이 수학의 '큰 그림'을 볼 수 있도록 하세요! 전략이나 절차, 프로세스를 일반화할 수 있는 학생이라면 어떤 상황에서도 모든 유형의 실생활 문제를 해결할 수 있습니다. 예를 들어, 원기둥의 표면 넓이를 구해야 하는 경우 학생들은 원기둥의 겉넓이를 구하는 공식을 외우고 있지 않아도 됩니다.

---

81) 트리 다이어그램(tree diagrams) : 수형도(樹型図)라고도 불리는 트리 다이어그램은 계층적 구조나 특성을 표현하는 나뭇가지 모양의 방법입니다. 주로 경우의 수나 확률을 구할 때 사용합니다.

82) 〈부록 A〉를 참고바랍니다.

학생들은 먼저 원기둥이 하나의 직사각형과 두 개의 원으로 구성되었음을 파악해야 합니다. 그런 다음, 원 기둥을 총 세 개의 도형으로 분해하고, 직사각형과 원의 넓이에 대한 사전 지식을 활용하여 원기둥의 겉넓이를 구합니다. 즉, 학생들은 이전에 배운 지식들을 새로운 도형의 넓이를 구하는 데 어떻게 적용해야 하는지를 탐색할 수 있어야 합니다.

수학을 잘하는 학생들은 반복되는 계산과정을 찾아 일반화하거나 더욱 간단하게 계산할 수 있는 방법을 생각해냅니다.

초등학교 고학년 학생들은 25를 11로 나누었을 때 같은 계산이 무한히 반복되는 것과 특정 소수가 반복되고 있음을 발견합니다.

중학생들은 기울기를 계산할 때, 기울기가 3이고 좌표(1,2)를 지나는 좌표값들을 구하기 위해 수식 $(y-2) / (x-1) = 3$을 만들 수 있습니다.

이들은 문제를 푸는 과정을 점검하고 문제와 관련된 세부 내용에 주의를 기울입니다. 그리고 방금 도출한 결과가 타당한지 평가하고, 문제를 완전히 해결할 때까지 이러한 과정을 반복하여 수행합니다.

ISTE/CSTA 컴퓨팅 사고 용어

- **알고리즘 및 절차**Algorithm & Procedures : 반복되는 계산과정 찾아 문제 해결하기
- **자동화**Automation : 문제해결 방법을 일반화하고 효율적으로 처리하기

가르치는 방법

학생들이 수학의 '큰 그림'을 볼 수 있도록 하세요. 학생들은 원 기둥의 겉넓이를 구하기 위해서는 원기둥이 직사각형 하나와 두 개의 원으로 구성되었다는 사실을 이해해야 합니다. 또 직사각형의 세로 길이가 본래 원기둥의 겉넓이를 구하는 공식에 사용하는 높이 값과 동일하다는 사실도 이해해야 합니다. 그리고 무엇보다도, 직사각형의 가로 길이는 원기둥의 밑면에 해당하는 원의 둘레와 같다는 것을 이해해야 합니다.

원의 둘레는 원의 반지름 x 2 x 3.14으로 구합니다. 여기서 학생들은 원의 반지름에 곱하

는 숫자 3.14는 원의 지름에 대한 둘레의 비율을 의미한다는 것도 잘 알고 있어야 합니다. 예를 들어, 지름(반지름에 2를 곱한 값)을 4인치 길이로 표현하는 경우에는 4인치 길이의 직선이 3.14번 지나간 길이가 곧 원의 둘레 값이 됩니다.

이제 학생들은 모든 것들을 이해했습니다! 칸 아카데미(https://www.khanacademy.org)[83]에 접속하면 원 기둥의 부피와 겉넓이를 설명하는 훌륭한 강의 동영상을 볼 수 있습니다.

[표 B.8] 유치원~초등학교 5학년을 위한 [표준 8]

학년	표준
유치원	• 유치원 학생들은 수 세기와 계산하기를 반복적으로 연습합니다. 예를 들어, 숫자를 차례대로 셀 때는 다음으로 하나 더 큰 수가 오고, 10간격으로 숫자를 셀 때에는 다음으로 10만큼 더 큰 수가 온다는 것을 이해합니다.
초등학교 1학년	• 덧셈과 뺄셈을 할 때에 숫자의 자릿수가 무엇을 나타내는지 이해하기 시작합니다. • 큰 숫자를 더하거나 뺄 때에 10 또는 10의 배수를 사용합니다. • 자신에게 끊임없이 "이게 맞는 것인가?" 하고 질문을 합니다.
2학년	• 반올림 전략을 사용합니다. • 반올림 값을 보정하기 위해 값을 수정하기도 합니다. • 교사는 학생들 스스로 이러한 전략을 찾아내기까지 다양한 실수를 경험하도록 합니다.
3학년	• 사전 지식을 기반으로 더욱 효율적인 문제해결 방법을 찾기 시작합니다. 예를 들어, 7 x 9 값을 구하기 위해 9를 4와 5로 분해합니다. 그리고 나서 7 x 4와 7 x 5을 각각 계산하고 최종적으로 28 + 35 = 63을 도출합니다.
4학년	• 문제해결 과정에서 반복되는 과정을 찾아 일반화합니다. • 모델을 사용하여 계산 과정을 설명하고, 알고리즘이 어떻게 작동되는지 이해하며, 자신만의 알고리즘을 만들 수 있습니다. 예들 들어, 시각적 분수 모델visual fraction models을 사용하여 같은 값을 나타내는 여러 가지 분수를 만들 수 있습니다.

83) 칸 아카데미(Khan Academy) : 미국의 온라인 교육가 살만 칸(Salman Khan)이 만든 비영리 교육 서비스입니다. 초·중·고등학교 학생들과 대학생, 일반 성인 등 모든 연령층을 위한 수학, 과학, 컴퓨터 프로그래밍, 역사, 예술사, 경제학 등의 강의 동영상을 무료로 제공합니다. 어린 학생들의 경우 무엇을 얼마나 학습하고 있는지, 어느 수준으로 학습을 성취했는지 등 학습에 대한 전반적인 학습 프로필을 담아 교사와 학부모에게 제공하고 있습니다.

5학년	• 분수와 소수를 다룰 때에 이전에 배운 지식들을 새로운 영역에 적용할 수 있습니다. • 면적 모델area models을 사용하여 곱셈과 나눗셈의 원리를 탐구하고 이해하도록 함으로써 학생들이 기본적인 알고리즘 작업을 구두상으로 표현하도록 돕습니다. • 수식의 작은 부분들을 모두 이해해야 전체 수식을 온전히 이해할 수 있습니다.

영어 공통핵심기준(English Language Arts Standards, ELA)

※ 표식 : 표준명-과목-영역-학년-표준번호

CCSS.ELA-Literacy.RL.3.3 : 공통핵심기준-영어-문학 읽기-3학년-3번 기준

읽기(Reading : Literature, RL)

학년	표준	내용	구분
3	CCSS.ELA-Literacy.RL.3.3	• 이야기 속에 등장하는 인물들을 묘사하고(예: 등장인물의 성격, 동기, 감정 등) 등장인물의 행동이 사건의 전개에 어떠한 영향을 주었는지 설명	Part 3,4
4	CCSS.ELA-Literacy.RL.4.3	• 인물, 배경, 이야기나 드라마에 등장하는 사건, 세부 내용이 표현된 텍스트(등장인물의 생각, 대화, 행동 등)를 깊이 있게 묘사	Part 3,4
5	CCSS.ELA-Literacy.RL.5.2	• 텍스트의 디테일을 보고 이야기, 드라마, 시의 주제 결정하기 • 이야기나 드라마의 인물들이 도전자들에게 어떻게 응답하는지 혹은 시의 화자가 주제를 어떻게 반영하는지를 포함하여 텍스트 요약하기	Part 1
	CCSS.ELA-Literacy.RL.5.3	• 이야기나 드라마, 혹은 특정한 상황이 묘사된 텍스트에서 둘 이상의 등장인물이나 배경을 서로 비교하고 대조	Part 2

쓰기(Writing, W)

학년	표준	내용	구분
K	CCSS.ELA-Literacy.W.K.3	• 그리기, 말하기, 쓰기를 알맞게 조합하여 단일 사건이나 천천히 전개되는 여러 가지 사건들 표현하기 • 일어난 순서대로 사건에 대해 말하고 반응하기	Part4

K	CCSS.ELA-Literacy.W.K.7	• 여러 명이 공동으로 참여하는 연구 및 작문 프로젝트 수행하기(예시: 좋아하는 작가가 쓴 책을 여러 권 읽고 자신의 생각과 의견 표현하기)	Part1
1	CCSS.ELA-Literacy.W.1.2	• 주제에 이름을 짓고, 주제에 대한 몇 가지 사실을 제공하고, 종결의 의미를 제공하는 정보/설명문 작성하기	Part 1
	CCSS.ELA-Literacy.W.1.3	• 순서가 있는 두 개의 사건 또는 그보다 더 많은 사건들을 이야기하고, 발생한 사건에 대해 세부 내용을 이야기하고, 시간적 의미를 갖는 단어를 사용하여 사건이 일어난 순서를 말하고, 사건의 종결을 알리는 표현하기	Part 4
	CCSS.ELA-Literacy.W.1.7	• 여러 명이 공동으로 참여하는 연구 및 작문 프로젝트 수행하기(예시: 주어진 주제에 대해 '사용하는 방법'을 여러 권의 책을 통해 탐색한 후 직접 사용 지침서 작성하기)	Part1
2	CCSS.ELA-Literacy.W.2.2	• 주제를 소개하고, 사실과 정의를 사용하여 관점을 만들고, 요약문이나 절을 제공하는 정보/설명문 작성하기	Part1
	CCSS.ELA-Literacy.W.2.3	• 정교한 사건이나 짧은 일련의 사건에 대해 이야기하기 • 등장인물의 행동이나 생각, 감정을 상세히 묘사하기 • 시간적 의미를 갖는 단어를 사용하여 사건의 순서 알리기; 사건의 분위기를 전달하는 서사 글쓰기	Part3
	CCSS.ELA-Literacy.W.2.6	• 성인의 안내 및 지원을 통해, 또래와의 협력을 비롯하여 다양한 디지털 도구를 사용해 글쓰기 및 발표물 제작하기	Part1
	CCSS.ELA-Literacy.W.2.7	• 여러 명이 공동으로 참여하는 연구 및 작문 프로젝트 수행하기(예시 : 하나의 주제에 대해 여러 권의 책을 읽고 리포트 작성하기: 과학 현상을 관찰하고 기록하기)	Part1
	CCSS.ELA-Literacy.W.2.8	• 경험으로부터 정보를 회상하거나 제공된 출처의 정보를 수집하여 질문에 답하기	Part1
3	CCSS.ELA-Literacy.W.3.1	• 근거와 함께 관점을 견지하며 주제나 텍스트에 대해 의견 쓰기	Part1

3	CCSS.ELA-Literacy.W.3.2	• 아이디어와 정보를 명확하게 전달하고 주제를 설명하는 정보적인/설명적인 글쓰기	Part1,3
	CCSS.ELA-Literacy.W.3.3	• 실제로 경험한 일이나 상상하여 글쓰기를 할 때, 또는 사건에 대해 서술할 때에 효과적인 기법을 사용하거나 대상을 상세히 묘사하고, 사건의 순서를 분명히 작성하기	Part1,3,4
	CCSS.ELA-Literacy.W.3.3.A	• 이야기의 배경을 설정하고 등장인물과 화자(話者: narrator)를 소개하기 • 사건이 자연스럽게 전개되도록 사건이 발생하는 순서를 순차적으로 알맞게 구성하기	Part4
	CCSS.ELA-Literacy.W.3.3.B	• 등장인물들의 행동과 생각, 감정을 대화나 서술식으로 표현하고, 주어진 상황에 맞게 등장인물들의 반응을 표현하여 이전에 경험한 내용이나 사건들을 더욱 발전시키기	Part4
	CCSS.ELA-Literacy.W.3.3.C	• 시간적 의미를 갖는 단어 혹은 구(句: phrase)를 사용하여 사건의 순서 알리기	Part4
	CCSS.ELA-Literacy.W.3.3.D	• 글의 결말 분위기 표현하기	Part4
	CCSS.ELA-Literacy.W.3.4	• 성인의 안내 및 지원과 함께, 과제와 목적에 적합하게 조직되고 발전된 글쓰기	Part1
	CCSS.ELA-Literacy.W.3.5	• 성인이나 또래의 안내 혹은 도움을 받아 목적에 맞게 글을 계획, 수정, 편집하여 글쓰기 능력을 발전시키고 강화하기	Part1,4
	CCSS.ELA-Literacy.W.3.7	• 연구 주제에 대한 지식을 습득하는 단기 연구 프로젝트 수행하기	Part1
4	CCSS.ELA-Literacy.W.4.1	• 근거와 함께 관점을 견지하며 주제나 텍스트에 대해 의견 쓰기	Part1
	CCSS.ELA-Literacy.W.4.2	• 아이디어와 정보를 명확하게 전달하고 주제를 설명하는 정보적인/설명적인 글쓰기	Part1

4	CCSS.ELA-Literacy.W.4.3	• 실제로 경험한 일이나 상상하여 글쓰기를 할 때, 또는 사건에 대해 서술할 때에 효과적인 기법을 사용하거나 대상을 상세히 묘사하고, 사건의 순서를 분명히 작성하기	Part1,3
	CCSS.ELA-Literacy.W.4.3.B	• 대화나 설명 기법을 사용하여 자신이 경험한 내용이나 이야기 속 사건을 발전시키고, 주어진 상황에 맞게 등장인물의 반응 표현하기	Part4
	CCSS.ELA-Literacy.W.4.4	• 과제, 목적, 청중에 적합하게 조직되고 발전되어 명확하고 일관성 있는 글쓰기	Part1
	CCSS.ELA-Literacy.W.4.5	• 성인이나 또래의 안내 혹은 도움을 받아 목적에 맞게 글을 계획, 수정, 편집하여 글쓰기 능력을 발전시키고 강화하기	Part1
	CCSS.ELA-Literacy.W.4.7	• 연구 주제에 대한 지식을 습득하는 단기 연구 프로젝트 수행하기	Part1
5	CCSS.ELA-Literacy.W.5.1	• 근거와 함께 관점을 견지하며 주제나 텍스트에 대해 의견 쓰기	Part1
	CCSS.ELA-Literacy.W.5.2	• 아이디어와 정보를 명확하게 전달하고 주제를 설명하는 정보적인/설명적인 글쓰기	Part1
	CCSS.ELA-Literacy.W.5.3	• 실제로 경험한 일이나 상상하여 글쓰기를 할 때, 또는 사건에 대해 서술할 때에 효과적인 기법을 사용하거나 대상을 상세히 묘사하고, 사건의 순서를 분명히 작성하기	Part1,3
	CCSS.ELA-Literacy.W.5.3.B	• 대화나 묘사, 상대방이 수긍할 수 있도록 이야기하는 페이싱pacing 등 나레이티브 기법을 사용하여 경험이나 사건에 대해 표현하기: 주어진 상황에 맞게 등장인물의 반응을 표현하기	Part4
	CCSS.ELA-Literacy.W.5.4	• 과제, 목적, 청중에 적합하게 조직되고 발전되어 명확하고 일관성 있는 글쓰기	Part1
	CCSS.ELA-Literacy.W.5.5	• 성인이나 또래의 안내 혹은 도움을 받아 목적에 맞게 글을 계획, 수정, 편집하여 글쓰기 능력을 발전시키고 강화하기	Part1
5	CCSS.ELA-Literacy.W.5.7	• 연구 주제와 관련한 다양한 자료들을 활용하고, 다양한 관점으로 탐구하는 단기 연구 프로젝트를 수행하기	Part1

말하기 듣기(Speaking & Listening, SP)

학년	표준	내용	구분
1	CCSS.ELA-Literacy.SL.1.5	• 아이디어나 생각, 감정을 명확히 하기 위해 그림을 그리거나 다른 시각적 표현 추가하기	Part4
2	CCSS.ELA-Literacy.SL.2.1	• 또래 및 성인과 함께, 소규모 및 대규모 그룹으로, 2학년의 주제 및 텍스트에 관한 다양한 협력적인 대화에 참여하기	Part1
	CCSS.ELA-Literacy.SL2.2	• 큰 소리로 읽은 텍스트, 구두로 표현된 정보, 다른 매체를 통해 제시된 정보의 주요 아이디어나 세부사항 설명하기	Part1
	CCSS.ELA-Literacy.SL.2.4	• 적절한 사실과 관련된 묘사적인 세부사항과 함께 이야기를 말하거나 경험 구술하기	Part1

언어(Language, L)

학년	표준	내용	구분
1	CCSS.ELA-Literacy.L.1.2.D	• 일반적인 철자법과 자주 쓰이는 불규칙한 철자법 사용하기	Part1
2	CCSS.ELA-Literacy.L.2.1.E	• 형용사와 부사를 알맞게 사용하고, 수정해야 할 대상을 고려하여 형용사와 부사 중에서 선택하여 사용하기	Part4
	CCSS.ELA-Literacy.L.2.2	• 글쓰기를 할 때에 지켜야 할 표준 영어의 대문자, 구두점, 철자법 규칙 설명하기	Part4
3	CCSS.ELA-Literacy.L.3.6	• 학년에 적절한 대화, 일반적인 학습 관련 대화, 특정 분야에서 사용하는 단어와 구문, 시공간 관계를 나타내는 표현들을 정확하게 수집하고 사용하기	Part3
5	CCSS.ELA-Literacy.L.5.1	• 쓰기 또는 말하기를 할 때 표준 영어의 문법과 관용법 사용하기	Part1
	CCSS.ELA-Literacy.L.5.2	• 쓰기를 할 때 표준 영어의 대문자, 구두점, 철자법 사용하기	Part1

	CCSS.ELA-Literacy.L.5.3	• 쓰기, 말하기, 읽기, 듣기를 할 때 사용되는 언어와 해당 언어에 대한 관용적 지식 사용하기	Part1
	CCSS.ELA-Literacy.L.5.4	• 글을 읽을 때 5학년 수준에서 의미를 잘 모르는 단어 혹은 여러 개의 의미를 지닌 단어들이 나오면 다양한 전략을 유연하게 선택하여 의미 해석하기	Part1
5	CCSS.ELA-Literacy.L.5.5	• 비유적 언어, 단어의 관계, 단어가 의미하는 뉘앙스를 이해하고 설명하기	Part1
	CCSS.ELA-Literacy.L.5.6	• 학년에 적절한 대화, 일반적인 학습관련 대화, 특정 분야에서 사용하는 단어와 구문, 대조(contrast), 추가, 또 다른 논리적 관계를 정확하게 수집하고 표현하기	Part1,3

※ 영어 공통핵심기준의 전체 문서는 http://www.corestandards.org/ELA-Literacy 에서 확인할 수 있습니다.

수학 공통핵심기준

※ 표식 : 표준명-과목-영역-학년-표준번호

CCSS.Math.Content.4.G.A.1 : 공통핵심기준-수학-4학년-기하학-1번 기준

숫자와 기수(Counting & Cardinality, CC)

학년	표준	내용	구분
K	CCSS.Math.Content.K.CC.B.4	• 숫자와 수량의 관계를 이해하기 기수(基數, cardinality)를 고려하여 숫자 세기	Part3

연산과 대수적 사고(Operations & Algebraic Thinking, OA)

학년	표준	내용	구분
2	CCSS.Math.Content.2.OA.A.1	• 100 이내에서 덧셈, 뺄셈을 사용하여 한 단계 또는 두 단계의 서술형 문제 풀기 • 방정식을 풀기 위해 더하고, 빼고, 함께 모으고, 분리하고, 비교하기 등 모든 방법 동원하기	Part4

학년	표준	내용	구분
4	CCSS.Math. Content.4.OA. A.3	• 자연수의 사칙연산을 이용해서 다단계로 구성된 서술형 문제해결하기 • 나눗셈을 한 경우에는 반드시 나머지 값 분석하기 • 현재 알 수 없는 값을 문자로 나타내어 방정식으로 표현하기; 계산 전략이나 추정 전략(예: 반올림)을 사용하여 합리적으로 값을 추정하고 문제 해결하기	Part7
	CCSS.Math. Content.4.OA. C5	• 주어진 규칙을 따르는 숫자 또는 패턴 모양 만들기 • 규칙에는 명시되지 않았으나 패턴에서 보이는 명백한 특징 확인하기	Part3

측정과 데이터(Measurement & Data, MD)

학년	표준	내용	구분
2	CCSS.Math. Content.2.MD. D.10	• 최대 네 가지 카테고리로 분류된 자료를 그림그래프와 막대그래프로 그리기 • 더하기, 빼기, 비교하기 문제 풀기	Part1
4	CCSS.Math. Content.4.MD. A.3	• 사각형의 너비와 둘레를 구하는 공식을 실생활 문제나 수학적 문제를 해결하는 데 적용하기	Part1
4	CCSS.Math. Content.4.MD. C.5	• 두 개의 선이 만나서 꼭짓점을 공유할 때 생기는 기하학적 모양이 각도임을 알고 각도 재는 방법 익히기	Part1,3
	CCSS.Math. Content.4.MD. C.5.A	• 원의 중심에서 만나는 두 개의 반직선 사이의 각도 재기 • 각도는 두 개의 반직선에 의해 만들어진 원호의 길이에 비례한다는 사실 이해하기 • 원의 1/360에 해당하는 각도를 '1도'라고 하며 다른 각도를 측정하는 기준이 됨을 이해하기	Part1
4	CCSS.Math. Content.4.MD. C.6	• 각도기를 사용하여 각도를 재보고 특정 각 그리기	Part3
4	CCSS.Math. Content.4.MD. C.7	• 덧셈으로 각도 재는 방법 익히기	Part1

기하학(Geometry, G.A)

학년	표준	내용	구분
K	CCSS.Math. Content.K.G.A.3	• 사각형, 삼각형, 직사각형, 육각형, 정육면체, 원, 원뿔, 원기둥, 구(球: sphere) 등을 구분하고, 각각의 모양 설명하기	Part5
1	CCSS.Math. Content.1.G.A.1	• 도형을 규정하는 성질(예: 삼각형은 세 변이 있다)과 규정하지 않는 성질(예: 도형의 색상, 방향, 크기) 구별하기 • 규정하는 성질을 모두 가진 도형 그리기	Part1,3
2	CCSS.Math. Content.2.G.A.1	• 주어진 각도 혹은 면의 개수로 도형의 성질 추론하고 그리기 • 삼각형, 사각형, 오각형, 육각형, 정육면체 구분하기	Part1,6
3	CCSS.Math. Content.3.G.A.1	• 다양한 유형의 사각형들(예: 마름모, 직사각형 등)이 갖는 속성들(예: 네 개의 변이 있음)을 확인하고 그중에서 공통된 속성은 더 큰 유형으로 분류될 수 있다는 것을 이해하기 • 마름모, 직사각형, 정사각형 등 여러 가지 사각형들을 탐구하고, 이러한 유형에 속하지 않는 사변형을 그리기	Part3
4	CCSS.Math. Content.4.G.A.1	• 꼭짓점, 직선, 선분, 각도(직각, 예각, 둔각), 수직선, 평행선 그리기	Part1
	CCSS.Math. Content.4.G.A.3	• 평면도형에 대칭선을 그리고 그 선을 따라 접으면 양쪽이 일치하는 것을 이해하기	Part1

※ 수학 공통핵심기준의 전체 문서는 http://www.corestandards.org/Math 에서 확인할 수 있습니다.

차세대 과학표준

물리·화학(Physical Science, PS)

학년	표준	내용	구분
K	NGSS.K-PS3-2	• 도구와 재료를 사용하여 문제를 해결하는 장치 혹은 문제해결 솔루션을 설계 및 제작하기	Part1,3
3	NGSS.3-PS2-2	• 물체의 운동을 관찰하거나 측정하여 규칙성을 찾고, 이를 적용하여 앞으로의 운동을 예측하고 증거 제시하기	Part3

생명과학(Life Science, LS)

학년	표준	내용	구분
K	NGSS.K-LS1-1	• 관찰을 통해 식물과 동물(사람 포함)이 살아가기 위해 필요한 것들과 그들의 규칙성 서술하기	Part3
2	NGSS.2-LS2-1	• 성장에 태양 빛과 물이 필요한가를 결정하기 위해 탐구조사를 계획하고 수행하기	Part1

지구 및 우주과학(Earth and Space Science, ESS)

학년	표준	내용	구분
K	NGSS.K-ESS3-1	• 다양한 식물과 동물(사람 포함)의 요구조건과 서식환경 사이의 관계를 모델로 표현하기	Part3
4	NGSS.2-LS2-1	• 정보를 수집하고 조합하여 에너지와 화석연료가 천연자원으로부터 만들어졌고, 이들의 사용이 환경에 어떠한 영향을 미치는지 서술하기	Part1

공학적 설계(Engineering Design , ETS)

학년	표준	내용	구분
K-2	NGSS.K-2-ETS1-1	• 사람들이 변화시키고자 하는 상황에 관해 질문하고, 관찰하고, 정보를 수집하여 새롭거나 향상된 물체나 도구를 개발함으로써 해결 가능한 단순한 문제 정의하기	Part1
K-2	NGSS.K-2-ETS1-2	• 간단한 스케치, 그림, 물리적 모델을 통해 물체의 모양이 주어진 문제를 해결하는 데 필요한 기능을 하는지 설명하기	Part1
	NGSS.K-2-ETS1-3	• 동일한 문제를 해결하기 위해 설계된 두 물체의 장점과 단점을 비교하는 검사를 수행하고, 그 결과 분석하기	Part1
3-5	NGSS.3-5 ETS1-1	• 성공기준과 재료, 시간, 비용의 제약 등 필요와 요구를 반영하는 단순한 설계 문제 규정하기	Part1
	NGSS.3-5-ETS1-2	• 문제에 관한 다양하고 가능한 해결책을 만들고, 그것이 얼마나 문제의 기준과 제약을 충족하는가에 기초하여 비교하기	Part1,3
	NGSS.3-5-ETS1-3	• 변인이 통제된 테스트를 계획하고 수행하기, 실패 요인을 고려하여 모델 또는 프로토타입의 개선 가능성을 식별하기	Part1
K-5	NGSS.ETS2.B	• 공학engineering, 기술technology, 과학science이 사회와 자연계에 미치는 영향 • 공학, 기술, 과학의 발달은 사람들의 생활방식에 어떠한 영향을 미치는가? 또 자연계에 어떠한 영향을 주는가? • 사람들은 시간이 흐를수록 새로운 변화를 원하고 새롭고 개선된 기술들을 필요로 한다. • 공학자들은 현존하는 과학기술들을 개선하거나 새로운 기술을 개발하여 그것의 이점을 향상시키고(예: 의수[義手] 개발), 기존에 알려졌던 위험성을 줄이고(예: 자동차 안전벨트의 위험성), 사회적 요구를 만족시킨다(예: 휴대폰 기술). • 새로운 기술들은 우리의 생활 방식과 상호작용 방식을 변화시킬 수 있다.	Part3

※ 차세대 과학표준 전체 문서는 https://www.nextgenscience.org/sites/default/files/AllTopic.pdf 에서 확인할 수 있습니다.

21세기 미래핵심역량(P21 21st Century Skills)

※ 21세기 미래핵심역량 프레임워크 전체 문서는

http://www.battelleforkids.org/networks/p21/frameworks-resources에서 확인

할 수 있습니다.

CSTA 컴퓨터 과학 표준(CSTA K-12 Computer Science Standards)

※ (2011) CSTA 컴퓨터 과학 표준 전체 문서는

http://bit.ly/2011-CSTA-K-12-CS-Standards에서 확인할 수 있습니다.

※ (2017) CSTA 컴퓨터 과학 표준 전체 문서는

http://bit.ly/Revised-2017-CSTA-K-12-CS-Standards에서 확인할 수 있습니다.

컴퓨터 과학 프레임워크(K-12 Computer Science Framework)

※ (2016) 컴퓨터 과학 프레임워크 전체 문서는

http://bit.ly/K-12-CS-Framework-2016에서 확인할 수 있습니다.

ISTE 소개

ISTE(International Society for Technology in Education)는 전 세계의 교사와 교육자들을 지원하는 비영리 조직으로서, 유·초·중등 학생들의 학습에 대한 권리를 보장하고 이를 더욱 신장시키는 데 앞장서고 있습니다. ISTE는 전 세계에 걸쳐 10만 명이 넘는 교육 관계자들에게 양질의 교육 콘텐츠와 서비스를 제공하고 있습니다.

ISTE의 혁신적인 행사인 ISTE 컨퍼런스 & 엑스포ISTE Conference & Expo는 전 세계에서 가장 규모가 큰 에듀테크 행사 중 하나로 꼽힙니다. ISTE 표준은 다양한 학습 분야에서 폭넓게 활용되고 있으며, 디지털 세대를 위한 교수학습자료와 웹 세미나, 온라인 교육, 학교 및 지역구를 위한 교육 컨설팅, 도서, 온라인 양질의 학습자료, 동료가 검토한 논문(peer-reviewed journals)과 발행물 등 전문 학습자료들 역시 널리 활용되고 있습니다.

자세한 내용은 ISTE의 공식 홈페이지 https://www.iste.org 에서 확인하시기 바랍니다.

이 책과 관련된 ISTE 도서

『만들기, 배우기, 성공하기 : 학교에서 창의적 문화 만들기』, 마크 구라(2016).

Make, Learn, Succeed: Building a Culture of Creativity in Your School, by Mark Gura (2016)

ISTE 자료실(https://id.iste.org/connected/resources)에 접속하면 ISTE에서 출간한 모든 도서들을 확인할 수 있습니다.

이 책에 도움을 주신 분들

캐서린 카스티요 Catherine Castillo: 미주리 주에 위치한 스프링필드 공립학교에서 K-5 학생들을 위한 학습 코치를 맡고 있으며, 지난 6년 동안 학급 담임교사와 여름학교 관리교사였습니다. 캐서린 선생님은 교실 수업에서의 코딩 활동, STEM(과학, 기술, 공학, 수학) 주제와 통합된 학습활동, 그리고 차별화 수업을 열정적으로 연구하고 실천하고 있습니다. 교육과정 및 지도, 교육 리더십 전공으로 석사 학위를 취득했으며, 최근까지 지역이나 주 단위, 국가 단위의 컨퍼런스에 꾸준히 참석하여 수학과 STEM에 관련된 내용으로 강연을 했습니다.

비비안 체비비안 Vivian Chezvivian : 중국계 캐나다인으로 현재 스위스에 거주하고 있습니다. 초등교육 전문가이자 음악에도 조예가 깊으며, ESL(English as a Second Language)/EAL(English as Additional Language, EAL)전문가이자 학습지원 전문가로 활동하고 있습니다. 체비비안 선생님은 COETAIL[84]과정을 수료했으며, COETAIL 코치로도 활동한 경험이 있습니다. 연구 활동에 대한 자세한 내용은 체비비안 선생님의 블로그(www.coetail.com/chezvivian)에서 확인할 수 있습니다.

트레이시 코페키 Traci Kopeki : 모든 학생이 성공적으로 학습할 수 있도록 돕기 위해 다양한 학습방법과 기술 플랫폼에 관심을 갖고 학습하고자 개개인의 학습 스타일을 반영한 교수학습 방법을 열정적으로 연구하고 있습니다. 코페키 선생님은 이 책의 저자인 하이디 윌리엄즈Heidi Williams로부터 학습에 대한 새로운 아이디어들을 영감받았습니다.

카렌 노스 Karen North : 지난 30년 동안 공립학교에서 CATE 교사[85]로 재직했으며, 얼마 전에 은퇴했습니다. 현재는 미국 텍사스 주의 모든 학생들이 컴퓨터 과학을 배우도록 장려하는 cs4tx.org[86]의 리더로 활동하고 있으며, 전 세계의 모든 학생들에게 컴퓨터 과학 교육을 제공하는 비영리 단체인 코드닷오알지(code.org)의 조력자이기도 합니다. ISTE의 컴퓨팅 교사 네트워크 담당자로도 활동하고 있으며, 지난 2016년 1월에는 백악관이 주관한 컴퓨터 과학 교육 챔피언상을 수상했습니다.

감사의 말씀

『No Fear Coding』에 아낌없는 의견과 비평을 보내주신 모든 분께 진심으로 감사드립니다. 이 책은 ISTE의 컴퓨터 과학 전문가 그룹Special Interest Group for Computer Science의 위원장이었던 조셉 크모크Joseph Kmoch씨의 지원과 격려, 그리고 ISTE의 컴퓨팅 교사 네트워크ISTE Computing Teachers Network가 함께 이루어낸 성과입니다.

ISTE의 컴퓨팅 교사 네트워크는 미취학 아동을 비롯하여 유치원, 초등학생, 중학생, 고등학생에 이르기까지 모든 학생에게 컴퓨터 과학 교육을 장려하고, 교사들이 컴퓨터 과학과 관련된 기술과 전문성을 함양할 수 있도록 적극 지원하고 있습니다.

ISTE 커뮤니티와 회원가입에 대한 자세한 내용은 https://www.iste.org/membership/become-a-member 에서 확인할 수 있습니다.

---

84) COETAIL은 교사 및 교육 관계자들을 위한 인증 프로그램으로, 지역사회를 통해 함께 학습하고 성장하고자 하는 모든 교육자들에게 열려 있습니다. 총 다섯 개의 코스로 구성되어 있으며 각 코스는 6주 과정이고, 총 18개월 과정으로 진행됩니다.
코스의 내용은 '정보 리터러시와 학습자', '21세기의 리터러시 아이디어, 질문, 이슈', '비주얼 리터러시: 효과적인 의사소통가와 창작자', '기술: 학습을 위한 촉매', '살아있는 있는 교실: 학습을 위한 Web2.0 기술 적용' 주제로 진행됩니다.

85) CATE 교사 : 컴퓨터 과학(Computer science), 수학(Math), 직업(Career), 기술(Technical education)을 가르치는 교사

86) CS4TX(Computer Science for Texas, http://cs4tx.org/about-cs4tx/) : 미국 텍사스 주의 모든 학생이 컴퓨터 과학 교육을 배울 수 있도록 하기 위해 교육자, 학부모, 관련 기관 및 기업들로 구성된 연합입니다.